MINERVA 政治学叢書 9

政治心理学

オフェル・フェルドマン 著

ミネルヴァ書房

刊行の趣意

「MINERVA政治学叢書」は二一世紀の初頭に、人間が生きているかぎり存在する政治の諸特徴を多面的に描こうとするものである。

政治とは、人間の強欲をどのように制御するかの仕組みである。政治学的にいえば、諸価値の配分についての規範や規則を形成し、それを権威的に実行するための諸措置である。ロシアでは「誰が誰を〔支配するか〕」と言い、米国では「誰が何を手にするか――そして何時、如何に」と言う。人間は結局のところ強欲の動物であり、強情な存在である。それだからこそ、暴力は政治の最も重要な要素であり続けたのである。政治を出来うるかぎり非暴力的にするためには暴力を脇に置きながら、暴力を飼い馴らさなければならない。そのために、一方で暴力を公的な言葉で正当化すると同時に、他方でその存在を利用しなければならない。このことは政治の仕組みの違いにかかわらずである。

古代ギリシャに短期間生まれ、その後長い間無視され、近代になって急速に地球的規模で優勢な政治的仕組みとなった民主主義についてもこのことは変わらない。民主主義は対抗エリートが交代で権力を握る仕組みとシュンペーターは言う。民主主義は人民の参加を拡大し、人民代表の競争を公平に行う仕組みだとダールは言う。そうすることによって人間の強欲と強情をいくらか文明化しようというのである。二一世紀初頭、民主主義は世界を席倦したかにみえる。国連加盟国一九一のうち、一二一が民主主義国とされる。

本叢書は人間の強欲と強情をどのように制御するかについての学問である政治学が達成したものを平易明快に解説し、より深い理解とより鋭い説明への堅固な手掛かりを与えることを目指している。グローバリゼーションが世界各地に浸透し、民主主義が世界を席倦している二一世紀初頭に時代の要請に沿ったものにしようと本叢書は企画された。

二〇〇六年一月

編集委員

はじめに

政治心理学はもはや日本の学者や学生にとって目新しいものではなくなった。ここ数年間に政治心理学の分野を広く扱った多くの本や論文が発表されている。一九八九年に拙著『人間心理と政治』（早稲田大学出版部、一九八九）が出版された他、政治的リーダーシップとコミュニケーション、投票行動と市民運動、政治的暴力と政治的社会化といった、この分野における多くの研究プロジェクトやシンポジウムが日本で行われてきた。こうしたプロジェクトが何冊かの本となって発表され、中には拙編『*Political Psychology in Japan: Behind the Nails that Sometimes Stick Out (and Get Hammered Down)*』（Nova Science Pub., 1999）や、最近の河田潤一・荒木義修編著『ハンドブック政治心理学』（北樹出版、二〇〇三）もある。

これらの成果によって、政治心理学の関連分野が日本の政治学者、心理学者、社会心理学者、社会学者やコミュニケーション研究者の関心を呼び、この分野を志望する学生も増えた。政治行動をはじめ、政策や行政を学ぶ学部でも、心理学と政治との関連、つまり政治心理学に多大な関心が寄せられ、そういったテーマの修士や博士論文の数も多くなり、また国内学会、国際学会における日本人研究者あるいは日本を対象にした研究発表も増えてきた。しかし今もなお、この分野における範囲、関連するテーマの概念および学術的な意味合いについて明確にする必要がある。

本書は、こうした狙いをもって政治心理学を社会科学の一分野として扱うことに焦点を絞っている。具体的な目的は二つある。まず第一は、政治心理学の理論的な側面について、社会科学の研究分野としての性質や主な特徴を紹介することである。政治心理学には社会の動きや社会構造、市民教育、そして民族性など、広い範囲の事柄が含まれるが、それについても解説する。また自我の心理学、自己心理学、および集団心理における側面までも考察する他、個人の行動と、その環境の一部としての他者や集団などの組織構造との相互関係などについて、政治心理学における重要な概念として論じる。様々な研究の成果を整理してまとめ、政治的状況と心理的事情の相互関係を説明し、勢力、権威、投票などといった基本的な政治要因が、パーソナリティ、動機、態度などの重要な心理学的要因と、それぞれどのように交錯し、関わりを持つのかを幅広く解明することを目的としている。これらが第Ⅰ部であり、第1章では政治心理学の本質や特徴、政治的現象と心理学との関連について言及し、続く第2章では他のいろいろな力が働く中で、社会的・政治的行動を決定する際に個人のパーソナリティと環境が果たす重要性を詳解する。

第二の目的は、政治心理学の研究テーマやそこで取り上げられている事柄について、個人的なレベルから始まって政治的リーダーシップ、意思決定と選択などを経て、大衆の行為、さらに民族性や文化に関する部分までの紹介と、解説である。政治心理学における研究テーマは幅広く、ここで扱えるものには限りがあるので、様々なテーマ、理論、アプローチの中から代表的なものを選び、私が政治的行為を学ぶ学生にとって最も重要と考えて絞り込んだ。なかでも政治的リーダーシップと政治的コミュニケーション、政治的結束と集団行為、そして政治的関与と疎外について詳解した。これらが本書の第Ⅱ部を構成する。ここでは心理学、社会心理学やコミュニケーション、公共政策論、そして言語学などといった、異なる分野からの知識を政治力学に応用し、政治的・社会的行為についての見解を示す。

各章を具体的に見ると、第3章がパーソナリティと政治的な「タイプ」、特にパーソナリティと政治的行為を中心とし、それに対して第4章は集団と政治的行為を中心に詳解する。第5章は一般大衆の政治参加と疎外について、第6章ではさらに具体的な政治的関与として、政治的暴力と攻撃を中心とする。加えて第7章ではリーダーシップに対する動機と行為について論じ、第8章では一般市民から見たリーダーおよびリーダーシップについての政治的イメージの構成および内容について詳解する。そして最後の第9章では政策決定過程におけるマス・メディアの役割と影響について述べる。

もともと私の計画では、「日本人論」や、日本人の政治的行為や態度に影響する社会・文化的な他の要因に焦点を当てた形で一つの章として取り上げるつもりだった。しかしそれでは内容があまりにも広範なため（それだけで一冊の本になり得るほどであるから）、日本についての研究は本書の各章の中で関連事項として紹介するにとどめた。もし読者が日本のケースについてさらなる知識を求める場合は、前記二冊の本をお薦めしたい。

私は本書を通じて政治心理学がさらに学術的、一般的な関心を集め、より幅広い研究活動のきっかけになることを願っている。

政治心理学　目次

第4章　集団同一視、集団間の敵意と政治的行為……123

第Ⅰ部　政治心理学への理論的考察

選挙期間中の街頭演説

第1章　政治心理学の定義と範疇

1　政治心理学とは何か

その定義

政治心理学［Political Psychology］とは、心理的要因ないしは心理学的知識と研究方法を応用し、人間の政治的行為のもとになるもの、あるいは人間の政治的な事柄に対する行動の取り方を理解し、解明しようとする学術研究分野である。広い意味で政治心理学とは、心理学的な手法を用いた形で人々がなぜ独自の政治的意見や支持する政治集団をもつのか、またある人間が政治参加を積極的に行う一方で、比較的公共問題に無関心であったり、むしろ疎外感すら感じている人々がいるのはどうしてか、さらに、意思決定者はどうやって最終判断を下すのか、などといった問題に回答を与えようと試みるものだ。

個人の行為は社会や文化といった以上のものを反映しており、すなわち人間の行動や考え方は、その人間のあり方に影響されると考えられている。つまり、人間はある状況に対して、一揃いの性質（つまりパーソナリティないしは人格）をもって対応するが、その性質が、その人間の状況に対する行為を、必ずしも決定するわけではないにせよ、影響を及ぼすということを提示している。人間の政治的行為に対するこのような見解が、政治心理学の中心となっている。

冒頭に示した定義からすると、政治心理学は政治学と心理学という二つの分野が相互に関係したものといえよう。

ただし、心理的現象と政治的行為、および政治過程とは、そう簡単に結びつけられるものではない。この二分野は複雑な関係を持ち、かつそれも間接的である場合が多い。そしてこういう相互関係が、政治心理学を一つの学問分野として一般的に定義づけることをいっそう難しくしている。実際の文献では、政治心理学は、人間の政治的行為および人間に影響を与え、また逆に影響されることもある心理的要因と環境を研究するものと定義され、その人間の中には一般市民、様々な政治集団（政党、テロ集団、革命家など）のメンバー、あるいは政治的エリート（政治家、リーダーなど）なども含まれる。これらの人々はすべて政治アクター［political actor］として、地域レベル、国家レベル、国際レベルなどの様々な政治活動に関わる。

この定義には、動機、意見、価値、関心、経験などのいわゆる「プシケ」［psyche］すべてが、ある人間が政治的にどう行動するかに影響を与えていることと、住んでいる政治的環境（政治的文化・体制、社会）も、その人間がどのようになるかということに影響を及ぼすことの両方が含まれている。簡単に言えば、政治心理学は、心理的要因が政治的行為の決定に作用することに関係している一方、政治的行為が心理的要因に与える影響にも関わっているのである。

フロイトの影響

この心理的な要因と広い意味での社会的・政治的行為の関係については多くの研究者や学者が関心を示した。なかでも最も影響力の強かったのが、精神分析学者のジグムント・フロイトである。フロイト（Freud, 1918, 1922, 1939）は、人間一般の非合理性について最も徹底した議論を行った。無意識や抑圧された潜在意識などの重要性を指摘し、それに対して人間の意識された部分、すなわち理性とか合理性などと呼び慣わされるものがいかに表層的なものかを示した。このような分析は、近代社会の誕生があってこそ可能であった。伝統的な社会では共同体の規範や宗教的な束縛が強く、人間の本能的な欲求とそれを抑制するものとの衝突が避けられており、それらの束縛がなくなった大衆社会においてこそ、フロイトの理論が誕生したといえる。

フロイトの精神分析は社会心理学や文化人類学など、他の分野にも多大な影響を与えた。例えばエリッヒ・フロム（Fromm, 1941）は一九三〇年代以降、マルクス主義との結合を試みて社会集団に関する研究を著した。また、フランクフルト学派のテオドール・アドルノら（Adorno et al., 1950）による権威主義的パーソナリティ［Authoritarian Personality］の研究も（第3章で詳述）、フロイトの理論なしには生まれなかったといえる。政治的行為と心理学の面では、父親的な権威への反抗と服従という、オイディプス的な葛藤に焦点を当てた。これは通常、社会的規範の内在化を導く。フロイトによれば、政治的なリーダーは父親の象徴とされ、常に子ども的立場の人々からの反抗に直面せざるを得ない。彼は、『トーテムとタブー』（1918）では社会の起源について、『集団心理とエゴの分析』（1922）では組織の起源について、さらに『モーゼと一神教』（1939）では歴史における預言者の役割について、同様なテーマを扱っている。これらの著作すべてにおいては、他にも宗教の性質、文明、戦争について論じられているが、彼の業績の中では、これらの文化についての理論よりも、パーソナリティに関する理論のほうが政治心理学においてははるかに重要なのだ。

ジグムント・フロイト
精神分析の創始者

フロイトの政治的行為と心理学に対する貢献は、彼自身の業績以外に、他の研究者に与えた影響も無視できない。なかには彼の門下として出発し、後にはライバルとなった人々もいる。特にカール・ギュスターヴ・ユング（Jung, 1961）とアルフレッド・アドラー（Adler, 1927）は、精神力学の理論に新たな要素を付け加え、彼らの労作によって作られた枠組みは今日もなお有効である。これらの学説は当時においてもチャールズ・メリアム（Merriam, 1931）やハロルド・ラズウェル（Lasswell, 1930）などのシカゴ学派によって積極的に政治学に取り入れられた。これはフロイド・オルポート（Allport, 1924）などの行動主義［Behaviorism］心理学からの影響も大きく、政治を制度や法律、歴史的な側面からだけでなく、観察可能な人間の行動をもとにして捉えようという試みに始まった。

以降、政治心理学はいくつかの段階を経て現在に至っている。まず、一九四〇～五〇年代は理論的、方法論的な基盤が確立した時期である。この時期にはフロムやアドルノらなどによるパーソナリティと政治の関係を扱う研究が多く見られた。また、イデオロギー類型化の試みも、デイヴィッド・リースマン（Riesman, 1950）やハンス・アイゼンク（Eysenck, 1954）によってなされている。続く一九五〇～六〇年代にはポール・ラザースフェルドら（Lazarsfeld et al., 1944）やアンガス・キャンベルら（Campbell et. al., 1960）による投票行動の分析、またフレッド・グリーンスタイン（Greenstein, 1965）やケネス・ラントン（Langton, 1969）などによる政治的社会化の研究が進められ、さらに国際比較調査によるガブリエル・アーモンドとシドニー・ヴァーバ（Almond & Verba, 1963）など、この時期に現在通用している多くの理論の仮説や方法論が発表された。

現在、政治心理学には、⑴パーソナリティと政治、⑵世論と投票、⑶政治過程、⑷政治的社会化、⑸マス・メディア（マス・コミュニケーション）などの研究トピックがある。これらを見ると、政治心理学は社会心理学と政治学の学際分野であり、理論の構築方法と問題意識においては社会心理学と同じだが、政治学と研究対象を共有する分野と考えられ、これらが本書の中心的なテーマとなる。

2　古典における政治心理学的考察

現代心理学の理論が政治的生活に対して明白に応用されたのは、かなり最近になってからのことであり、したがって、いまだに政治心理学の理論と研究との間には連続性の欠けた部分も見受けられる。しかし、政治的行為に対する心理学的概念は、三〇〇～四〇〇年前から先達の著書で著されている。

先人の業績

例えばニッコロ・マキアヴェリ（Machiavelli, 1513/1955）は、その著書において成功するリーダー像について論じたが、この中で人間の性質と他者をコントロールしようとする動機についての理論を展開した。さらに彼は、状況が異なっても統治者が権力を維持し続けるために必要な戦略を提言したが、それは人間本来の特性に基づいたものであった。そして統治者は恐怖と冷酷さをもって自己の意志を押し通すべきであり、このようなやり方は、人間とは高邁な理想による動機ではなく、狡猾で卑屈、かつ利己的な動機によってつき動かされるものであると考えることにより、正当化されるとした。

また、トマス・ホッブズ（Hobbes, 1651/1946）は、無政府状態の危険性を説き、許容できる生活を送るためには強力な政府が必要であると述べた。ホッブズは主権者［sovereign］に対して悲観的な見方をしており、その人生を「孤独で、貧しく、つまらなく、野蛮で、短いもの」とし、そして人間は利己的な存在であり、根本的な目標は権力にあると見なした。人間は人生を楽しみ、自分の地位や自尊心を拡大するために、努力して権力を得ようとするというのである。ホッブズは、人間は許容できる生活をするために「人工的な」共同体、すなわち国家をつくり、それを人間本来の利己的な性質を抑制する必要性からつくり出された社会的機関と考えていたのである。これらの自然な衝動の結果である権力の追求は、もし社会における生活を完全に可能なものにするのであれば、抑制されるべきであろう。したがって、人間は国家の〝共通権力〟に関心を持つようになった。

ジョン・ロック（Locke, 1967）は、人間を比較的合理的な存在と見なし、子どもが生まれて成長し始める時期には、生得的観念［innate ideas］などの存在はなく、成長し、経験（教育など）を通じて、その合理的能力が発達するとした。政治については、人間は合理的能力を発達させ得るという理念に基づき、人間は道理をわきまえ、分別があり、科学、テクノロジー、産業の発達を活用しながら、共通のはるかな目標に向かった中庸で正当な社会をつくりあげられる、と考えた。政府については、社会的権利の受諾者であるから、自由や財産に関する個人の権利を守ることのできない政府は信頼に反することになり、もはや大衆からの従属を要求することはできなくなる。大衆は甚だしい権力の濫用に対して、革命を起こすことさえ許されるとした。

最も偉大な政治思想家の一人である、ジャン＝ジャック・ルソー（Rousseau, 1762/1913）は、人間と国家との関わりについて論じ、社会は幸福で純粋、かつ腐敗していない人々で構成されているという楽観的な考えを持っていた。人間は放任されたがり、自然児が最良の状況としたのである。またルソー（Rousseau, 1753/1950：222-60）は、政治社会と道徳的人間との間にある違いは、大抵は架空のものだとも指摘し、政治的なものと道徳とは等質であり、両方とも人間の社会化の側面であり、さらに人間の基本的な動因は道徳的問題とはほとんど関わりがなく、むしろ社会問題、つまり生存の問題に非常に強く関わるとしていた。人間が最初に持つのは自分が存在しているという感覚であり、そして最初に気づかうのは自己保全についてだという。自然の産物は人間が必要とするすべてを供給し、本能がその使い方を教える。飢えや他の欲求によって人間はいろいろな存在の仕方を様々な形で経験する。しかし社会的生存の時代は、自分自身の生存に関する問題が解決されたその時から始まるのだ。互いを尊重しながらの人間行動は、互いに果たすべき義務がある状況をつくり出し、それによって人間は「社会」さらには「政治」という考えを持つに至ったという。

群衆の存在

これらの古典的な思想家に加え、特に一九世紀には他にも多くの著名な人々が現れ、人間の政治的行為の様々な要因を捉え、それらの心理的な側面についての考察を行った。フリードリヒ・ヘーゲル（Hegel, 1807/1931）、フリードリヒ・ウィルヘルム・ニーチェ（Nietzsche, 1957）、ギュスターブ・ル・ボン（Le Bon, 1896）などは、その中のわずかにしかすぎないが、彼らもこの政治と心理の現象における関係について、それぞれ独自の考えをもっていた。

街頭の群衆

とりわけル・ボンの一八九六年に出版された『群衆の心理』［The Crowd］は、社会行動に関する理論の中で現代政治に最も影響を及ぼした、群衆行動に関する基礎となった著作である。彼の著書は学術的研究というより啓蒙書、文明評論としての色彩が強いが、同時代およびそれ以降の社会心理学と政治行動研究の発達に寄与した。当時の状況を振り返ると、ブルジョアジーの支配が終わり、産業革命を経て、労働者階級が政治に進出し始め、大衆という存在が社会の普遍的な現象となった時代であり、そしてル・ボンはこの状況を「群衆の時代」と定義づけた。しかし彼はこれに批判的であり、労働者階級は数の上では優勢で行動力こそあるが思考力はほとんどなく、疲弊した文明を打ち倒そうとする行動をとる存在とした。一方、文明を創造、指導するのは少数の貴族的な知識人だとし、これらの人々が労働者階級に打倒されないための防衛的な知識として「群衆心理」の研究を試みたといえる。

ル・ボンの理論で着目すべき点は、人は群衆という集合体の中では、一人の時に持つ意識的思考や理性の抑圧を捨て、無意識的かつ衝動的に行動するとしたことである。これはやはり同時代に生理学と精神医学の発達によって人間の持つ無意識や潜在意識の存在が明らかになったことによる。そして未だに影響を持っているのは、革命に対する非難であろう。彼は、革命的行為とは主に大衆のヒステリーの結果であると主張した。ル・ボンは大衆を、潜在意識や原始的欲求を意識的な個性に置き換えているような人々の攻撃性が組織化されたものと考えた。この無個性化が参加者を一つにまとめながら、まとまった行動のための共通基盤をもたらすというのである。

群衆心理の特徴としては、次の五つが挙げられる。

(1)共通の動因を持つことで同質性を増し、集団性の中に埋没して匿名的な状況に入ることで社会的抑制が低下して過激な傾向が助長される。

(2)同質性が高まり、個人と他者の境界が曖昧になるため他者からの暗示を受けやすくなる。

(3)情緒的な訴求が、論理的な示唆よりも単純であるがゆえに受容されやすくなる。

(4)情緒性が高まると論理的な判断、抑制力を失い、批判や論理の場が少なくなる。

(5)多数の人間がともに何らかの行動を起こす場合、匿名性の強い状況下では責任感が分散し、無責任性へとつながる傾向がある。

「群衆心理」に呼応した群衆行動のメカニズムには、暗示、模倣、感染、数の圧力などが挙げられている。また、集団の大きさは人間の結束を不安定にする要因だとしたが、同時に集団のリーダーのカリスマ性［charisma］と統率力が集団の結束過程を必然的に決定するとした。リーダーシップの役割の特徴は、集団の行為の一部だが、「群衆」という状況はリーダーに悪意を持たせ、統率力を凡庸にし、集団の「魂」を単純化するだけだと考えられたのである。そしてエリートによる外部からの助力がないと、集団は文化や文明の達成を破壊しがちな「見せかけの意識」[False Consciousness] に溺れてしまうとした。いろいろな意味で彼はフロイト（第2章参照）の影響を受けており、フロイトの性格に関する理論の用語構造をつくり直したり、リーダーシップと集団行為の精神分析理論を進めたりもしている。

これらの歴史を振り返ってみると、心理的現象と政治的行為との関連について観察する試みは、かなり昔に根ざしていることは明らかである。

3　政治的現象と心理学の統合

現代の政治心理学においては、政治的行為と心理学との相互関係に対して、どのような統合やアプローチを行っているのだろうか。まず政治的行為とは何を意味するのかを考えてみよう。

政治的行為とは

第一に行為とは観察し得る行動ということであり、例えば歩く、食べる、飲む、話す、投票するといったことが含まれる。重要なのは、特定の事象においてその場に存在し、関わりを持つすべての人間の行動が、そういったものであるかどうかということだ。次いで行為とは感覚を通じて観察されるものである。それは、誰かがある事象について話した言葉の意味ではなく、その人間がその事象について行ったこと、かつそれが見えるものであったということなのだ。

政治的行為について論じる際、一般的にこの用語は現存する政治組織に関した行動だけを示すものではない。会社、市民団体、宗教団体、暗黒街の組織、大学組織、家族なども、マクロ的政治体制と並んで、やはり政治的な側面を持つものとして考慮されることがある。とはいえ、政治的行為を最も基本的なレベルで考えるならば、それは他者を操作し、また他者に操作されることについてのものといえる。政治とは基本的に支配＝服従の問題であることについては、多くの政治学の教科書にも示されていることである。

例えばクインシー・ライト（Wright, 1955：130）は、国際関係に関する古典的著作を著し、その中で国際政治を「他からの反対に対して目的を推し進めるために、世界の主だった集団に影響を与え、操作し、コントロールする技術」と定義した。これは国際政治だけではなく、国内政治にもあてはまる。また、ラズウェル（Lasswell, 1951：295）は「政治の学習とは影響と影響力を持つ者について学ぶことである」と述べている。そしてさらにデイヴィッド・イーストン（Easton, 1965：47）は、政治を「権威による稀少資源の配分」[authoritarian allocation of scarce resources] と定義した。

このように、一般的な用語を用いた政治に対するこれらの諸定義によると、人間のほとんどすべての相互関係は、基本的に政治的なものと考えられる。加えて、ロバート・ダール（Dahl, 1970：6）の述べるところでは、政界とは公共の領域を越えたものだという。つまり、彼の言を借りると、「政治体制は、人間関係の中で永続性のあるものすべてであり、重要なのは、それが権力、支配、権威に関するものだということ」となる。

実際のところ、ほとんどの場合の人間関係においては、誰が主導権をとり、監督し、決定するかといった問題、言い換えれば誰が支配し、権力を持つかといったことが常に持ち上がる。したがって、政治または政治的行為に対する定義は、単に力関係を表しただけでは茫漠としすぎている。そのため政治学者の多くは、定義の限定に躍起となる。例えばヴァーノン・ヴァン・ダイク（Van Dyke, 1960：134）によると、「政治とは、公《おおやけ》の問題に対して、相反する欲望を追求しようとする人間たちの闘争と定義することができる」となる。

そこでこのヴァン・ダイクとイーストンの定義をまとめると、さらに包括的な定義をつくることができる。つまり政治とは異なる目的（欲望）をもつ人々（あるいは集団）が、最終的に価値分配の権威の獲得を目標として争うことである。政治体系から見た「稀少価値の配分」とは、権力や健康、尊敬、名誉、財産などは、本来他人との競争の中で手に入れるものだが、それらを討論や説得、駆け引き、妥協などによって、社会のメンバーが納得するように配分するのが政治であるということになる。

つまり政治的行為は、日常生活における諸問題（「稀少価値」自体）を共同して解決するための人間行動すべてを含む。この定義は、少なくとも理想的には、政治組織が人間（人々）の欲求を喚起し、その欲求を満たせるような過程に対して関心を向けさせようとすることを示している。既存の政府機関と関わる場合、社会的環境におけるこれらの組織に対する人間の反応（投票、政党加入、リーダーシップ、抗議行動、暴力など）に注目を限定してしまうことは非常に簡単である。

しかし政治的行為については、ある人間は選挙当日に投票を行い、またある人間は暴力行動に加担し、また別の人間は政党や他の政治団体に加入する一方、いかなる政治的な情報もマス・メディアから得ようとしない無関心な人間もいる。それゆえ、なぜ活発な政治参加をする人々がいる一方、比較的公共問題に無関心で、むしろ疎外感すら感じている人々もいるのはどうしてか、という疑問が生まれる。このような行動に対する解明は心理学的な見地から得られるのである。

心理学的な見解

心理学はなぜ人間が特定の行為をとるのかを探究する科学として、特に個人の人間性のシステムについて考察する。個人の内面から発生した行為の決定因子、および個人の特質や違いを中心とし、様々な状況にある人間の関心、動機、反動、反応などを探るのだ。このアプローチでは、人間はある状況に対して一揃いの性質、つまりパーソナリティをもって対応することから、その性質が、その人間の状況への対応行動について、必ずしも決定的なものではないが、ある影響を及ぼすということを提示している。人間の政治的行為についてのこのような見解が、政治心理学の中心となっているのだ。同時に政治心理学では人間が生活し、行動をとる社会・心理的な環境も重視している。

このような行為についての疑問を検証するにあたり、政治心理学の対象となるのは個人、数人の小集団、あるいはより大きな集団、例えば地域や国家の住民の行動である。最も低いレベルは個人の行動であり、政治心理学は一般市民や「普通の人間」における最頻的パーソナリティ［modal personality］、つまりある特定の集団において最も頻繁に現れる統計的な最頻数［mode］にあたるパーソナリティ、あるいは「社会の成人間に最頻的に見られる比較的永続的なパーソナリティの特性や形式」（Inkeles & Levinson, 1997）から、政治的パーソナリティ［political personality］、すなわち政治活動に関わりを持つ人々、主に意思決定者、政治家などに見られる最頻的パーソナリティの政治的行為にまで焦点を当てている。

一方、関心を持たれる最も高いレベルとしては、まず大衆行動［mass behavior］があり、これは大衆からなる組織が社会、政治、文化などの面における変革を目指し、集会やデモ、平和運動などの形をとった大衆運動［mass movement］、あるいは世論など大衆を基盤とした行動で、総称して集合行動［collective behavior］という。それから群衆［mob］、つまり不特定多数の人間が、共通の興味や関心、動因によって、一時的にある地域に集まっている状況にも関心が持たれている。

4　政治心理学の焦点

政治心理学の視点は、相対的、かつ議論の余地を残すものだが、これを確立することは重要である。まず、どの要因が特に関連性が高くまた重要であり、政治心理学に含まれるべきなのかを考慮すべきであろう。そこで最も重要ないくつかの概念について述べてみたい。

政治的行為、もしくは政治活動　政治的行為［political behavior］あるいは政治活動［political action］とは、政治組織や政治過程への支持もしくは挑戦を意図したものを指す。個人と政治体制との関連は、その行為の関与の程度（無関心、同調的、活動的）、型（リーダー、フォロワー、孤立、意思決定者、実行者）、態度（柔軟、頑固、創造的）によって決まる。そして最も単純なものからやや時間をとられるもの（テレビでニュースを見る、家族や友人と政治について話す）、より複雑なもの（選挙での投票、政党への入党、署名運動）、最終的にはもっと時間をとられるもの（デモへの参加、政治家になる、革命などの暴力行動に荷担する）など様々な程度に分かれる。

政治的行為は個人の社会的行為の一部であり、様々な要因から影響を受けるが、それらには主に三種類がある。第一はパーソナリティ要因であり、フロイト（Freud, 1918, 1933）やアドラー（Adler, 1927）、エイブラハム・マズロー（Maslow, 1970）などの心理学者や精神分析学者によって多くの指摘が行われているが、具体的には個人の健康状態、動機、態度、性別、知性などが政治的行為に影響を与えるというものである。

第二は政治的行為を実行する個人や集団を取り巻く環境要因である。イワン・ペトロヴィッチ・パヴロフ（Pavlov, 1927）、ジョン・ワトソン（Watson, 1924）、バラス・スキナー（Skinner, 1948）といったS－R［Stimulus-Response］理論を唱える行動主義心理学者、ジャン・ピアジェ（Piaget, 1932）、エリック・エリクソン（Erikson, 1950）、ローレンス・コールバーグ（Kohlberg, 1969）といった発達心理学者、ソロモン・アッシュ（Asch, 1952）、レオン・フェスティンガー（Festinger, 1957）などの認知心理学者が各種の調査を試みている。彼らは人々の社会あるいは政治的行為は環境を条件とするものであり、学習や強化、集団圧力や情報の影響を受け、それらを反映しているとした。

第三は個人の政治的行為が、より広範な社会環境からも間接的な影響を受けるということである。個人は広い社会において個々に区別されにくく、かつ相対的に受動的な立場におかれるその一部である。カール・マルクスとフリードリッヒ・エンゲルス（Marx & Engels, 1848/1968）、エミール・デュルケーム（Durkheim, 1893/1933）、フロム（Fromm, 1941）はこのような考え方をもとに、それぞれ人間の行動は近代化、工業化、移民、人間やマス・コミュニケーションを通じた情報などによって影響を受けるとした。

政治的行為における観察と分析

また政治的行為は様々な方法で観察し、分析することができる。第一に個人的なレベルの行動、具体的には本質的に個人のものでその人間特有なものを意味する行為と、分化した個人的行為、つまり個人的ではあってもほとんどの他の人々と共通な行為とに区別できる。例えば、ある環境（文化など）や状況（政治体制など）に共通な行為によって、個人がどのようなものかというだけでなく、個人が政治的に成し得る限界までも理解できる。

ここで重要なのはパーソナリティにおける複雑な要素の動機［motive］である。人間の動機はある一定の目標の下では安定し耐性のあるもので、人によってその性格や支配的な部分は、例えば飢えや達成、権力などのように異なるが、時と場合によっては発生のしかたも関与のしかたも変化する。ジョン・アトキンソン（Atkinson, 1957）はこれらの安定性と多様性という二つの側面をまとめ、動機とは「ある段階の刺激や状況が発生するまでは安定し、耐性のあるもの」とした。これによると、ある特定の動機が「高い」とされる場合、それはより多様な状況のもとに生まれるか、急激なカーブを描いて発生するか、あるいはこの両方の特徴を持つと解される。

類似の概念として動因［drive］がある。動因には生物的動因と一般的動因とがあり、飢えや渇き、痛みなどは生物的動因といえる。対して一般的動因とは生物的動因と同様に生得的に存在するものだが、さほど直接的ではない好奇心、探究心、愛情などが含まれる。この二つを一次的動因という。

しかし、一次的動因が人間行動のすべてを決定するわけではない。マズロー（Maslow, 1970）は、人間の本能的欲求などは学習や文化などの外的な要因に簡単に消されてしまうとした。このような、人間が生まれてから学習によって身につけるものを二次的動因と呼ぶが，これと一次的動因との結合体を複合動機という。複合動機には心理発生的要求［psychogenic need］，社会的動機［social motivation］などがある。ゴードン・オルポート（Allport, 1961）は，社会的動機とは生理的欲求によって動機づけられた行動を基盤とするが，その後の社会的な接触からの欲求をもとに行動が変化して新たな欲求を充足させようとする機能だとする，機能的自律性を唱えた。またマズローは欲求の諸段階として，これらの動機を生理的欲求に始まり，それからの影響を徐々に脱していくような階層として捉えた。動機およびそれと社会的行為との関係，特に達成動機［achievement motive］，親和動機［affiliation motive］，権力動機［power motive］（Winter, 2002）のそれぞれにおける政治的意味合いについては，第2章において詳解する。

パーソナリティにおける重要かつ複雑な要素のもう一つの例として自尊心［self-esteem］がある。自尊心とは自分の価値，能力，適性などの肯定的な自己評価があることを意味し，自尊感情，自己価値，自己評価なども称され，自己の能力に対する自信，あるいは所属集団からの承認をもとに起きる。精神分析では自我［*ego*］と超自我［super-*ego*］がバランスを保っている状態とされ，自尊心がなくなるとうつ病状態を示すが，うぬぼれなどは過剰な自尊でうつ状態を防御しようとする働きといえる。自尊心が低い人間の特徴は当惑しやすく恥ずかしがりで，説得に乗りやすく，他人への承認欲求が強い。また自己卑下，劣等感などを持ちやすい。逆に自尊心が高すぎると虚栄心を持ちやすい。このような自尊感情と他者への態度には正の相関があるとされる。つまり，自分に対して肯定的な感情を持つ人は一般的に他者に対しても肯定的であり，反対に自己を否定的に見ている人は一般的に他者へも否定的なのである。

自尊と政治行動に関する理論としては，ラズウェル（Lasswell, 1948）が精神病の治療歴のある政治家を対象に調査を行い，低い自尊の感覚が権力指向を導くとした。しかしキャンベルら（Campbell et. al., 1960）は肯定的な自己評価を持つ人間，つまり自尊の念が高い人間は政治的有効性感覚も高いとした。これらに対してジェームス・バーバー（Barber, 1965）は、自尊心が強ければ政治家として繁雑な事柄を比較的楽にあしらうことができるが、反対に自尊心が低ければこそ、その補償行為として繁雑さに立ち向かうこともあるとし、自尊心と政治参加との関わりの両面性を指摘した。このように自尊心は様々な形で個人の政治的行為に関係を持つが、それについては後述する。

政治的行為の分析における第二の側面としては、政治的行為の意味するものと、それ以上に重要なその行為自体を引き起こすものについての観察ということが挙げられる。この点において他のいかなる社会的行為とも同様に、政治的行為は対人接触を通じて他人の存在や行為からの影響を受け、同時に人間のつくり出したものからも影響されている。これらは都市化、工業化、マス・メディアなどの有形なものであったり、また社会的役割、契約（規範）の規則、社会的態度のような無形のものである場合もあろう。政治的行為は、例えば大気汚染、水質汚濁、ある種の動物の絶滅といった社会問題にも関係し、このような問題を政治の場に持ち出して裁判所や官僚、および政治家などに訴えることもある。核物質汚染や核戦争に関わる問題や、それぞれの国における核兵器の削減などを主張する場合もあるだろう。これらの要因はすべて、政治的行為の動きをいくらかでも理解するうえにおいては大変重要なのである。

第三に政治的行為では、ある特定の文化、国家、共同体での特定の時期における一般的政治的行為の程度や、それらの特定行動の頻度を観察するが、その中には選挙、様々な政治的利益団体組織、果ては暴動や革命などの暴力行動までもが含まれる。安定した時期と混乱した時期では、人間の形成と抑制は異なった形のもとに現れるが、同様に平和な時代と戦争や抗争の最中、また民主主義体制と権威主義体制、さらにイランのような宗教的支配とそうではない地域、加えて日本文化とアメリカ文化の下でも、それぞれ異なるのである。

政治的態度

態度［attitude］とは、基本的に各種の対象や事象に対して判断や思考が一貫した一定の反応傾向を示すことである。最も包括的といわれるゴードン・オルポート（Allport, 1937）の定義は「態度とは、経験により体制化された精神的および神経的な準備状態であって、個人が関わりをもつ諸対象や状況に対するその反応を方向づけ、その反応に力動的な影響を与えるもの」である。

そして政治的態度［political attitude］とは、個人の政治的行為を左右する社会的な対象に対する感情や反応、比較的持続性のあるものと見なされている。具体的には政治に関わる人物や事件への肯定ないしは否定の感情や考え方であり、潜在的な行動や意見表明を示したものといえる。態度は政治的知識やマス・メディアとの接触などの認知的次元、政治的関心や政治的有効性感覚などの感情的次元、政治参加態度などの行動的次元という三つの次元から構成され、それらは社会化（二六頁以下参照）の過程で獲得されて固定され、永続的な反応傾向となる。政治心理学では、人間はあらゆる文化において自分の環境における重要な「政治的人物」（政治家、リーダーなど）、政治集団（政党、テロ集団など）、政治的対象（イベント、争点など）についての態度を発達させるものと考えられている。そしてこのように獲得された政治的態度によって、個人が政治体制をどう見なし、何を期待し、そのためにどのような行動をとるかが理解できるのだ。

政治的態度の研究は、以上のように個人の政治的行為の予測変数として重視され、多くの関心を集めてきた。ルイス・サーストンとアーネスト・シャヴェ（Thurstone & Chave, 1929）は、社会的・政治的態度の分析に因子分析法を応用して「戦争」「愛国主義」「教会」などのキーワードに対する態度をもとに、「保守主義」対「急進主義」、「ナショナリズム」対「反ナショナリズム」という二つの一般因子が政治的態度の基本次元であるとした。アイゼンク（Eysenck, 1954）はさらにそれを拡充し、「保守主義」対「急進主義」と「軟心」対「硬心」という因子を抽出した。この場合、前者は政治的次元の因子だが、後者はパーソナリティ次元の因子である。つまり政治的態度の傾向は、その人間のパーソナリティにも深く関わりがあることになる。政治的態度とパーソナリティとの関連研究としては、アイゼンクの他、アドルノら（Adorno et al., 1950）による権威主義的パーソナリティ、あるいはミルトン・ロキーチ（Rokeach, 1960）による独断主義［Dogmatism］尺度の研究がある（第3章参照）。

以上の政治的態度の中には以下の概念が含まれる。

政治認知

認識［perception］とは普遍的でかつ妥当な知識の獲得過程、あるいは知識そのものを意味する。認識という行為は意思や情動といった個人の主観的な過程と対応する純粋に知的な行為といえよう。心理学用語では認知［cognition］とされることが多いが、この場合は知覚、判断、決定、言語、記憶、さらには言語を理解してそれを使うといった、個人が生まれながらに持っている情報に基づいて、外部の物事に関する情報を選択的に取り入れ、物事の相互関係や一貫性などに関する新しい情報をつくり出し、蓄積し、さらにそれを外部へ伝達したりすることをさす。すなわち、ある状況に対して適切な行動をとるための情報収集と処理の活動によって行動の選択肢をつくる過程といえる。したがって人間は認知の過程や知識のレベルによって行動を左右される。事実、人間が環境との関係に適応していく際には、実際の現実と関連させつつ現実を概念化していく程度が、密接に関わってくるのだ。人間の認識は、実際の現実と対応しないことがよくあるが、それは情報の不足、関連事項の誤解、限られた情報をもとにした間違った推理などのためであろう。

そして政治認知［political cognition］においては、個人が政治的事象や政治家、官僚、国際関係などについてどのような方法や経路、あるいはメディアなどを用いて情報を得ているかが問題となる（政治知識［political knowledge］とも呼ぶ）。

政治認識

認識は行動心理学の中でも非常に重要な側面である。人間の周囲に対する認識（見方、受け止め方、イメージなど）はそれらに対する立場や行為のあらゆる側面に強く影響するからだ。政治認識［political perception］の中には、政治的要因の認識に対する影響や、政治的人物および組織に対する認識など、いわゆる政治的イメージ［political image］が含まれるが、これらが人間の政治的人物や政治集団に対する行為を決定する認識の重要な一部分と考えられる。つまり政治に対する認識は、人間と政治の関係のみならず、各政治要因自体の存在についても非常に重要な役割を果たすといえる。

政治認識は一般的な認識と基本的には同じであり、選択と組織化によって行われている。人間は膨大な数の対象から自分にとって関心が持て、かつ重要なものを選び、これらのばらばらな認識を組み合わせて意味のある全体を組織する。人間が政治環境の中からどの部分を選んで認識し、どのようにそれらが選ばれて一つに組織されるのかということについては、社会的要因の影響が大きい。しかし、例えば政治に関わる人間に対する認識などは、通常物理的対象に対する認識では起こり得ないような側面を含む。ある人間が認識されるということは、意志、動機、態度、そしてこれらの特徴による属性に対する認識が成されることを意味し、それらが認識の決定に最も重要と考えられるのだ。例えば、ある人間や集団が何かの行動をとった時、彼らが良い意図をもってそれをしたと認識されていれば結果が悪くとも許してもらえるが、悪い意図のもとに行ったと見なされれば、たとえ結果が良いものでも非難を浴びることがある。したがって、政治心理学では政治環境やその関連事項を人々がどう認識しているかに対しても洞察を加えている。

政治意識

政治意識［political consciousness］は、政治体系の中で機能する感情や関心、その結果としての意見や態度、信念などを体系化したものの総称である。これには、⑴政治的正当性の意識や政治不信など、政治一般に対して持つ感情、⑵政治的有効性感覚、政治参加に対する義務感など、政治に対する自己の関わり方についての態度、⑶環境や福祉、外交問題への関心など、政治的な争点に対する態度、⑷政党支持の態度、などがある。これらは明らかに政治に関連した意識であるが、一見非政治的な意識であっても、政治に関して大きな意味を持つ場合はやはり政治意識という。例えば、⑴権威に対する態度、⑵国家に対する態度、⑶集団への参加に対する態度、などは間接的に政治への機能をもつ意識といえる。

政治意識についての実証的研究には、主に三種類ある。まず第一は、政治意識の有無または高低を扱ったもので、政治的無関心、政治的疎外、政治的シニシズム、そしてこのような感覚の帰結として発生する政治的有効性感覚などの研究である。第二は政治意識の構成要素としての政党や政策の争点、政治家、投票などへの意識について、どの程度状況や事実を知っているかという認知面、満足感／不満感、有効感／無力感などの感情面、また自ら実際どのように行動するかという行動面などから分析するものである。そして第三が、こうした政治意識がどのような過程で形成されるのかを扱う、政治的社会化の視点である。政治的社会化とは、政治的価値観や態度を習得、同化していく過程であり、政治意識もこの過程で形成されていく。

政治的信頼と政治的シニシズム

政治的信頼［political trust］が存在するという状態は、政治的組織や政治家が汚職などもなく効果的に機能している時に人々から広く信頼を集めていたり、あるいは政治組織と政治過程、および政治に関わる人々が道徳を遵守し、一般市民の要望や欲求に素早く反応する場合ともいえる。これは政治家への敬意や畏怖の念、また権威に対する従順さや服従から生まれるもので、政治に対する信頼があれば政治への参加が促され、政治組織の機能についても理解が深まり、社会や政治過程への貢献がみられるようになる。

このような状態の対極にあるのが政治に対するシニシズム［political cynicism］であり、これは政治家は不誠実で意思決定過程は何らかの利益の影響化にあるというように、政治制度や構造一般に対して懐疑的な態度がとられ、自閉的あるいは自己中心的な生活によって政治本来のルールは無視されるか、ただの飾りものにすぎなくなることを指す。一般に政治不信とも呼ばれるが、このような政治に対する否定的な関与のしかたを示す用語としては「シニシズム」の他に「無関心」「疎外」「アノミー」などがある。これらは厳密には同意語ではないが、相互に密接な関連を持っている。政治的疎外は、社会的な出来事に対する興味や政治過程に参加して何らかの貢献をしようとする意志を減少させる。例えば、政治不信は投票行動と関連して扱われることの多い概念でもあるが、逆に政治体制への信頼度が高く、シニシズムの傾向が弱いほど、投票への参加が高まるという。政治や政治家に対する信頼（あるいは不信）の大部分は社会化過程の早期に形成されるということが様々な研究で示されている。それ以後の時期においては、マス・メディアが市民の政治組織や政治家の道徳観や機能に対する態度の形成に重要な役割を果たす（Finifter, 1970）。

政治的有効性感覚

政治的有効性感覚［political efficacy］は、政治的有効感または政治的能力ともいわれるが、人間が自分の行動や他者との共同行動が、政治過程の意思決定に対して影響を与えることができるという信念や感覚を意味する。あるいは自分と政治との距離感を示すことでもある。市民の政治参加には政治的関心が前提となるが、この強さによって政治参加の動機が決定されるため、民主主義の政治システムを維持するには必要不可欠な要素といえる。

この感覚は、政治的社会化の過程で形成されるが、特に最初の担い手である家族の中で形成される性格が自立的か従属的かによって、後の政治参加意欲が左右されるという。また学校においても、国旗などを通じて国家への愛着を育てる一方、体制を批判し得る知識を習得し、双方を基盤として有効性感覚がつくられる。しかし政治家や体制への一方的な信頼や、学校教育による建前重視の知識は子どもの年齢が上昇していくにつれて反抗や無力感へ変わりやすい（Almond & Verba, 1963；Massey, 1976）。

また、政治心理学においてさらに二つの重要な概念があるが、それは既述の政治的行為と態度に影響を与える政治文化、および政治的社会化である。

政治文化

文化［culture］とは、ある特定の集団において広く分かたれている規則や価値観、認識、生活の流儀などを指す。広い意味での文化は、知識や信仰、道徳、芸術、法律、慣習、そのほかにも人間が社会の一員として獲得した能力や習性、これらを合わせたものといえよう。また、習得された行動とそれらの行動の結果を合わせたものが、ある一つの社会において伝えられている状態も文化といえる。

政治文化［political culture］はこういった文化全体の中の一つの部分、あるいは側面であり、いろいろな社会における政治に関する態度、価値観、信念を総合したものである。政治文化は、それぞれの政治体制の歴史が集められた結果、またはそこから発生したものであり、それは同時にその体制に属する人々の生活の歴史でもあり、個人が社会について学習してきたものでもある。したがって、政治文化は公的な事柄と私的な経験とに等しく根ざしているのである。

ルシアン・パイ（Pye, 1965）によると、政治文化とは「政治過程に秩序と意味を与え、政治システム内の行動を支配する基礎的な諸前提やルールを供給する態度、信念、感情のセット」となる。また、アーモンドとヴァーバ（Almond & Verba, 1963）は「ある時代に国民の間に広く見られる政治についての態度、信念、感情の方向性」とした。つまり、人間の意識や行動はその社会における文化によって規定され、同様に政治意識や行動を規定する概念が政治文化といえよう。具体的にはある政治システムにおいて、そのメンバー間に過去から現在まで広く繰り返し共通して見られる政治的価値観、感情、態度、および政治的行為を指すが、政治風土や政治的体質などの概念も広義の意味では政治文化に含まれる。

アーモンドとヴァーバの研究では、アメリカ、イギリス、ドイツ、イタリア、メキシコなどで五千人以上の人間を対象に国際的な調査を行ってデータを集め、政治文化を個人の政治的参加の水準に応じて、未分化型［parochial］、臣民型［subject］、参加型［participant］という三類型が提示された。これらは三種類の政治体制における市民の持つ信念と態度を表している。つまり、政権に対する市民の関与を国ごとに区別する際の指針となるものだが、どんな国でもこれがそのままあてはまるとは限らない。しかし政権に対する市民の態度を典型的に表したものとされている。

未分化型は最も原始的な方向性であり、このような社会では特別な政治的規制というものがなく、人々は政治「体制」に何の期待もしていない。つまり政治体制の存在にまったく気付いていない、もしくはいたとしてもごくわずかだということだ。自分の国が世界のどこにあり、どんな歴史を持つかという知識もなく、そのため感情も意見も持ち得ない。もちろん政府の機能、法律、政策などもまったく知らず、自分の権利や国に対する義務なども分からないので、政治参加の必要性など感じない。メキシコの農村やイタリアの南部に住む人々は、政府に対しては忠誠よりもむしろ敵意を感じており、国よりも自分の住む村やその習慣に対してしか義務感を持たないなど、最も閉鎖的であった。

臣民型は、個人は権力に仕えるものとして忠誠を持って統治者に奉仕し、それに対して報酬を受けるとするものである。自分の国やその歴史についての知識はきちんと持ち、それを誇りとも思っている。司法や警察、政府の機能についての知識もあるが、自分自身で体制を変えられるとか積極的に参加できるとまでは考えない。あくまでも受動的に存在するのである。イギリスはいまだに君主制を守っているので従属型のようでもあるが、現在のイギリスの政治文化には活動的な側面もある。

最後の参加型は社会の構成員が体制全体、政治、行政の構造と過程を明らかに主導している場合であり、アメリカの活動的な政治文化や伝統は参加型の最も良い例といえよう。

またアーモンドとヴァーバは、社会的地位と政治とのつながりを指摘した。社会的、あるいは経済的地位の高い方が政治に対する参加の意欲が高く、また政治関与への自信もあると述べられている。おそらくそういう人々は、家族の中でも何かの決定に参加させてもらう機会が多かったと考えられる。このように家庭内の決定事項に家族が積極的に参加するようなアメリカやイギリスでは、宗教や政治など、社会的な集団に対する参加の意欲がたいへん高い。これらの国々では、人々が政治に対する自分の影響力、つまり政治的有効性感覚を強く感じているといえる。

政治文化論には主に二つの特徴がある。第一の論点は、文化は短期間に変化するものではないということだ。規則や法律は変えることができるが、文化の基本にあるものを変えるためには長時間かかる。また基本的な文化が変化するとすれば、それは若い世代における方が簡単であろう。つまり年長者にとって早期教育で得たものと違う変化は受け入れられにくいが、若ければそういったトラブルなしに、変化を受け入れることができる。これらが世代間の違いとなって表れてくる。例えばサブ・カルチャーというものがあるが、年齢は最も基本となる要因と考えられている。このような世代による違いは文化が受け継がれる過程では無視できない。

第二の論点は主観的方向づけに関するものである。主観的方向づけは、個人が自分の置かれた状況に対する反応のもとになるものだ。それは各人の社会化の経験を反映しており、幼児期の学習が重要となる。それは早期の学習がそれ以後の学習の基本的条件となり、いったん学習すると簡単にはそれを変更できないからである。つまり人間の行動は単純なものではなく、本質的な部分に文化の学習の違いがあるのだ。人間は一般的な認識、感情、評価などを通じ、それらの経験をもとに行動する。しかしこれらの認識などは社会的な階層によって異なるが、その違いは客観的な社会状況や社会構造そのものからではなく、文化をもとにした学習によって生まれるのだ。そして学習はこういった認識などの型に一貫性を持たせるものなのである（Almond & Verba, 1963; Pye & Verba, 1965）。

政治的社会化

社会化［socialization］とは、個人が他の人々との関わりを通じてものの考え方、感じ方、ふるまい方など、その社会に適切な行動の型を発達させ、社会的な存在となることを指す。一方その個人が所属する社会や集団にとっては、社会化によって集団のメンバー間の連帯性を高め、かつ文化や制度を維持、発展させることができる。

したがって政治的社会化［political socialization］とは、社会のメンバーがその社会で一般的に行われている政治的価値観や態度を習得し、同化していく過程、あるいは世代間で政治意識や行動を形成していくための知識や技能を伝達することで政治文化を継承する過程であり、これは政治学習ともいえる。そのうち政治に対する情報や態度、判断を身につけることを本質的政治学習といい、これによって制度や自分の果たすべき役割を学び、政治体制の機能や、自分の役割に影響するような姿勢や価値観も学習する。

政治的社会化の特徴は、まず第一に親と子、情報の送り手と受け手といった異なったレベルで行われるということである。家族、学校、同僚集団、マス・コミュニケーションが代表的なもので、これらを特に「社会化の担い手」[socialization agents] という。第二は青少年期における学習に関連するということである。政治的社会化は一生を通じて続いていくが、青少年期に身につける価値観や態度は、成長後に出会う制度や人間に対し、選択の枠組みとなるからである。

また政治的社会化は公式なものと非公式なものとに分けられる。公式な政治的社会化とは政府を通じ、その政治体制にとって是とされる価値観、態度、情報を教え込まれることであり、学校での歴史教育に始まり、ひいては政治的なプロパガンダもここに含まれる。特に公的な場で行われる政治学習を政治教育という。これは政治に関する理解を深めるために、その政治体制のメンバーに対して政治の意義、組織、問題点などに関する知識や情報の伝達を行うことだが、公の教育は自立的な市民をつくり出す場であるとともに民衆操作の手段ともなり得るため、様々な問題を含んでいる。例えば学校を通して支配的な集団による統治を正当化し、ヘゲモニーを確立しようとする場合がある。その際には女性や少数民族などについての知識が排除されたり、支配を脅かさないように変形されることがままある。

直接の学習以上に重要といえるのが非公式な政治学習である。これは親からの躾《しつけ》に始まり、家族内の力関係や遊びなど、生活の全般を通じて無意識のうちに吸収し、意識下のレベルに蓄えられた情報や、考え方によって起こる。

ラズウェル（Lasswell, 1948）によれば、幼児期の体験がパーソナリティの無意識レベルに抑圧された形で沈澱し、成人してからそれが様々な形で政治的象徴と結びついて発散されるという。リチャード・ドーソンら（Dawson et al., 1977）は、非政治的経験を多く積むことによって、基本的な態度や価値観の形成、実生活で政治に関わる際の知識が養われるとしている。例えばキャンベルら（Campbell et al., 1960）のモデルに示されるように、子どもは家族の政治的態度からパルチザンシップ［partisanship］（準拠集団としての政党に対する愛着感で、政党帰属意識ともいう）を学ぶ。あるいは、フロム（Fromm, 1941）やアドルノら（Adorno et al., 1950）が指摘するように、家族内の力関係は子どもの権威主義への態度を大きく左右する。そして現代社会においてはマス・メディアによってつくられ、伝えられる様々な事象も、政治学習の重要な場と考えるべきであろう。政治不信や政治的無関心は、マス・メディアによる政治の汚職や戦争の報道から生まれるという指摘もある。

また政治的社会化は、認知的社会化、感情的社会化、および政治体制に対する評価にも区分できる。認知的社会化とは、政府や官僚組織の構造や役割などの政治知識と情報に関する、政治体制がどう機能しているかを知るためのものである。そして感情的社会化は、習得した知識や情報に基づいて政治に対する支持や愛着、あるいは否定を示すようになることで、政治体制に対する評価とは、事実として得た情報や、それによって生まれた価値観に基づいて、政治体制への判断や意見を示すことである。これらの政治的社会化はごく幼いころから始まり、子どもの権威に対する態度は成人後の政治的な態度に、また政治的権威に対する感覚の発達は、人的なものから組織に対する感情に転化されていくとされる。加えて子どもはリーダーを高度に理想化する傾向にあり、これが政治制度の受容基盤になるとされている。パルチザンシップは投票行動の決定要因として最も重視されるが、これもイデオロギーの学習と並んで社会化の過程で形成される。そしてこれらとともに確立されるのが政治的信頼であり、政府や政治家に対する信頼の度合が、成人になってからの政治行動を左右するのである。政治的社会化は、それを通じて政治文化を形成することでもあり、これによって政治過程を構成する要素が規定されるといえる（Hess & Torney, 1967）。

5　政治心理学の本質

政治心理学では、個人の社会的・政治行動を決定する要因として、前述のものに加えて衝動、思考、情動、欲求、心理的特質を決定する社会化経験、そして最も重要な社会・政治組織、過去と現在の状況での刺激などを挙げている。これらはすべて人間行為の政治的発達により広い意味合いを持たせ、人間を行動に駆り立てたり、逆に控えさせたりもする。政治心理学では、人間の政治的行為に刺激を与えるものとして、二つの点を重視している。第一には個人が生活する一般的な環境、つまり特定の対人関係、有形生産物、無形生産物、政治体制、所属する国家や家族、接触する事象などであり、第二に各個人の態度や認識、知性、関心など、行為に影響するものである。個人の政治的行為の全体的な発生と発達をまとめたものが次頁図１－１である。

総括すると、政治心理学は人間の社会的行動を検証するためのアプローチだが、この中心となるのは、公共の場における個人や集団の政治的行為や態度（投票、暴力、平和、戦争、リーダーシップ、政党のメンバーシップ、疎外など）の原因および影響についての心理学的な概念や方法を用いた説明、解釈である。したがって政治心理学は単なる政治的認識や認知、理念、社会化などについての個別の研究だけではなく、むしろすべてを人間の行為として複合した形で見ることができる。以上に述べたことすべては、ある個人の特性に限らず、政治の場で活動する人間すべてに関わるものなのだ。つまり政治心理学は、政治的行為に対する広く包括的な、最も重要な側面なのである。

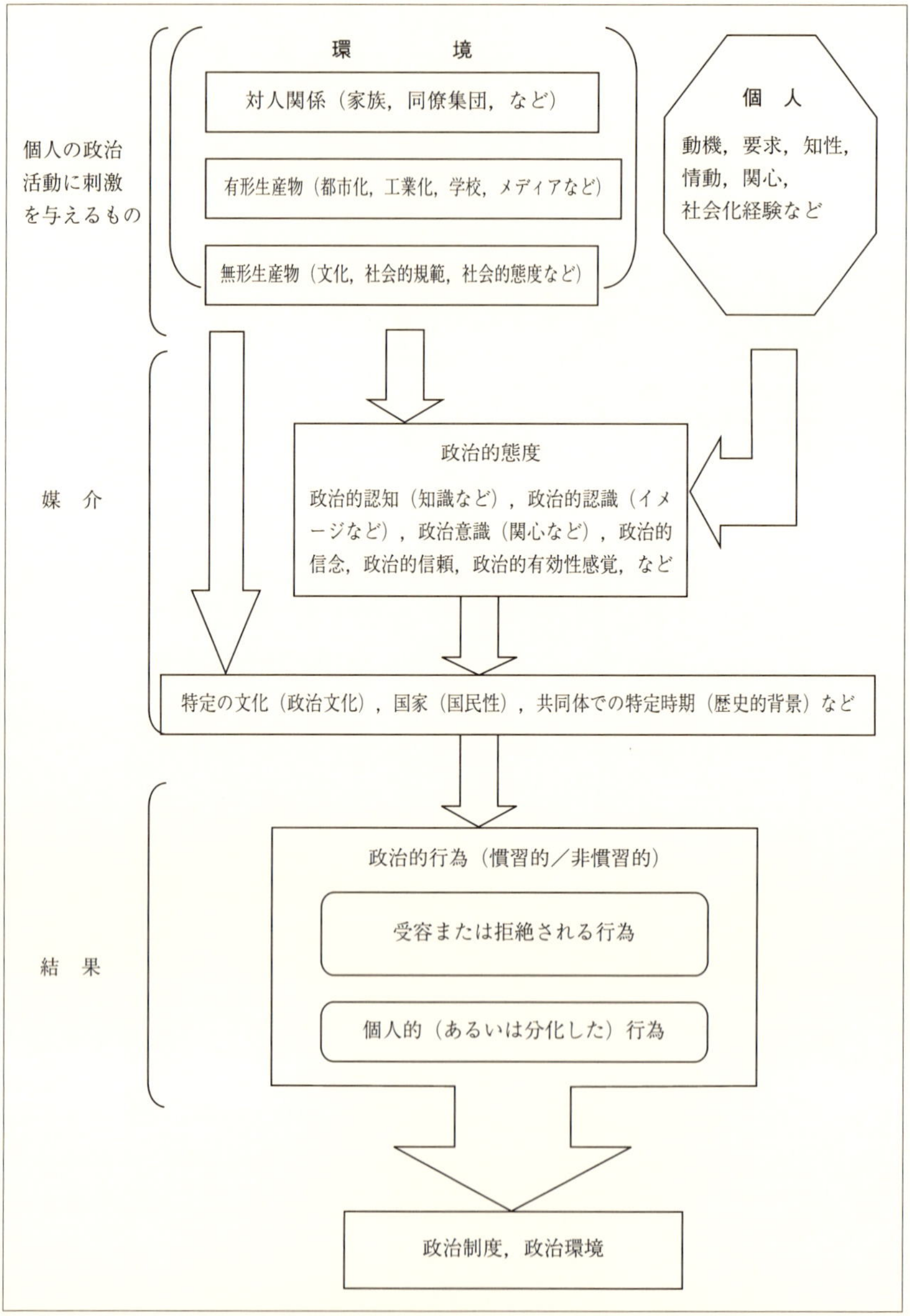

図1-1　政治心理学における個人の政治的行為の発生と発達（著者作成）

第2章　行動に対する環境とパーソナリティの影響

1　人間と環境

政治心理学とは前章の定義にあるように、人間の政治的行為、およびそれに影響を与えまた影響される心理的要因と環境について研究する学問である。特に心理学では、前述したとおり政治的行為を含むあらゆる社会的行為についての明確な視点がある。現代心理学では、行為の原因をその生体、つまり人間そのもの、あるいはその環境の両方の中に探る。生体と環境のいずれもが、その生体を何らかの行為に駆り立てる力の中心、あるいは源となり得るからだ。したがって、生体と環境の力はごく自然に行為に影響を及ぼすが、その中にはもちろん政治的行為も含まれる。つまり、大きな社会・政治体制の一部である以上、個人はその体制や他者の行動を自らに取り入れなければならない。

人間はこのような外部の力によって形成されるが、逆にその人間もそれらの力に影響を与えるということも見落としてはならない。さらに人間の行為は、その人間自身のパーソナリティ形成からも影響され、かつそれを決定するものでもある。ここで強調すべきなのは、人間は自分自身の行為を決定する際、外部の力の中にあっても積極的な役割を果たすということだ。人間のパーソナリティが、社会的・政治的行為や意見の形成要因の一部とされるという主張を具体的に示すためには、これらについての論調を検証すべきだろう。心理学以外の分野からも多くの研究がなされているものの、後述する中で特に中心となるのは主に心理学や心理学的な研究である。これは、心理学と政治的行為の分析との関連、およびこの二分野の様々な関係を理解するにも役立つと思われる。

第一に、広い社会的環境や環境自体の持つ力が、個人や集団の行為に対して影響を与えるだけではなく操作をもするということは、多くの研究で主張されてきた。そしてこれらの研究は、概ね以下の四つのカテゴリーに大別することができる。

(1)人間行為と同様に、集団行為に影響を与える一般的な環境の構成要素についての研究である。

(2)行為を文化的な側面から見たものだが、文化とは、地理的、歴史的な面から限られた結びつきを持つ人間集団で世代から世代へと受け継がれてきた行為の特質であり、その集団を事実上類型化するものを意味する。

(3)社会の中における関連要因を検証したものである。社会は協力、競争、組織などの行為に関わるが、それは人間が多かれ少なかれ安定した相互依存集団の中で共に生活しているからだ。社会的な事実や理念は、集団成員の行為の相互関係に関わる。

(4)意見や行為に影響を与える人間どうしの相互関係能力から見たものである。人間どうしの相互関係とは、社会的・政治的行為を個人的側面から捉え、また、人間の他者への影響の与え方、また他者からの影響の受け方に関することである。後述する中で、これらそれぞれについて一部を紹介する。

第二に、パーソナリティについては、主に以下の二つの点を中心として解説する。

(1)個人の社会的・政治的行為を分析する際に考慮されるべき重要な特性に関する、心理学上のパーソナリティと行為との関係についての様々な理論。

(2)個人の性質と政治的行為との関連、特にパーソナリティと政治的行動のいろいろな面との関連性についての代表的な理論。

2　環境の個人と集団の社会的行為に与える影響

産業革命とその影響

すでに一九世紀には、何人かの先達によって、社会的動機、宗教への入信、都市化、工業化などの社会的な力が、多くの人間に重要な影響を与える役割を果たすとされていた。これらの研究では、個人が何らかの積極的役割を果たすとは考えられておらず、人間は均質な大衆の中の画一的な一分子にまで貶《おとし》められていた。例えばマルクスとエンゲルス（Marx & Engels, 1848/1968）は、主な発達の決定要因は個人の中ではなく、より大きな体制の中の階級同士の相互関係にあると論じた。つまり、中世の領主制に対してはブルジョワジーが反抗し、ブルジョワジーと資本主義に対しては、プロレタリアートが反抗するというものだ。そしてこのプロレタリアートの反抗は、スラムで酷い生活を強いられ、機械や制度の中で酷使され、しかもそれらの何一つ自分自身では操作できない「大衆」の結束から生まれるはずであり、「大衆」が自分達に共通の階級意識に目覚めることになるはずなのである。経済組織内での抗争は、封建制下の農民の交換経済が資本家による都市の市場経済へと移行した結果である。つまりそれまでの静的な見方を動的な組織的つながりへと置き換えたといえる。「大衆」の搾取に関しては、搾取される側が搾取されていることに気づいた時、それが階級間の抗争を生むものとして捉えられている。

カール・マルクス

また、デュルケーム（Durkheim, 1893/1933）は、工業化が人間に与える影響についての分析を行った。農村の人々は、工場組織に入ることで、近代工業化社会との関わりを持つようになる。そしてこれはそれまでの社会的関係を切断し、彼らを機械に拘束し、一連の技術工程を分断された反復的なものへと変えてしまい、都市と工場は、彼らの中にデュルケームが呼ぶところのアノミーをつくり出した。アノミーとは、工場労働者達を過去や現在の関係や自分自身からも疎外してしまうような、帰属や規範を失った感覚のことを指す。分業は社会的結束のもとにもなるが、街や工場、業務の特定などは、疎外や日常業務の慣習化、果ては人命の統制化までをもたらす。しかしそれだけではなく、これは逆に人間をより総合的な解放へと導くことも可能であった。なぜならこのような状況下になければ、人間は貧困で成長を妨げられ、とにかく物質的欲求を満足させて生きることしか考えられなかったからである。デュルケーム（1897/1951）は、一個人も集団と同じく、生来の衝動でふるまう人間［actor］としてではなく、社会の変化に対応して反応する者［reactor］と考えるべきだと論じた。彼は工業化社会を発展させているのは社会の結束と協同であり、これを工業化の過程における社会分業の結果としたのである。

この時代、つまり産業革命後には、高度産業社会の発展と交通通信手段の発達が、工場労働者を都市に集中させ、同時に村落共同体の分解を招いた。カール・マンハイム（Mannheim, 1940）は、この新しい社会において、個人が原子化した大衆となって社会の前面に出現した状況を指し、大衆社会［mass society］という概念を示した。特徴としては、社会移動性の拡大、社会の分化と拡大の進行、伝統的な価値体系の崩壊、連帯感の希薄化などがある。旧式の共同体では、各個人の社会的地位、学歴や経歴は大同小異であったが、そこから切り離され、都市の中で雇用労働力としてばらばらに吸収された。そこで人々は再度生産活動のために組織化されるが、個々人を直接結びつける要因はなくなり、彼らは匿名、不特定多数の大衆となる。さらにマス・メディアの発達によって、これらの人々は膨大な情報を同時に入手できるようになった。結果として同じ思考や欲求、行動をとりながら相互の連帯感は希薄な人々からなる大衆社会が成立した。後にリースマン（Riesman, 1950）は、このような人々を「孤独な群衆」と呼んだ。大衆社会は共同体の代わりに大衆組織によってまとまる。この組織は公式的かつ大規模で、メンバーどうしの関係は間接的、形式的なものになる。そのためメンバーは組織に対して受動的で帰属意識は低い。また、個人の独自性よりは平等であることを重視し、多数意見が常に優遇される。

マルクスやエンゲルス、デュルケーム、マンハイムのいずれも、個人を決断力を持って発展する生体としては捉えておらず、社会、経済、政治的発達を、すべて自己充足的、自発的、継続的な過程として捉え、発生のもととなる要素を無視していたのである。

幼年期から老年期における認知と道徳の発達

ジャン・ピアジェ

人間が普通に成長するために環境との相互関係が必要であることは、心理学の分野では多く指摘されている。なかでも幼児とその周辺環境との相互関係は社会的活動の基本的要素となる。人間同士の相互作用と人間と環境との相互依存は、社会あるいは政治組織の力学と発達へとつながる。そしてこれらの組織の成長、確立、解体は、人間個人の幼児から成人への成長と複雑な形で関連している。

まずピアジェ（Piaget, 1932）は、ゲシュタルト心理学と並んで認知心理学以前に人間の問題解決を扱い、六～七歳の子どもが物の善悪に対する尺度を発達させ始める過程について言及した。この段階の子どもは、自分自身とそれ以外を混同して捉える「自己中心」の段階を過ぎ、「協調」の段階に入っている。つまり絶対的に確立された規則を受け入れ、自分自身のための規則を考え、決定することが可能になり始める。ピアジェは、知能が人間と環境との積極的な相互作用に関わるということを基本とし、世界は確定した規則や基本理念で組織されているが、子どもは行動を通じてそれらの規則を理解していくとした。彼は自分の子ども達が遊ぶ様子を細かく観察し、認知の発達には主に四つの段階があることに気づいた。各段階は各々以前の段階から準備されており、同時に次への準備段階も兼ねている。

第一は感覚運動期［Sensorimotor period］であり、言語を習得する以前の〇〜二歳頃にあたる。この時期の活動は反射のような生得的なものから始まり、活動が単に身体的な運動だけではなく、感覚的な働きをも意味しているということが示される。そして、自己と物、自己と他者が未分化な唯我論的心性から出発し、自分自身も対象物のひとつであって物理法則に従うものと位置づけられるようになる。言語による表象的思考に先立って、手で物を扱ったり、自分の身体の位置を移動させたりすることなど、感覚運動知能の発達が認められるようになる。これらが次第に内面化されてシェマ［Schema］を構成し、さらに二歳頃になると心象［mental image］や言語を創るようになる。シェマとは人間の認識の枠組みであり、外界からの刺激はその枠組みに合わせて認識される（同化）。しかしそのシェマを変化させないと認識できない刺激に対した時はシェマの方を変化させる（調節）。ピアジェは、幼児は同化と調節を繰り返しながら、安定した外界の認識を次の段階のさらに安定した認識に発達させる（均衡化）と考えた。

第二は前操作期［Preoperational period］で二〜六歳に相当する。この頃になると感覚運動から次第に表象的活動、すなわち操作が現れてくる。つまり経験や予想によって、環境に対する接触を現時点だけではなく過去や未来にまで広げられるようになる。そして模倣や遊びが可能になるのだが、一方、因果的思考［causal thinking］については、まだ呪術—現像的［magico-phenomenal］段階にあり、原因と結果とを論理的に結びつけることはできない。また、同一性［identity］に対する認識も質的なものに留まっている。例えばそのうちの一つに粘土を用いた保存という課題がある。実験者は被験児に対してまず二つの粘土のかたまりを見せ、量が同じであることを確認する。その後、一方の粘土を被験児の見ている前で細長く変形して、被験児に対してどちらの粘土が多いかをたずねる。すると未就学時ではしばしばいずれか一方の量が多いという反応を示す。このように、粘土を形を変える前と後とで見せた場合、両方とも質的に同じ粘土であるということは理解できても、形が変わったことで、量が同じだということまではわからなくなってしまうのである。

第三は具体的操作期［Period of concrete operations］であり、七～八歳から一一～一二歳までである。この時期では全体と部分との関係を理解し、それによって物事の系列化、分類を行ったり、時間や空間に対しても、ある部分を単位として全体を測定、比較することが可能になる。

最後の第四段階は形式的操作期［Period of formal operations］とよばれ、一一～一五歳の知能のことをいう。ここでは既に成人の知能の発達段階と見なされ、現実を総合的な可能性の中に位置づけた上で認識し、仮説演繹的な思考をするようになるとされる。したがって、操作もそれぞれの可能性を踏まえた上でのものとなる。

エリック・エリクソン

性格の継続的発達

また、エリクソン（Erikson, 1963, 1968）は発達の継続的段階という理論の集大成をつくった。彼によると、子どもは一連の発達段階の積み重ねや性心理的な発達の段階を通じ、基本的な感情の方向性を確立していくとされる。事実、彼の性格に関する概念は、子どもの発達段階を基に構成されている。彼はこれらの段階を、転換期という意味で自我同一性の危機［crisis］とし、こうした自己意識、つまり自我の動揺、不安定、矛盾や分裂の状態を自我同一性［*ego* identity］の混乱と呼んだ。この危機は人格の統合を完成させるか、葛藤を繰り返すことになるかの分岐点となり、後の人生にも影響し得る。

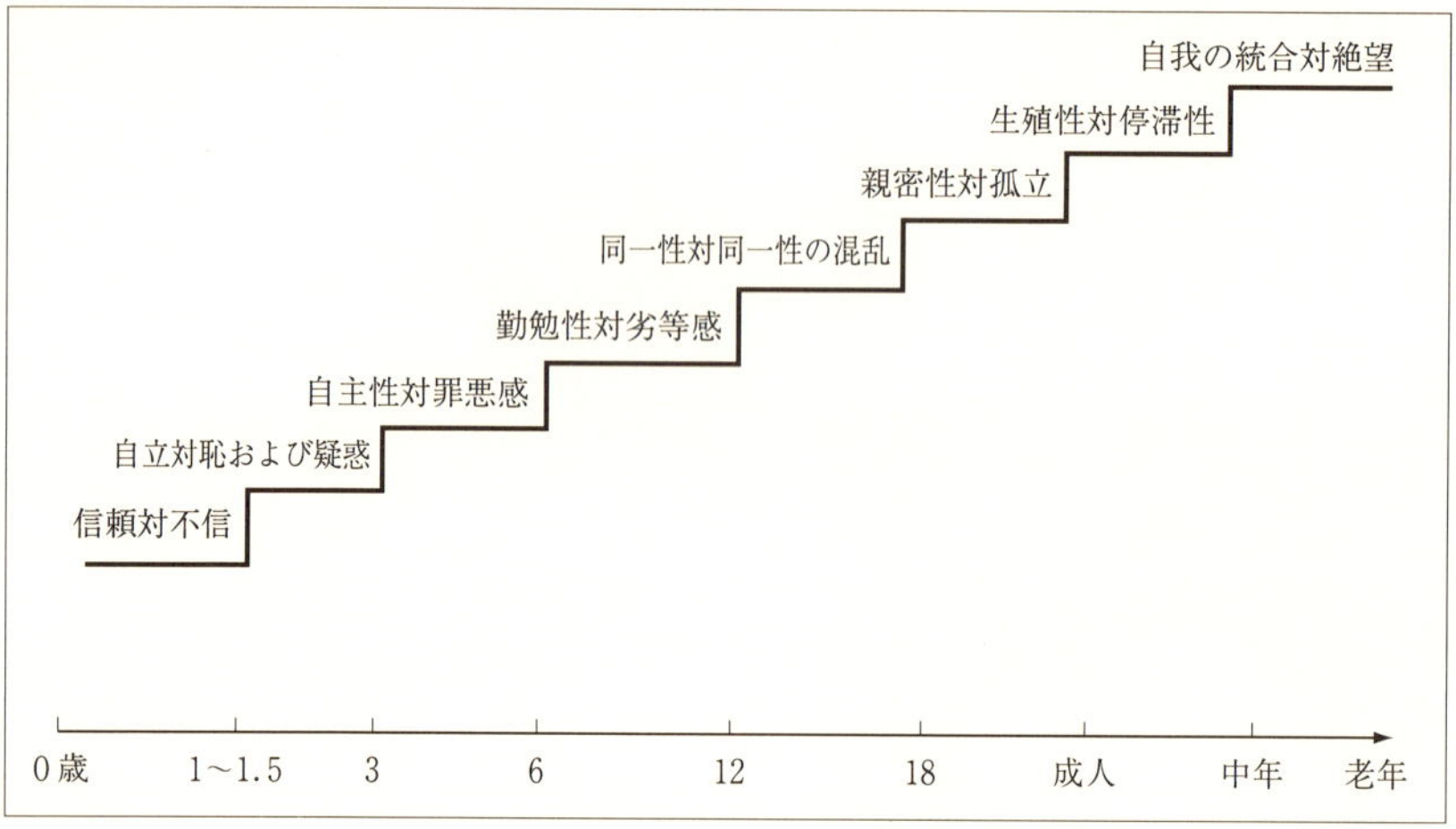

図2-1　エリクソンによる心理的発達の八段階

出所：Erikson, 1950.

　エリクソンによると、他人に対する基本的な信頼や疑惑は、子どもなりの経験を通じて生後一年間に発達するという。これらの基本的信頼をもとに、幼年期や思春期の危機を通じて他の感情もつくられていく。成長期を通じて確立されたこれらの感情が、一生を通じ、人間同士の関係や物事に対する反応について影響を及ぼしていく。そしてエリクソンも、人間の一生を、幼児期に始まり老年期に終わる八つの段階に区分した。それらは(1)基本的信頼対基本的不信［Basic trust vs. Basic mistrust］、(2)自立性対恥および疑惑［Autonomy vs. Shame & Doubt］、(3)自主性対罪悪感［Initiative vs. Guilt］、(4)勤勉性対劣等感［Industry vs. Inferiority］、(5)同一性対同一性の混乱［Identity vs. Role confusion］、(6)親密性対孤立［Intimacy vs. Isolation］、(7)生殖性対停滞性［Generativity vs. Stagnation］、(8)自我の統合対絶望［*Ego* integrity vs. Despair］、である（図2-1参照）。これは後成説［*epigenesis*］に基づく発達理論であり、各々その段階を示す概念と、その段階に現れる危機の概念を表している。

　第一の段階は乳児期、つまり生まれてから一歳あるいは一歳半頃にあたり、外にあるものを内に取り入れる時期である。この時期に、子どもは母親からの態度を通じて社会に対する態度を習得する。つまり、母親が適切な授乳や養育をするかしないかによって、子どもの社会に対する信頼と不信が左右されるのである。第二の段階は幼児前期、つまり一歳半〜三歳頃で、筋肉の発達によって自分の体を自分の意志で操作できるようになり、意志の力を発達させられるが、いつも周囲から疑惑の眼で見られているような羞恥と劣等感を持つようにもなる。第三段階は幼児後期、つまり三〜六歳頃で、何に関しても自主的に行動できるような知力と体力が発達するが、反面何でも許されるという幼児的な考えを抑制するようになって罪悪感が芽生え、罪悪感が相対的に強すぎると、自主的行動が起こりにくくなる。第四段階は学童期（六〜一二歳頃）、いわば就学期に相当し、自我が発達し、勤勉に外部世界を理解しようとするが、失敗すると劣等感を持つようになる。

第五段階は青年期（一二〜一八歳頃）である。この時期は生理的、身体的に急激な発達を見るために、これ以前に習得した社会的役割と、現在の役割が一致しないので役割の創造が必要となるが、それができなかったりするとアイデンティティが不明確になりやすく、混乱を招く恐れがある。第六段階は前成人期（一九〜四〇歳頃）、つまり青年期から成人期にかけてだが、他者との関係の中で自分を見失わず、親密な関係が保てるようになる一方、その中で自分のアイデンティティが見失われると孤独な生活を送りがちになる。第七段階は成人期（四〇〜六五歳頃）で、子どもを生み、次の世代を養育、教育していくことへの興味や関心を持つようになる。しかし停滞という、子どもをつくらず、社会に無関心で、自分の中に閉じこもってしまう場合もある。第八段階は老年期（六五歳以降）に当たり、自我つまり人格的な統合が行われれば成熟を意味し、そこから人生に対する知恵が生まれてくるが、このような成熟に達することができなければ、死の恐怖と人生に対する悔恨と絶望だけが残される。そしてこれらの段階のどこかで失敗が起きると、その人間はおそらく後の段階を普通に発達させられなくなってしまうことになる。ただし、ここに挙げたエリクソンの心理的発達の八段階は、必ずすべての人に起こるものではない。また、必ずこの順でこの年齢の時に起こるというものでもない。あくまでも、このように考えると人の発達が捉えやすく、また、多くの人に起こり得るものと捉えるべきであろう。

まとめると、エリクソンのアイデンティティ、つまり自我同一性に対する概念は、人間行動を精神分析と社会との両方の相互関係で説明する中心基盤であり、孤立したものではなく、多くのものの集合体であり、民族、国家、家庭といった周囲の環境をもとにした個人の家庭的・社会的な設定の反映ともいえる。アイデンティティが確立されると自己の存在に意味が与えられ、自分の方向性を明確にする適切な価値観がつくられる。それが人格の統合や継続に対して、最も重要なのだ。人間は、アイデンティティによって自分を継続的な同じ存在として経験し、同じように活動し、また自分を自分と感じ取って、自分を他人の中で意識することと合わせて自信を持つことができるようになる。これらが起こる青年期を第二の誕生の時期とする理論もあり、この場合、青年は周辺人［marginal man］として捉えられ、社会もこの時期の青年には、ある一種の猶予期間［*moratorium*］を与える。しかしアイデンティティの確立に失敗すると、葛藤や不安に陥ってしまう。

信頼性と人格　エリクソンは前述の通り、幼児期の信頼の発達が活発な人格の基礎となると考えた。幼児期の不信感は、暴力や空想に支配されたり、楽しみや栄養の基盤が壊された場合にも起こることがある。特に適当な条件が社会から与えられなかった場合、不信感は繰り返し生じる。幼児期のこのような葛藤は、後になって極端な環境に置かれると再度現れるが、特に少年期、つまり個人が安定したアイデンティティを模索しながら危機に直面している時に起こりやすい。信頼や自立、自主性や勤勉の確立を早期に失敗すると、少年期に良いアイデンティティを探すことが不可能となる。そしてある場合には、極端なアイデンティティの混乱を招いたり、悪いアイデンティティをつくることもある。

エリクソンは悪いアイデンティティについて、発達の重要な段階に生まれ、間違ったものを基盤としたアイデンティティと定義した。それは個人において、最も望ましくない、危険な、しかし最も現実的なものとして現れるアイデンティフィケーションや役割がもとになる。彼はそれを悪意［*vindictive*］と呼び、家族や社会に望ましく適当とされる役割をあえて拒否する現れであるとした。これは、野心的な両親からの要求や優れた両親からの規制が、理想的ではあっても厳し過ぎたりすることによって起きるとも考えられている。そしてこの強制された良いアイデンティティに対応できない場合、そのアイデンティティを無にしたり、部分的に別人格のアイデンティティを無理矢理受け入れるよりは、それを拒否して逆に悪いアイデンティティの方を選んでしまう。もし悪いアイデンティティに向かおうとする場合、早期に社会がそれを矯正しないと、自分に対する他からの最低の期待にしか対応できない人間になってしまう可能性もある。いずれにしても、アイデンティティの形成段階で、人はいろいろなものを模索するといえる。

道徳観念の発達

最後にコールバーグ（Kohlberg, 1969）は、人間の道徳観念の発達について言及し、その中で道徳観念の発達は、基準がつくられる以前と、基準がつくられる間、そして基準がつくられた後という三段階に区分できるとした。第一段階は主に就学時期以前、つまり子どもが物事の道理を理解する、だいたい七歳頃とされている。この前道徳段階［premoral stage］にある子どもは、社会的環境を力による闘争と見なしており、道徳観はまず⑴罰を逃れるため、⑵ご褒美をもらうため、⑶認められないことを避けるため、⑷権威から非難や有罪を決定されることを避けるため、⑸集団の福利のために公正な判断をする人や組織からの尊重されるため、そして⑹自己批判を避けるため、という継続的な変化をする。

第二段階は主に就学期と少年期にあたる。慣習段階［conventional stage］の時期では法や秩序を信じているが、それは自分の思考の過程というより、教えられたことに基づいている。この段階では、権威の象徴のような重要な地位にある人間が正しいと言えば、それが正しいと思いたがりがちだ。総じて権威的象徴に対する服従は、混迷した社会において望まれ、かつ必要だが、慣習的段階にある人間は、権威に対する盲従の危険に晒されているとも考えられる。

第三の段階は成人期に相当する。観念段階［principle stage］にある人間は、大部分を自分自身の考えや分析に基づいた基準を、自分の中に持っている。その場合の価値体系は、既存の規則よりも、さらに大きく他人の繁栄をも鑑みたものとなる。しかし忘れてならないのは、すべての成人が観念段階に達しているわけではないということであろう。多くの人々が慣習段階に留まったままなのである。社会化の途中にある人間や、パーソナリティの混乱［personality disorder］をきたしてしまっているような人間は、通常は幼年期に訪れる前道徳段階のままである場合もある。

学習の過程　人格や生物の発達過程で最も重要な要素が学習［learning］である。人間はいろいろな経験や訓練を重ねながら新しい行動や、環境に対する柔軟で適切な対応が可能になる。つまり、適応能力が増すのだ。このように訓練や経験によって、新しい行動を習得して行動様式が変わることを学習という。学習についての研究によると人格の発達における学習には、条件づけ［conditioning］、オペラント学習［Operant Learning］、および模倣［imitation］という三つの段階、あるいは過程がある。これらの各段階は刺激反応によって起こり、行為とはこれらの反応に対して刺激が与えられることによって発生する。

学習については、一九一三年頃にワトソンによって紹介された行動主義［Behaviorism］という一派の心理学者によって、多くの研究が行われてきたが、ここでは行為を、人間の外部要因がその人間の構成物で媒介されて現れる一つの機能と見なしていた。つまり行為とは、ある生体の信念、態度、行動は、外部（たとえば組織、集団成員、事象など）にあるものが、その生体（人間）の特質と相互関係を持つ中で一般化されることによってできた力（刺激または環境）の結果とされた。行為は心理的要因に影響されるもので、つまりその生体の外部の力に対する反応なのである。

行動主義理論に大きな影響を及ぼしたのが、条件づけ学習の実験を始めた旧ソ連の心理学者パヴロフ（Pavlov, 1927）である。彼は、ある特定の刺激が、生来の条件づけのされていない能力に影響し、自律神経系、つまり感情の特別な反応を引き出すことを証明した。事実、新しい状況、人々、あるいは物事などには恐怖や楽しみなどの刺激が伴い、そこから感情的な反応が生まれる。いわゆる行為の無意識的背景と呼ばれるものはほとんどこのような条件づけがなされた感情的反応なのだ。パヴロフによれば、本能とは体内や外部の刺激に対して単純に反射、あるいは反応するもので、条件反射［Conditioned Reflexes］とは、人間を含む高等脊椎動物において特定の意味を持つ刺激（条件刺激）や意味のない刺激（無条件刺激）を通じて学習、訓練、条件づけが可能とするもの、となる。

イワン・パヴロフ　この実験によりノーベル賞を受賞した。

パヴロフは、まず犬を研究室の装備の中に置いて、必ず餌のご褒美、つまり無条件で自然、かつ現実の刺激（S）を与えるように訓練した。次にご褒美の前にベルの音や、軽いショック、つまり条件刺激（S′）を与えてから、餌を待たせるようにした。訓練が終了すると、犬は条件刺激を与えただけの場合、つまりベルを鳴らすだけでも唾を出して餌を待つ（R）ような反応を示した。このような学習様式を「古典的条件づけ」［Classical Conditioning］という。この形成のためには条件刺激と無条件刺激とが時間的に接近していなければならない。このような組み合わせの手続きを強化という。そしていったん形成された条件反応は、強化が続けられる限り一定の水準を保つ。パヴロフの研究は、現代の学習理論や全人類を操作できるとする大きな可能性を論じた研究などの基礎となった。

パヴロフのアメリカにおける後継者がワトソン（Watson, 1924）で、行動主義の父と呼ばれる人物である。彼は、学習とは条件反射の型であり、人間の順応性は実際は無限のものと論じ、また人間行為はあらゆる面で社会的な条件づけの行われた反応であり、このことが人間行動の発達を理解する上での重要な鍵となると述べた。そして成人とはまさに子ども時代の条件づけの産物とし、環境の影響を過大に主張し「もし、一二人の健康な子供がいれば、その中の誰でも適当に選び、才能、好み、気質、能力、適性、先祖の人種にかかわらず、どんな専門家、たとえば医師、法律家、芸術家、商人、乞食や泥棒にでも訓練することができる」という有名な言葉を残した（Watson, 1924：104）。

バラス・スキナー

そしてオペラント学習を体系化したのは、行動主義者の中で最も著名なスキナー（Skinner, 1948, 1971）である。オペラント学習とは、いわゆる「学習」行為のほとんどを指し、両親や教師などの権威的立場にある人々からの、「アメとムチ」などとよく言われる報酬と罰則による方法である。彼はスキナー箱というものを作り、その中に実験動物（鳩や鼠）を入れて、ある実験を行った。鳩や鼠に、餌をもらうためにある一定の行動（円盤をつつくなど）をとらせるようにするという学習をさせたのである。この、ある報酬に対して実験動物が積極的な行動を集中して行うようになり、結果として、実験者と動物の双方の期待に沿うような反応を示すようになることを、「オペラント条件づけ」［Operant Conditioning］と呼ぶ。スキナーは報酬という代わりに「強化刺激」［positive reinforcement］という言葉を用いた。ある反応は報酬が与えられる場合は繰り返し行われるようになるが、逆に罰を与えられるよ

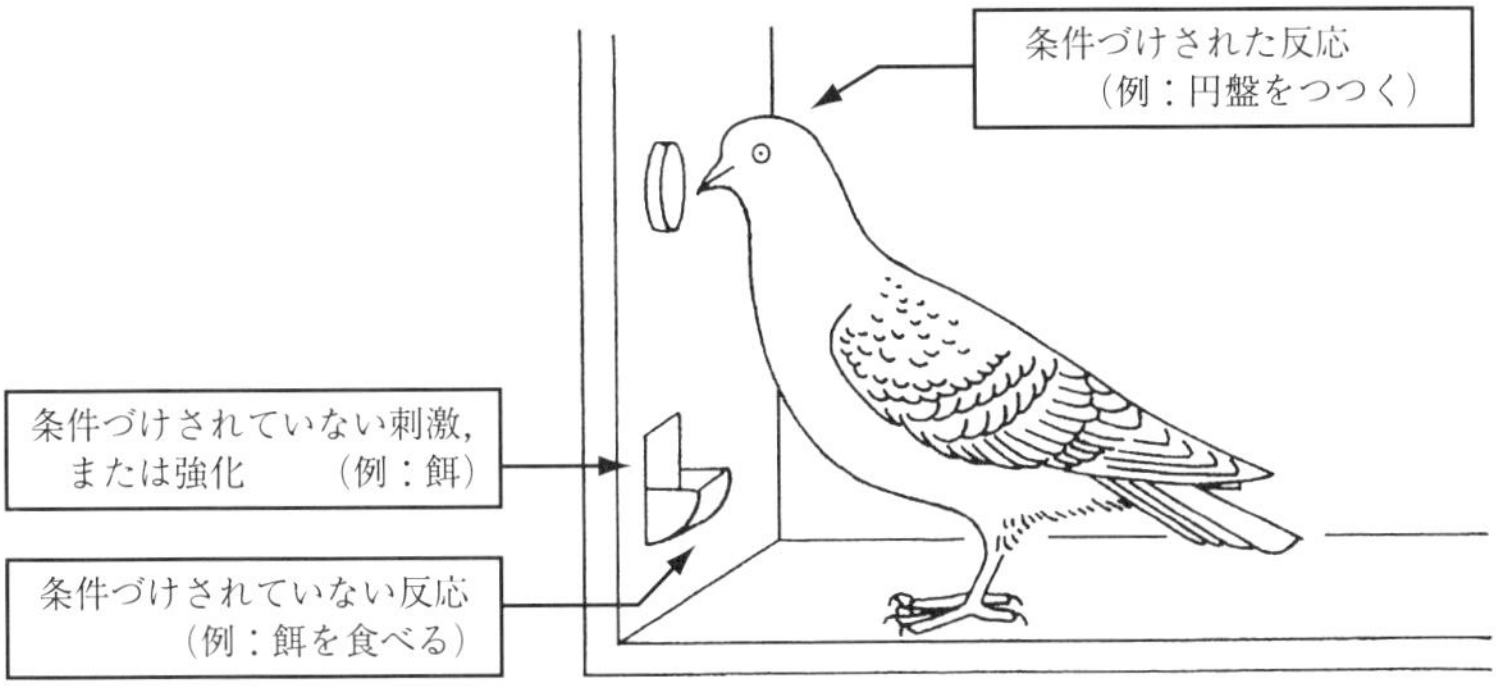

オペラント条件づけにおける三つの主要概念の関係

出所：Skinner, 1948.

うな場合には繰り返されなくなる。また、報酬や罰は反応の直後に与えられる時に最も効果的な形で現れた。実験の結果、スキナーは強化刺激の効果を高く評価し、反対に罰則については懐疑的な評価を下した。

スキナーは、行動主義者の中で誰よりも早く、研究室での結果を社会全体へあてはめようとして、行為のコントロール・プログラムの位置づけを行った。彼が発展させようとしたのは「行為の技術」[Technology of Behavior] である。彼は（Skinner, 1948）、一〇〇〇人のメンバーからなる田舎の社会において、出生以後の人生のあらゆる側面が積極的強化によって「コントロール」されていく様子を描いている。これによると、人々は一般的に自分自身で意思決定を行うよりも彼らを理解している人間に統制される方を好むとされている。その代わりに統治者達は人々が望んでいる社会的調和や良い生活を受け入れるための条件づけを、うまく行うことに慣れていなければならないが、しかしその獲得方法はわからない。

また、スキナーは別の著書（Skinner, 1971）で、人々は何の制約も受けない時にのみ自由を感じるのであり、それは社会的操作の下で自由を感じる場合とは全く異なると論じている。彼は第二作以降は第一作からの考えを変更し、エリート集団によるコントロールよりも、各個人によるコントロールを擁護するようになった。

第三の学習過程が模倣である。まず子どもは両親や他の子どもたちの行動や言葉を真似ることによって多くを学習するが、このように意図的あるいは無意図的に、部分的あるいは全体的に、他人の行動と類似の行動をとることを模倣という。たとえばニール・ミラーとジョン・ダラードは（Miller & Dollard, 1941）、模倣とはオペラント学習を通して得た一連の反応であり、三種類の型があるとした。第一が同一行動［same behavior］で、例えば赤信号でみんなが止まるのを見て自分もそうするようになることだ。第二は模写的行動［copying］で、模倣した行動が手本と似ているかどうかを気遣うもので、例えば先生と同じように踊りや体操の型を真似ることなどがこれにあたる。第三は対応依存的行動［matched-dependent behavior］で、子どもが大人の言葉を真似るような無意図的なものを指す。

ワトソンやスキナーなどは、各々の研究をもとに生体への影響は完全に環境によるものであり、行為を環境からの刺激に対する反応とした。一方で人間のような社会的動物には、他者の行動に全く影響されない行為というものは実質的に存在しない。人間の日常行動のほとんどは、他者の存在によって発生するものであり、人々は各々、生命や安全や重要な楽しみの多くを頼り合っているのである。事実、相互依存度の高い集団または社会で生活していると、人間はその行為の細部に至るまで、他者から膨大かつ様々な形での影響を受けるだろう。社会的相互関係は行為のすべての決定要因の中で、最も明確でかつ密接なものといえる。続いては、子どもに関するいくつかの側面を検証してみよう。

文化と社会化

文化が異なる人々は行為も極めて異なるということは、文化の相違について最も重要な点である。アフリカやアジアの人々はヨーロッパの人々とは違う習慣を持ち、また、発展途上国には先進国とは相当違った習慣がある。人間はそれぞれが既存の文化、つまり社会で共有される規範体系の中に存在し、そこには物事はどう行われ、どう評価されるべきかを示す規範や規制が含まれている。

人に他人と同様の行為をさせるものは何か。人間が行為を他人と一致させることには、社会的相互関係過程が重要な役割を持つことが多く、また現に持つとされる。しかし文化の共有という点については一般的に特に重要な過程が存在し、その第一が世代から世代へ文化を引き継ぐ過程、即ち文化的規範を教えることであり、社会化と呼ばれている。

人間は成人に達する以前に、膨大な量の文化的伝統を教え込まれる。例えば日本の子どもは親に従うこと、箸を使って食べること、他人を誉めたり蔑んだりすべき基準などを教えられる。また、何かを手に入れ、他人に影響を与えようとする場合に、受け入れられる方法、あるいは不適当な、あるいは罰則の対象になる方法を知る。このようにして子どもは考え、判断し、公式な学業でもすべての知的課題を習得し、様々な意味から文化というものを学ぶのである。

まず子どもは親から訓練されて報酬や罰を受け、多くの時間を模倣に費やす。このような社会化の時期は生涯続くが、幼~少年期は子どもに文化を教え込むという点で、大なり小なり特に考慮すべき時期である。例えば学校は基本的な社会化組織の一形態であり、教師とは、知識や行為、価値観などを次世代へ伝えるために働く社会化の発達を促すプロといえるのだ。

近代の欧米社会や日本は、過去にも他に類を見ないほど社会化の期間が延長されている。その理由の一つは、これらの国々の文化が、人間がその中で十分な機能を果たすのに必要な知識や技術の量が膨大なことにあろう。この高度に工業化され、洗練された社会では、生活の中で望まれる役割を果たすには少なくとも中学~高校レベルの社会化が不可欠なのである。

社会化とは他の人々と関係を持ち、その上で個人の性格を発達させることを学習する全過程を指す。したがって政治的社会化とは、ある人間がその時代の政治体制に即した規範、態度、行為などを徐々に学習していく過程とい

教室での授業

える。政治的社会化の目的とは、政治社会の中で個人がその役割をうまく果たしていけるように自らを訓練し発達させていくことで、社会の政治的規範を受け入れて内面化し、それらを次の世代に伝えていくことを意味している。こうして人間は政治参加、正しい政治行動、他者や政府との関与について学ぶわけだが、それはつまり集団における価値観と規範について教え、学ぶこと、あるいは伝え、受容することが政治的社会化の本質にあるということを示している。

政治的社会化の過程で、人間は、自分の属する政治的・社会的体制、またそこでの自らの役割や位置に対する情報、規範、態度、動機、価値観などを習得していく。つまり人間は政治的社会化を通じて初めて政治体制の構成員になり、その体制における自分への期待や、そこでの生活、他と関与していく方法を学ぶのである。

政治的社会化は「本質的政治学習」と政治の周辺にある事象についての「非政治的学習」、あるいは公式なものと非公式なものとの二つ、さらに認知的社会化、感情的社会化、政治に対する評価とに三分される場合もある。認知的社会化とは政治知識と情報の伝達によって行われるもので、この情報には政治的な事件の原因や結果だけではなく政府や官僚組織の構造、役割、機能なども含まれており、公式非公式を問わず、いろいろな方法で身についていく。大衆が政治体制の機能について知るということでは、そのための情報取得が最も重要となる。しかしこれだけでは政治への理解と参加の理由とはならない。体制の動きを知るのは重要だが、それに対する支持、愛情などは感情的社会化によって初めて説明できることなのだ。感情的社会化とは常識的価値観や感情を受け入れ、政治体制に対する信頼を身につけていくことである。国家的政治体制など何も理解していない子どもですら、愛国的な感情は持っていたりする。こういった支持や愛情がなくてはどんな体制も継続は不可能であろう。子ども達が社会的／政治的な環境を理解する場合、まず感情的なものが認知的なものよりも優先するといわれており、ほとんどは肯定的である。ただし感情的発達は認知的発達ほど「政治的世界」に対する理解を促すものではない。

政治的社会化には、情報や価値観をまとめて政治体制に対する判断や意見を示すための役割もある。政治的な事柄を評価／査定する場合は、道徳的あるいは経験的な基準がもとになり、これが誰にとっても政治的判断の中心となる。そしてこれは何が正しく何が正しくないかという仮説を繰り返し習得することによって行われるのだ。

いずれにしてもある価値判断というものが存在すれば、何らかの問題に関する決定、特に何が合法的か否かということは判断しやすくなる。例えば自由経済体制を認めるという価値観を持つ人間にとっては、国家的統制経済は非合法に思われるはずだ。政治抗争の多くは異なる価値判断をもとに生じる。それは各体制によって、異なる価値観や方法論に基づいた社会化が行われているからなのである。

人間は一八歳になったとたんに政治的思考や認知を発達させるわけではない。少なくとも高校に入学する頃には政治そのものや政治に関する情報、思考、態度を身につけているのが普通であろう。非公式な政治学習は子どもの性格形成が始まり、権威や規則に対する基本的な態度が形成される二歳か三歳の頃にはすでに始まっている。政治に対して実質的な関わりを持つはるか以前から、法律、正義、規則、政府、公的な役割に対する考え方は育成され、それは年齢とともに発達していくのである。

幼児はかなり早い時期から家族や学校の上に存在する権威というものを知り始める。例えば父親が警官とのトラブルを避けるために交通規則を守ったりすることがそのきっかけとなる。七、八歳頃になると、ある人間や組織に対する支持、服従、尊敬が必要となることを理解し始める。ただし理解力が限られているので権威を表す政府といった言葉自体はわからない。しかしこういう力を認識することで、政治的思考が幼児期から発達することが示される。大統領、総理大臣、警官といった人間は、最も早い時期に最も単純な形で幼児に政治的権威を認識させるのだ。しかし国会、内閣といった集合的なものはまだ理解しにくく、幼児にとってはやはり特定の人物を理解する方が容易と思われる。

アメリカ合衆国のほとんどの子どもにとって大統領のような政治的権威は、信用でき、聡明で、優しく、力のある、良い人で、助けになる存在であり、困った時にはいつも助けてくれ、絶対に間違いはせず、何でも知っている存在ということになっている。こういったリーダーに対する子どもの考え方、いわゆる「慈悲深いリーダー」[Benevolent leader] 論は、六〇年代のアメリカで始まり、子どもについては一般的に政治的権威に対して肯定的な感情を持つことが実験によって示された（Greenstein, 1965）。大統領の名前をフルネームで言えたり、パーソナリティや職務について理解している子はほとんどいない。しかしそれでも彼らは大統領が重要な存在で、力を持ち、自分たちの幸福に人として関心を持ってくれていると感じているらしい。つまり子ども達は大統領をパーソナリティのみで考えているわけだが、それでも一〇歳を過ぎると大統領の役割と人格とを区別し始める。子ども達は周囲に対する自分たちの力のなさを感じており、その結果として、期待とともに高い評価を大統領に与えると考えられている。たとえてみれば自分たちを悪から守る守護霊のようなものだ。子どもはこの過程を通じ、権威や救済の感覚を家族から政治的存在へ移行させるという。しかし、日本における調査では、子どもたちの総理大臣に対する感覚は、嘘つきで金の亡者など否定的なものが圧倒的であり、欧米での調査結果とは好対照をなしている（Feldman, 2000）。

発達するにつれ、認識は組織的なものへと転じていく。前述したように子どもの政治的権威に対する認識は、最初は個人的なものから始まり徐々に政府や国会などの非人格的な対象にも広がる。子どもは大統領や議員への認識をこれらの組織に転換していくのである。

子どもの成長に伴う政治的社会化の過程、つまり前述したような各段階において、情報や影響を与える人間や組織を社会化の担い手という。担い手の影響については子どもの生活、政治的・文化的環境によって異なるが、大まかに四つの種類に分かれる。第一は家族で、子どもの成長過程において最も早く現れ、最初の政治的学習を行う場といえる。これらの学習はほとんど無意識的なものだが、権威や規則などの政治的価値観もここで培われる。例えば、厳しい父親が主導する家庭では権威に服従しやすい人間が育ち、民主的な家庭では意思決定過程に自分の意見を生かそうとする人間が育つとされている。

第二は学校で、さらに意識的、形式的、計画的な社会化が行われる。つまり学校は社会にとって望ましい価値観や情報、規範を伝えるための社会的機関であり、たしかに政治的態度の発達に大きな影響があるが、効果は教師の質、教材、授業の構成、環境、時代、場所などによって異なる。学校は社会化の担い手として重要な役割を持つため、国家による意図的な操作、逆に政治色の一掃が行われる場合もある。

第三は同級生や仕事仲間などの同僚集団で、これは社会的な立場や関心が同じような人々の集団を指す。子どもが成長して大人になると、もはや学校や家族ではなく、同僚や友人が対人関係として唯一の情報源となる。さらにこれはほとんどの人間が実際に政治参加を始める年齢にも重なっているので、よりいっそう重要と考えられている。同僚は経験や考えを日常的に分かち合う存在であり、緊密な相互関係を通じて価値観や思考法を学ぶこともできる。

第四はマス・メディアであり、認知、感情、行為のすべてについて、子どもに対する明らかな影響が指摘されている。また政治情報や価値観よりも、非公式的な政治的態度の学習に作用するという研究結果もある。

社会――相互依存の行為

人間の理念と行為は、その人間の属する社会的集団のネットワークと文化の持つ強制力以上に緊密な関係がある。特に、人間が何らかの一次的集団、例えば教会、労働組合、または他の任意集団に属していると、そこでは単なるメンバーの一人という存在ではなく、活発に参加したり、また、他のメンバーと個人的かつ、わりと自発的な交流を行っている。友人や同僚が互いの行為を認め合うならば、社会はもっとうまく行くであろう。一対一の状況下では、互いにほんのわずか順応し合うことで相互容認が達成できるが、一対多の場合、普通その一人が多勢のやり方に合わせることが最も簡単な解決法となる。

他のメンバーとの関係に次いで重要なのは、集団のメンバーとして相応しい思考や行動を発達させることである。例えばある問題にどうアプローチするかを仲間から学んだり、自分の意見や行為の適応に際して社会的圧力を感じたり、集団の規範に徹したりすることで集団内の自分の地位を守る。しかしどちらの場合でも、人間の社会的・政治的な行為やそれ以外の行為は、その人間の社会における様々な立場に影響する。個人と集団が関わる結果として生まれる影響、特に集団が個人に与える影響については多くの研究によって具体的に示されている。

(1)集団が個人の行為に与える影響　社会には、他人の存在でいっそう発奮する傾向のある人々がいる。例えば、ノーマン・トリプレット（Triplett, 1898）の古典的研究では、競輪選手の記録が、一人の場合より競争相手やペースメーカーのいる場合の方が二〇パーセントも上昇することが示されたが、さらに様々な状況下で繰り返された実験でも同様な結果が見られた。彼は他者の存在によって、一人の場合では生じないような神経エネルギー（ダイナモジェネシス）が生まれると仮定したが、ダイナモジェネシスの実体は明確にされず、説明というより、現象を言い直したに留まる。この現象は「社会的促進」［Social Facilitation］と呼ばれ、「観察者効果」、「観客効果」［Audience Effect］などとも呼ばれる。これは、自分と同じような存在が他にもある場合には、より簡単にかつうまく行動できることが多いという事実による。つまり他人の存在は、一人で孤立しているよりも行動を促進するといえよう。

その後、この現象には多くの研究者が関心を示し、(1)他者の存在によって、課題の成績が良くなる場合もあれば、悪くなる場合もあること、そして、(2)どちらになるかは、課題遂行者がその課題に習熟しているかどうかによることなどが明らかにされた（Zajonc, 1966）。こうしてこの社会的促進の問題は、他者の存在によって人間の成績（課題遂行量）が左右されることを明らかにした。

他者の存在によって課題遂行が悪くなる例を社会的抑圧［Social Inhibition］という。人間は一人でなく集団でいると異なる性質の行為をとる場合がある。つまり仲間のもたらす利点は限定的で、ある人間が悲惨な状況にあって多くの人間がそれを傍観している時など、結果として集団の存在が、時おり反社会的な雰囲気を生み出すこともあり得るのだ。研究によると、実際、他者の存在によって、苦境にある人を助けようとする人間の傾向が妨げられるということが示された。かつてアメリカで起きた、一つの有名な例を挙げよう。一九六四年三月一三日午前三時二〇分、ニューヨーク、クインズ地区の路上である若い女性が襲われ、三〇分以上も助けを求めて逃げ回ったにもかかわらず殺されてしまうという事件が起きた。彼女は殺人犯に実に三回にわたって刺されて殺されたが、一回目と三回目の間には三〇分もの時間的間隔があった。後になって新聞記者が取材してみると、この事件は三八人もの人間が目撃していたことがわかり、無論、犯人はすぐに見つかった。しかし不思議なのはそれだけの目撃者がいたにもかかわらず、誰一人として助けるどころか警察を呼ぼうともせず、彼女が殺されるに至ったことである。新聞記者はこの原因を、都会に住む人間の心の冷たさだと判断し、記事に書いて、アメリカ中で大きな問題として取り上げられた。

しかしほんとうに、目撃者の冷血さのせいで、この女性は助からなかったのだろうか。ビブ・ラタネとジョン・ダーレイ（Latane & Darley, 1970）は、ある実験的研究を行った。まず、何人かの被験者が「あるマーケティングの

傍観者効果

道を渡ろうとする視覚障害者に対し，車に対する注意を促そうとしない人々

調査」という名目で実験室の中で待つように指示される。待つ間、彼らは次のような条件、(1)自分ひとりだけ、(2)二人（友人同士）、(3)二人（面識なし）、(4)二人（面識なし、一人はサクラで、これから起きる事柄に消極的）によって分けられる。そして被験者が実験室で待っていると、急に隣の部屋から女性の悲鳴が聞こえてくるのだが、その悲鳴を聞いた後、被験者がその原因を調べるために、隣の部屋に行こうとしたり、実験者に注意を促したりといった、何らかの行動を行うかどうかが分析されたのである。結果は、(1)自分ひとりだけの場合は七〇％、(2)友人同士で七〇％、(3)面識なしで四〇％、そして(4)一人はサクラで消極的な場合は七％のみだったのである。この結果によると、救助や通報などの援助行動が表れるのは目撃者が一人の場合が最も早く、目撃者が増えるほどその行動は遅れてくる、というものであった。

この解釈となるのが、援助行動［Helping Behavior］における傍観者効果［Bystander Effect］である。ラタネらによると、緊急事態における援助効果は、(1)何かが起こったことに気づく、(2)それが緊急事態であることを理解する、(3)自分に援助する責任があると認知する、(4)適切な介入のしかたを決定する、(5)介入を実行する、という過程で生ずる。しかし傍観者効果が働くと、(1)他者が存在しさらにその他者が冷静な場合、その事態は援助を必要としていないと間違って解釈する、(2)一人よりも大勢の方が、介入に対する責任、あるいは介入しないことに対する非難が軽くなる、(3)介入に失敗して他者の前で恥をかくことを恐れる、という三つの理由から行動が遅れることになる。このようにして、ニューヨークの事件においても、他者の存在によって介

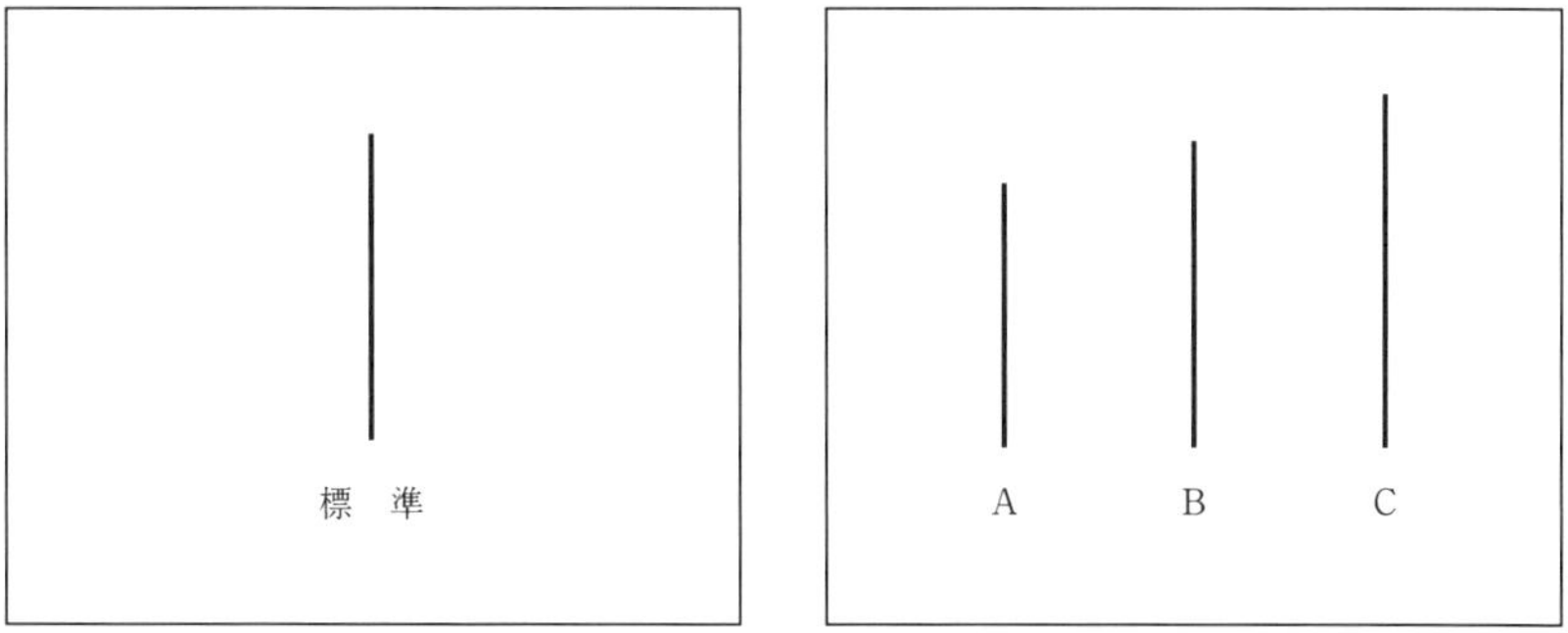

図2-2　アッシュによる同調についての実験例

出所：Asch, 1952.

入が抑制されてしまったと考えられるのである。

(2) **同調行動**　集団内の人々が、長期短期にかかわらず、密接な相互関係を持ち続けている場合は、態度や信念や価値観などは次第に似通っていき、お互いの関係はさらに強くなり、好きなものと嫌いなものがますますはっきりと一貫性を帯びるようになる。このような自己強化のサイクルが、結果として集団のメンバーの行為の類似性を無限に高め、その結果文化が創造されることになる。このように人間が自分の行為を集団に合わせようとして幅広い習慣を学んでいく時には、文化の伝達過程が重要となる。これは多くの社会において研究されており、成人の日常習慣はかなり強力であることがわかっている。

前述のように皆が同じ方向に向かう動きが生まれると、集団の中には一定の基準が生まれ、皆がその基準に沿った行動をとるようになり、それが集団規範のもととなる。この集団規範に従う行動を同調行動、従わない行動を逸脱行動という。

この実証例として、アッシュ（Asch, 1952）は集団が巨大な力で認識を歪めることを示した。まず比較的落ち着いた、自主性も平均以上である学生を選び、通常は一人のまま他のサクラの学生集団に加える。彼らにはそれぞれある長さの線分と、その長さを比較できるような標準線が与えられる（図2-2）。被験者が一人だけの場合は、ほぼ完璧にそれぞれの線分の長さを標準線と同じと判断したが、サクラの集団に加わり、集団の他の学生たちが明らかに標準線と同じ長さの線分をわざと違う長さであると答えた場合、何も知らない被験者は三分の一の確率で誤った判断を行い、それも知らないふりをしているサクラの学生の答えた通りに間違えたのである。

またドイツでは、ナチスの幹部でアウシュヴィッツの虐殺を行ったアドルフ・アイヒマンの命令により、普通の一般市民がユダヤ人の虐殺に様々な方法で荷担したという事実があった。これをきっかけとして、スタンレー・ミルグラム（Milgram, 1964, 1974）は、どのような人間でも集団的圧力のもとでは暴力的傾向を持ち得るという仮説を基にした実験を行い、人間は集団的圧力の前ではたとえそれが他者を傷つけることであっても同調してしまうことを示した。

服従［obedience］とは、自分の信念や希望に合致するか否かにかかわらず、人の支持や命令に従って行動することである。支持や命令は権威者や集団から有形無形の強制を伴い、自分の意思に反する場合も多い。人間は子どもの頃から社会生活の中で服従を学んでいく。子どもは親の言うことを聞くようにしつけられ、反抗すると罰がある。学校では教師の指示に従うことが望ましいとされ、さらに遊び仲間内でもルールに従わないと仲間外れにされたりする。法律を遵守することも社会に対する服従の一形態といえ、従わなければ罰せられる。つまり社会生活における肯定的な服従は人間の生存様式の一部なのだ。しかし、盲目的な服従が残酷な行動へ至る場合もある。ミルグラムは、戦争などの非常事態ではない場合でも、権威による強制的な服従が他者への破壊的行動をもたらすことを実験によって証明したのである（第7章で詳解）。

ミルグラムはこの実験結果を分析し、服従から残酷な行動へと至る心理的な過程を、攻撃本能ではなく心理的な代理状態に基づくものとした。つまり、人間が自分自身を自分の目的のためではなく権威者の要望を実行する代理人と見ることで、責任を権威者に転嫁し正当化するときに悲劇的服従が生じるのだ。「権威の代理」「被害者への直接性と間接性」「集団圧力」が服従の程度を決定する要因といえる。

服従の類似概念として、外部からの圧力によって誘発される表面上の服従を強制的承諾［submission］という。この状況下では頻繁に正当化の現象が見られるが、それは意識と行動との食い違いで生まれる不協和状態が、意識の側を変化させることで調整、軽減されるからである。ハーバート・ケルマン（Kelman, 1958）は、私的受容を伴わない表面的な服従を応諾［compliance］とした。これは他者からの影響（依頼）に応じた行動をとることが、権威に従う場合で、個人的にはそれが正しいと思わなくとも、報奨や罰の回避のために表面上他者の影響に従って行動したり意見を変えたりすることを指している。

(3)規範、信念、価値観　前述したように、集団には共通の価値観を持つという傾向がある。この集団内における価値観の集中という現象の陰にあるメカニズムを同調傾向という。また、別の理由もある。集団のメンバーである場合、その人間は集団内の人間の意見だけ、または少なくとも人々全般に接するよりもずっと頻繁に集団内の意見に接することになるので、常に現実から幾分歪められた意見を聞くことになる。つまり一人の人間が持つ意見の幅の基準や比較の尺度などは、その人間の社会における経験に基づいて設定されるといえる。

フェスティンガー［Festinger, 1954］の社会的比較［Social Comparison］の理論は、集団の主な機能とは、そのメンバーに何らかの自己評価をもたらすというものである。この理論では、人間は、自分が他人と同じかそうでないか、良い方か悪い方かということを知りたがり、自分自身の意見や能力を評価したいという欲求を持つものとされる。現実には多くの思考や能力があるため、人間が他と比べて自分はどうかということを判断するためには客観的な基準がある。しかし人種、政治問題、性、宗教、環境汚染などといった事柄に対しては、有効な客観的基準はほとんどない。

社会的比較理論によれば、身の周りに客観的基準が存在しない場合、人間は自分の考え方や能力を他と比較して評価しようと試みる。また何が真実かを見出すための調査、検索、実験などはほとんどしないが、代わりに友人の意見を求めたりする。社会的比較が評価を得る唯一の方法かという点には、多くの重要な問題がある。社会的比較は、信念や態度の唯一かつ最も重要な基盤ではあるが、人間を悪い方へ導くものとして意識的にも無意識的にも用いられることがあり、時には他の思考を全く排除してしまうこともある。

社会比較の過程では、集団機能、すなわち集団がそのメンバーに与える影響という側面と、次項で扱う人間どうしの相互関係の側面の両方が対象となっている。集団のこのような側面、集団の結束などについては、特に第4章において詳解している。

人間どうしのコミュニケーション　人間は相互関係の中で、お互いについての情報だけでなく、特に周囲に対する見方や評価の仕方に関する情報も得る。そして特に頻繁に見られ、かつ重要なのは相互関係の結果、人間を含む周囲の事物に対する態度が変わることである。

(1)態度の変化　既述の通り、態度とは事物に対する人間の感情や考え方であり、さらにばらばらではなく、特定の態度や理念としてまとまった形で存在する傾向がある。

態度の一貫性については多くの異なる理由が考えられる。その第一は文化の影響であり、特定の態度と理念が共存するというのは、単に同じ文化で受け継がれてきた結果の一面だとするものである。第二にパーソナリティを原因とする指摘もあるが、これについては次章で論じる。第三の原因は、認知的斉合性欲求［Need for Cognitive Consistency］と呼ばれている。人間は、普通自分の思考、理念、感情、行動に一貫性をつくろうと努力する。もちろん、常に成功するとは限らないが、この傾向は誰にも見られることであり、そしてこの一貫性が認知的斉合性という形をとる。

フェスティンガー（Festinger, 1957）は、人間は必然的に自分の意見を確立、または順序立てて合理化するとした。

「認知的不協和」［Cognitive Dissonance］とは、ある人間の認知の構成要素どうしの間に不一致、不協和などが起きることである。信条でも知識の一部でも、ある二つの認知要素は、互いに調和、不協和、無関係のうち、どれかの関係しか持たない。不協和とは、ある要素が心理的に他の要素とは逆になる時に発生する。人間は不協和が生じるとそれを減らそうとするが、そのためにはまず不協和の関係を持つ要因を変えること、次に既存の認知要因と一致するものを加えること、最後に不協和要因の重要性を減らすという三つの方法がある。ただ、ある重要な信念に対して行動が矛盾する場合、行動自体に正当化要因があれば、信条そのものが変化する割合が大きくなる可能性が高い。

態度の変化［attitude change］については様々に異なる影響や条件が重視されるが、それらのうち知られていることの大部分は、ある人間にとって新しい情報がどのように影響するか、かつ既存の態度や理念の中にどう組み込まれていくかを考察したものである。人間が新しい情報に接触すれば、常にいくつかの理念が変更され、結果として態度も修正されるという可能性がある。一方大事な理念や態度と矛盾するような新しい情報については、それを回避し、拒否し、信じず、忘れたり歪曲したりしようとするとも考えられる。

人間が態度を変えるかどうかの決定要因は、実験によって確認されている。コミュニケーションの過程で自分とは逆のものに接した時、その情報源が専門家で、より誠実なほど態度も変わりやすい。コミュニケーション源の信憑性がその情報の受容性に非常に大きな意味を持つ場合、その効果を威光暗示［prestige suggestion］と呼ぶ。この説得力を高めるという効果については、例えば、カール・ホヴランドら（Hovland et al., 1953）が、コミュニケーションの送り手と情報そのものとの関係の他に、受け手の意見の変化との相互関係についても論じた。情報の送り手が受け手の意見の変化に与える影響として、送り手が受け手にとって好ましい人間である場合、受け手の意見は伝達者の主張する方向へと変化するが、受け手が送り手に対して嫌悪感や不信感を持っている場合は意見を変えようとしないことが検証されている。

もう一つ重要な役割を果たすのがメッセージである。情報の送り手が受け手の態度を変えようとする場合、普通は一方的な議論のメッセージを送り、逆の意見を支持するような情報は隠されることが多い。しかし場合によっては一方的な議論が送り手の信頼性を低くしたり、受け手がそのメッセージを偏ったものと見なしたりもする。したがって送り手の中には両面策、つまり問題の賛否両面に対して公平を装ったものを採用することもある。

ホヴランドら（1953：19-）は両面的な説得［persuasion］の効果について調べ、人間は反論されることで、疑念を現すより前に、内面的な矛盾をまず受け入れようとすることを発見した。それはおそらく、両面的なメッセージは不信感を抱かせることがなく、問題の賛否を明らかにしないでおくので、一方的な議論よりも影響力が強いからだという。他人を納得させようとする場合、議論の順序も重要である。最適な順序とは、まずその人間が本来賛同している見解について述べ、次いで反対の意見、そして最初の見解を繰り返しもう一度述べて締めくくる。これは人間の学習における初頭性効果［Primacy Effects］と親近性効果［Recency Effects］という二つの優位点を兼ね備えており、反対意見は最初と最後の両方の意見に挟まれて縮小され、効果は最小限となるが、なお公平さは保たれることになる。

また別に、メッセージの伝達に使われるのが強烈な情動的アピールである。もし人の涙や笑いを誘うことができれば、論理的な判断を回避することができる。たとえば様々な慈善行為のキャンペーンでは、車椅子に乗った子どもや松葉杖をついた子どもをあしらったポスターが用いられる。これは同情心を呼び起こそうとするもので、本当に同情を感じた人間は、誰が寄付金を取り扱い、主催者の給料がいくらかなどという疑問は持たず、その代わりにお金を出そうとするのである。

（2）　オピニオン・リーダー　投票行動とは、有権者が選挙に際して候補者を選択する意思決定と、それを意思表示するまでの過程を意味する。そこにはまず投票そのものをするか、あるいは棄権するかという参加、そして誰に投票するかという方向、という二つの要素が含まれる。

ラザースフェルドら（Lazarsfeld et. al., 1944）は、人々がどのように、また、なぜ投票を決定するかに関心を持った。もともとの調査は、一九四〇年オハイオ州エリー郡において均質な文化的背景を持つ約三〇〇〇人に対して行われ、大統領選挙のキャンペーンが始まる五月から実際の投票が行われる一一月までの間に、投票行動がどう形成されるかを調べたものである。この結果、選挙期間中には莫大な量の政治的情報がラジオや新聞などのマス・メディアを通じて伝えられるが、政治宣伝と投票意図の変化はさほど明瞭ではなく、マス・メディアによる政治宣伝の効果は限定的なものであることが示された。また、人々が得る情報と影響のうち、かなりの部分は友人、身内、知り合いなどの他人から直接得たものであった。対面的［face-to-face］な会話は、政治的影響に関しては研究者が予想したよりも重要だったのである。

このようなデータの検証から、何人かの人々がオピニオン・リーダー［Opinion Leader］としての役割を持っていたという結論が出た。これらの人々は政治情報への接触度が高く、彼ら自身がメディアから得た情報を、独自の解釈を付けてメディア接触や知識、関心が彼らより少ない人々に対して転送し、多くの人々の意見や態度の決定に影響を及ぼしていたのである。情報という観点から見ると、マス・メディアと個人の間にはその関心の種類によって一次的な小集団ができ、そこで対人的コミュニケーションが発生し、そしてマス・メディアの提示する情報は、個々人に直接影響を与えるというよりも、より関心の強いオピニオン・リーダーを経てより関心の低い人々へと流れていく（図２－３）。

これが、「コミュニケーションの二段階流れ仮説」［Two Step Flow of Communication］として知られるもので、これは人々の意思の形成には、多くの場合個人的な影響のほうが、説得力のあるメディアの情報よりもずっと効果的

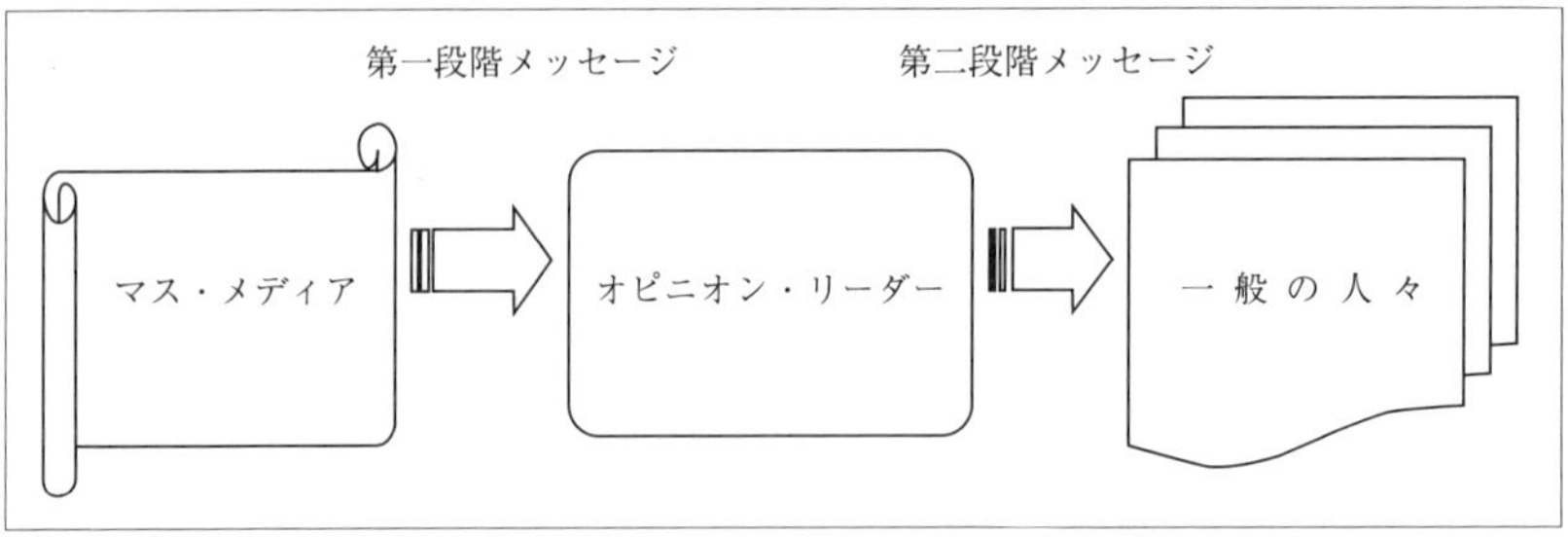

図 2 - 3　「コミュニケーションの二段階流れ仮説」

出所：Lazarsfeld et. al., 1944.

なのはなぜなのかということについての理論である。従来マス・メディアの影響を考える場合、受け手である大衆は個々に原子化された存在であり、マス・メディアの影響はそれらの受け手に直接伝わるという前提があった。しかしこの仮説では、相対的に他の成員より関心が高く、積極的にマス・メディアに接触するオピニオン・リーダーが存在し、マス・メディアの情報はまずその人間に伝わり、さらにそこからより関心が低く知識も少ない他の成員に伝えられることになる。

オピニオン・リーダーと他のメンバーとの間には上下の指導関係ではなく、あくまでも仲間としての関係のみがあり、テーマによってリーダーが変わる場合もある。他のメンバーも全く白紙の状態ではなく何らかの先有傾向を持つので、マス・メディアの内容は個々の受け手に伝わるまでに様々な介在要因を経ることになり、それらを通じて変化する。そして最終的には個人におけるマス・メディアの効果も必ずしも同じとはいえなくなる。このように、二段階流れ仮説はそれまでのコミュニケーション研究が前提としていた仮説そのものを批判し、政治的決断や政治的意見の形成面におけるマス・メディア研究に新たな展開をもたらした。

3　パーソナリティの社会的行為に与える影響

人間行為の基礎概念

環境が人間の行為に多大な影響を与え、操作する、少なくともしようとすることに疑う余地はない。しかし人間は文化や社会の力のおかげで、環境に左右されるだけの救いがたい存在でもない。自律的な人間は所属する文化や社会の状況から影響を受けたとしても、自分自身を反映した行為をとる。ある人間をその人たらしめるものは、一部生物的な要因からも決定される。肉体的力や知性は、天性のもの、すなわち遺伝的に限定されているので、発達の道が限られることもあり得るが、この限界の中でも人間には無限ともいえる発達の可能性が存在する。成熟するにつれ、人間は自分の生活する環境をどう処理していくかを学び、自分の置かれた状況の下、思考や行動の面でどう反応するかを自分なりに発達させていくのだ。

人間がその人らしく行動し、その人らしい理念を持つことを理解する基本となるのがパーソナリティ（または個性）であることは重要だが、これが人間の行為を決定する唯一の、あるいは最も重要な要因というわけではない。しかしこれは、一般的な人間の行為、特に政治的行為について理解する際には、文化的、社会的、生物的などの他要因も考慮に入れなければならないことを明らかにしている。パーソナリティの要素は、社会的行為の理解と説明として捉えるべきだとされてきた。また多くの心理的メカニズムが、様々な人間の行為の解説として引き合いに出されてきたが、それは人間のとるそれぞれの行為は、その人の全体的なパーソナリティ構造のいくつかの面、つまり基本的欲求、動因、衝動などの動機を表すものとされてきたからである。

これらに共通なのは、パーソナリティとは人間をある目標に向けて、特定の方法で動かそうとする内面的な力だという考えであろう。事実、人間の行為についての解説としては、これらが最も古く、かつ最も受け入れられている概念なのである。そのためパーソナリティ理論の多くの部分は動機の理論であり、直接的、あるいは間接的に人間の基本的な性質について重要な仮説を提示してきた。次にパーソナリティと行為との関連について述べる。

パーソナリティとその概念

政治的意見ないしは政治活動には、特定のパーソナリティが理論的に関係するということは、最も初期の政治哲学関連の文献からも指摘されてきた。例えばプラトンはパーソナリティの成長と政府の支持との関連性を論じている。ホッブズ、ルソー、マキアヴェリなども人間行為に深い洞察を示し、同様に個人の行為および信念などは、その人間がどんな人間かということ、すなわちパーソナリティに影響されるのではないかという考えを合理的なものとしている。既述の通り、近年政治環境における人間の機能を理解するために、パーソナリティ要因がかなり重視されるようになってきた。行為がパーソナリティの質と社会的・文化的な要素、状況などの相互関係の結果と見なされるならば、個人の行為は社会的・文化的要因以上のものを反映するという認識もなされ始めた。つまり人間の行動と思考は、その人間が何者なのかということ、すなわちパーソナリティに影響されているのだ。

ところで、普遍的に認められたパーソナリティの定義は一つもない。一般的にパーソナリティは包括的かつ抽象的な構成概念と考えられており、それは持続的かつ重要な、長期にわたって個人の行為に強く影響を及ぼし続ける性質に関連するものとされている。つまりパーソナリティとは、個人が状況に際して表す組織だった、安定した、内面的特質であり、行為を支配し、本来人によって異なるものと見なされているのである。

パーソナリティを構成する要素としては以下のものが挙げられる。まず、個人を他者と区別する全体的特徴という意味での身体的特徴や技能などを表す個性［individuality］、そして人格［personality］から、知的・能力的側面を除いた情緒的・意志的側面を示す性格［character］、さらに性格［character］のうち、素質・体質・遺伝と結びつく部分である気質［temperament］、他にも様々な対象や事象に対して示される一貫した行動傾向を示す態度［attitude］、身体的特徴としての体質［constitution］、そして社会や集団の中での位置や地位に対応した行動パターンを意味する役割［role］など、これらすべての集合体としてパーソナリティというものができあがっている。また、パーソナリティの特徴としては、独特かつ個人的な行動パターンを示すという独自性、場所・状況にかかわらず持続的で安定しているという一貫性、生物学的側面のみならず、環境（他者や社会）との相互作用の結果として形成された統合性などという側面を持つ心のシステムともいえる。

パーソナリティと動機　人間が動機［motive］、あるいは動因［drive］をもとに行動することについて、心理学分野ではほぼ異論はない。動機という用語を客観的に定義すれば、生体において刺激と行為との関連性に影響を与えると推測されるものである。また本質的な意味においては特定の行動を起こすための欲求や要求とも定義される。あるいは優越・承認・親和など、社会生活の中での経験や学習によって獲得された心理的・社会的欲求を意味する場合も多い。そして動機づけとは人間の行動を一定の方向に向けて生起、持続させる過程や機能のことである。動因とは飢え・渇きなどの生理的欲求を指す場合が多い。動因とパーソナリティに関する研究を行った人々は特別注目に値するが、まずそれについて紹介しよう。

(1) **一次的動因**　動因は幅広い特質にわたっているが、大まかには生物的動因と一般的動因とに分けられる。生物的動因は、生命の維持や種の保存に関するもので、身体組織的な欲求や血液中のホルモンと深く関連している。最も分かりやすい例は、渇き、飢え、睡眠、性、痛みなどであろう。一般的動因は生物的動因と、生まれつきで学習の必要がないという点では似ているが、生物的動因ほど直接的でなく、身体組織的な欲求や血液中のホルモンとの関連もそれほど明白ではない。例としては、好奇心、探究心、一般的行動、愛情などがある。これら二種類の動因はすべて一次的動因［primary drives］と考えられている。

フロイト（Freud, 1918, 1922, 1930, 1933）にとっては、パーソナリティは本来動的な概念であり、精神的な生活とはその中で刺激や確認の力を相互に作用させる内面的な行動であった。彼は、人間の人格を構成しているのは意識と無意識、また部分的には意識的な欲望と理念だと考え、これらに対して人間の精神過程をイド［*id*］、自我［*ego*］、超自我［super-*ego*］という、三つの複合体で表す概念を作り出したのである。

乳児の心理構造においては、単に性的あるいは攻撃的本能といった制御不可の心理的欲求だけが存在し、このような基本的欲求が、唯一の心理的構成要素であるイドを作り出す。イドとは原始的衝動［primitive urges］を満足させようとするものだが、欲求が常に直ちに満足させられるとは限らないので、イドはどうしても欲求不満の状態に置かれるようになる。幼児の段階になると、欲求達成のために両親や外部と折り合うようになり、このような相互作用を通じて自我が形成されていく。例えば、空腹の時でも何でも口に入れられるわけではなく、何か食べたい時には、まず食べ物を他から区別することを覚えなければならない。超自我もやはり、両親との継続的な相互関係の中で発達してゆく。超自我は、物事の良し悪しに関する両親の考えを組み込み、道徳的なものに近くなる。アイデンティティの形成過程を通じ、超自我は両親の立場をとるようになっていくのである。

自我はイドが要求することを、現実や他者の定めた枠内において、合理的に処理しようとする。禁止や強制に関することは発達段階で学習され、これらによって欲望の充足過程における自我が抑制され、さらにこの様な抑制や強制は超自我の中で組織化されていく。超自我は二つの機能によって具体化されているが、その一つは良心と抑制、即ち人間の行動を道徳的な価値観に基づいて判断することであり、もう一つが自我理想［*Ego* Ideal］と強制で、これは自分がどうあるべきかと思う自分自身のことを指すが、ここには両親の批判が取り入れられ、現実的自我を監視して批判する機能を持つ。

またフロイトは、人間を動機づけるのは、肉体的欲求が心理的緊張に転化した生来の本能だとも論じた。人間はこれらの緊張を減らして快楽を得、不快なことを避けようとする。このフロイトによる本能の二つの基本型は、生の本能［*Eros*=life instinct］と死の本能［*Thanatos*=death instinct］とされ，人間の欲求についての二元論を成している。愛，創造性，成長などは生の本能に含まれるもので，一方，破壊性，攻撃性，敵意などは死の本能の現れと言える（詳細は第６章参照）。これら二つの本能は，実際に融合し合って作用し，したがっていかなる行為も幾分かはエロティックであり，かつやはり幾分かは攻撃的だといえる。しかし生の本能よりも死の本能の方が本来「より以上に根源的，一次的，衝動的」とされ，融合している状態でありながら，重みは死の本能によけいにかかっていると考えられ，フロイトはこれらの状況を指して，「あらゆる生命の目標は死である」と述べた。

フロイトは，精神的活動はすべて心理的エネルギーの力によるものとし，このエネルギーはリビドー［*libido*］と呼ばれる性的本能を伴うとした。これは人間を創り，再生させようとする力であり，性を探す本能であり，かつ生命の発達と永続のためのエネルギーであり，これらのエロティックな力は人がそれを無視しようが意識的であろうが，それにかかわらず表れる。そしてリビドーは，単に性的関係だけではなく，社会的・政治的な関係のもとにもなる。

フロイトは，文明が自然な性的欲求に対して抑圧を行うことで深い不安をつくり出すこともあるものの，それらの欲求を抑え，かつその方向を性的なものから他に逸らすことによって，社会や文化の成立に必要な機能を創り出すとした。つまり文明は外的な抑制装置として必要なものなのであり，それは徐々に個人の内的なものへ変わっていく。両親は自分たち自身や文明の影響をその子どもに与える。つまり社会的影響の担い手として，それらを伝える最も近い影響要因となる。母親と父親は，成長過程にある子どもが両親の抑制や要望に応えて行動すれば愛情を与えるが，子どもが従わない時は愛情を引っ込める。この内在化は，フロイトがスーパーエゴ，あるいは同じ意味として良心と呼んだもので，文明の設立，維持，そして進歩にとって必要なものなのである。これらの過程を通じ，継続的な対人関係や世代関係などの相互関係の中で文明は発展し，永続的なものとなる。

しかしフロイトの理論は全面的に受け入れられたわけではなく、アドラー（Adler, 1927）などは、フロイトの性に対する総合的な理論と、行為に対する社会的影響についての、どちらかと言えば消極的な考察に反対した。彼は全体的理論というものを展開し、パーソナリティを分割不可能な単一体と考えた。そして何種類かの無意識の存在を認めながら、無意識と意識については抗争に関わるというよりも、むしろ個人の選択した人生の目標に従って統合されたものと見なした。そして人間はすべて生来社会的関心を潜在的に持っているが、それは人間皆兄弟という感覚を含み、適切なパーソナリティの発達に対する手引を確立し、協力や分業などの行動を通じて人間が生来持っている優れた力を発揮できるようにするものとした。

アドラーのさらなる主張は、人間行動を支配する衝動は、いわゆる「優越への努力」または「優越への欲求」[Striving for Superiority] という、より強力な、つまり優越したものを目指すとするものであった。アドラーはフロイトとは反対に、性は単に人間の持つ「再認欲求」[Striving for Recognition] を含む「優越への欲求」の表れの一つにすぎないとした。彼によれば、遺伝は本質的にパーソナリティには何の影響も与えず、人間は普通五歳までに自分の人生の目標とそれを達成するための方法を選ぶ。つまり選択以前よりも、むしろ選択以後の野心がその人間のパーソナリティを主に決定すると論じ、それを「優越への欲求（または自己完成）」としたのである。さらにこれは、人は自分の生活様式によって可能な限り目標を達成しようとする存在、つまり「創造的な自己」の所有者であるという考え方にもつながっていった。

この欲求は子どもが自分の弱点や依存をもとに感じる劣等感 [Inferiority Complex] によって動機づけられるとされた。劣等感とは、一般的に他人に比べて自分が無力、あるいは不完全で無価値な存在と思い込み、生活に対する自信を無くした状態をいう。アドラーは子どもの無力感に関連すると見られる、肉体的欠陥による劣等感などの様々な器官劣等 [organ inferiority] について言及している。子どもがこのような劣等感を経験し、それらをどう処理するかによって後の受容性が決定される。例えば能力のある子どもでも、親による兄弟との比較や批判によって誤った評価をされることもあるが、こういう自信喪失と低い自己評価の継続は将来の発達に深刻な影響を招く。それが健全な形で表出するかどうかはその劣等感を補う方法による。健全な「優越への欲求」は社会的関心によって導かれるが、病的な「優越への欲求」は利己主義と他人への思いやりの欠如を特徴とする。誰もが少なくとも何らかの劣等感を持ちつつ成長するが、必ずしも現実的にその人間が劣っているわけではなく、単に感情の問題にすぎない場合もある。人間はその代償として積極的に優越を求めるようになり、それが有益かつ社会的関心を持った形での補償を良い意味で刺激することになる。

アドラーの場合、無意識のうちに持つ劣等感に加え、自分の失敗や無力を弁解し、補おうとする意識も劣等感と考えた。補償［compensation］とは自分の劣等感を処理するための行為である。例えば肉体的に貧弱な子どもは勉強で抜きんでようとして補償を行う。しかし劣等感が強烈な場合、その補償としての行為が過剰になってしまうこともある。アドラーは、この行き過ぎた補償行為が他者の支配という幻想やその実行という両方の行為に関わるとした。一部の人間はこのような行き過ぎた補償の結果として権力と支配における抗争を生み出すのである。このような行為、つまり他者をコントロールし、勝利し、支配しようという欲望は、社会的優越の抗争要因と見なされ、驚くべき極端さにまで辿り着くことがある。

アルフレッド・アドラー

ウィリアム・マクドゥーガル（McDougall, 1908）は、性と生存に加え、フロイトの説以外にも多くの動因があると主張した。それは主に人間の本能によって集団行動を説明するものであり、彼は本能とは遺伝的、あるいは生得的な、心理的、かつ身体的な傾向と定義し、それによって対象を知覚して注目することで、特有な情緒的興奮を経験し、特有な行動が生まれるとした。つまり本能には情緒がつきもので、これが経験によって変化し、複雑化して情操となる。そしてマクドゥーガルは、まず情緒と明確に対応した七つの主要な本能をリストアップした。それぞれの本能には、後に続く情緒が対応して、その中には例えば逃走に対応する恐怖、拒否に対する嫌悪などがある。さらにこれらの主な七本能に対して、情緒との対応は明確ではないものの、生殖、群居、獲得、構成という、社会生活に重要な四つもつけ加えられた。

本来新フロイト派に属するヘンリー・アレクサンダー・マァレー（Murray, 1938）は、人間は緊張や動因を減らすことで快楽の達成を動機づけられ、その定義を、ある環境の条件の下で特定の反応を示すような生物体の能力や用意のメカニズムであるとした。そして彼はその動機、あるいは基本欲求としてフロイト、アドラー、マクドゥーガル、そして他の学者たちの考え方をまとめ、二〇を超える生理的欲求（例：空気、水、食物、性）と心理的・社会的欲求（例：獲得、達成、承認）のリストを作成した。彼はこれらすべての欲求は、人間の中にあり、その達成が快楽につながるか、または不快であれば避けようとする特別な力であると考えた。

フロム（Fromm, 1941）は人間本来の動物的側面と、人間を独特なものとして特徴づけている自己認識、理性、想像力の間に起きる抗争や、また他への欲求、超越、アイデンティティ、方向づけの枠組みといった非有機的な動因の重要性も強調した。彼によればすべての人間に共通して必要なものがあり、人間の性質や情熱、不安などは文化的な産物だとした。資本主義の台頭に伴い、人間は「第一次集団」［primary group］から解放されたものの、逆に自分自身の無力さや孤立感を認識することになった。当時、社会で成長する人間は皆、個性の発達という局面に際し孤独感以上に不安を感じた。これらの不安や無力感は仲間との交友や生産的活動における自らの能力開発などで乗り越えられていくものだが、しかし多くの場合こうした個性化の過程において、人間は自由からの逃走を試みたのである。この行為については、例えば権威主義や破壊といった心理的メカニズムで説明できる。フロムのこの理論から部分的に影響を受けた、たいへん有名かつ経験論的な研究が、第二次世界大戦の終わり頃にファシズムと反ユダヤ主義における心理的要因の検証を目的として行われた（Adorno et al., 1950）。フロムが政治とパーソナリティ、特に権威主義的パーソナリティの研究に与えた影響については次章で詳解する。

ユング（Jung, 1961）は、人間が飢えや渇き、性、個人的特性、力、行動、想像力といった生来の本能によって動機づけられるという点ではフロイトに賛意を示し、道徳的な性向や宗教に対する必要性も同じく生来のものとした。ユングによれば、すべての精神的行動は心理的エネルギーによって力を与えられるもので、そのエネルギーとは、本能とは別のリビドーと呼ばれるものなのである。精神的事象や精神的行動に費やされるリビドー（価値）の量が多くなるにつれ、もっと多くの事象が必要となる。フロイトが、子ども時代のパーソナリティ決定（因果）を強調したのに対し、ユングは、行為は先立つ原因によってのみ動機づけられるのではなく、将来の目的や目標を志向するという、いわゆる目的論（[teleology] 人間に限らず広く自然のすべての現象が、目的のもとに秩序立てられているとする見方）的な考え方をした。パーソナリティは過去によってのみつくられるのではなく、継続的に練り挙げられ、未来を目指すものと考えたのである。

ゴードン・オルポート（Allport, 1961）は、子どもの動機と大人の動機は、程度だけに留まらず、種類も異なると論じた。子どもは本能的動因を減らそうとする欲求や、身近な快楽に支配される「未社会化の恐怖」であり、一方健全な大人は、子どもに比べると認識的な動因の維持または増強、多様さ、単一さ、目的、自立機能のある動機に影響される。さらにオルポートは、健全な大人は基本的に、意識的かつ堅固な衝動と抗争に動機づけられ、無意識が支配するのは精神病の場合に限るとした。さらに彼はユングとフロムのように、人間は人生に意味を与えてくれるような根源的な考え方や価値観を必要としていると考え、また、アドラーのようにすべてのパーソナリティはそれぞれ単一のものと考えた。彼はパーソナリティ構造の中における、構成部分と動機の部分を明確には区別せず、パーソナリティの一部にある、異なる人々において有為な比較が可能である側面についてのみ共通な性向として捉えた。人間の気質（性質）は似通ったもので、個人それぞれのパーソナリティの単一性を正確に表している。そして八つの側面から成る非常に個人的な領域、すなわちプロプリアム［*proprium*］というパーソナリティの内的統一性を保つために必要な、自己同一性・自己像・独自な特性を持とうとする傾向をまとめた。

カール・ロジャース（Rogers, 1961, 1977）はパーソナリティに関し、すべての人間行為の根本には現実化傾向があるとした。それは普通、人間の建設的能力によって選別され、発達させられるものだが、最終的には残酷で破壊的なものにまで歪められることもあり得る。人間は、プラスの方向に対して広がる欲求を持つが、それは特に重要な他者［significant others］、例えば両親から受け継がれる。人間はそれぞれ自分自身の、個人的な、常に変化している内面的な経験の世界に存在し、この経験による世界はほとんど意識されないが、知覚したことを現実的、または非現実的に肯定的、あるいは否定的な価値判断ができるような生来の能力を含んでいる。

パーソナリティには、自分が他とは切り離されている独特な存在であるという意識、つまり自意識の概念を反映する目標を実行するという意味も同時に存在する。もし重要な他者が、彼らの基準に合うような条件の下で肯定的な思考を持つと、子どもは自己認識や行為をそれに合わせようと、この基準を取り入れて彼らの愛情を得ようとする。こうして取り入れられた基準は、人間が行為の手引として生来持っている価値判断過程に十分取って代わり得るものだが、それゆえに意識的な選択と目標のみで、その人間の本来の欲求や能力を現実化することはできない。本来の欲求や感情を歪めたり否定したりする不調和によって、自己認識を守るための防衛が試みられるようになってしまい、それはさらに実際の現実化と自己本来の現実化傾向との分裂を進めることになる。

パーソナリティに関する最後には、ハリー・サリバン（Sullivan, 1953）を挙げておこう。彼はパーソナリティを全面的に個人の内的要因であり、かつ他者に対する欲求の圧力と定義し、それだけではなく、人間の欲望は人間の

アブラハム・マズロー

持つ様々な緊張（特に懸念、睡眠、また母性的な優しさの覚醒などの他の欲求）を解きほぐすとした。また、行為は肉体的なエネルギーの転化として完全に説明できるとし、またアドラーとは異なり、各人間の相違点よりは類似点をより強調した。

(2)欲求の諸段階と複合動機　ここまで人間の欲求は生物的な原因によるとしてきたが、人間行為に影響を与える動機のすべてについて一次的動因だけが考慮されるわけではなく、文化や社会の中で成長に伴った経験を積み重ねるという学習を通じ、複合動機［complex motives］という他の動機も発達させる。例えば人間性心理学という分野を中心に業績をあげたマズロー（Maslow, 1968, 1970）は、人間の本能的欲求は元来かなり弱いものであり、本質的に否定しがたいものの、学習や文化など、他からの強い力のもとでは簡単に消されてしまうとした。これらの欲求には欠落と発達という両方の動機が含まれるが、前者は外部の力を通じて動因を減少させて欠落を埋めることで、後者は緊張の中の楽な部分を増強して、その個人特有の能力や可能性を発達させるものとされる。

彼によると人間の本能的欲求は、その程度によって階層を形成しており、少なくともある段階を満足させられるまで、その上の段階は重視されない（あるいは気づきもされない）と考えられる。この階層は人間の基本的欲求を、階層序列をもとに、生理、安全、所属と愛情、自尊と承認、自己実現という五つの階層からなり、欲求の諸段階［Hierarchy of Needs Theory］といわれる（図2－4）。この理論によると欲求は、下から上へ(1)生理的欲求（空気、食物、飲み物など）、(2)安全の欲求（危険の回避）、(3)所属と愛情の欲求（他人との満足な関係を求める）、(4)自尊と承認の欲求（自分が独特の価値を持つ個人的存在だという感覚を獲得し、価値ある人間としての評価を求める）、(5)自己実現の欲求（個人の

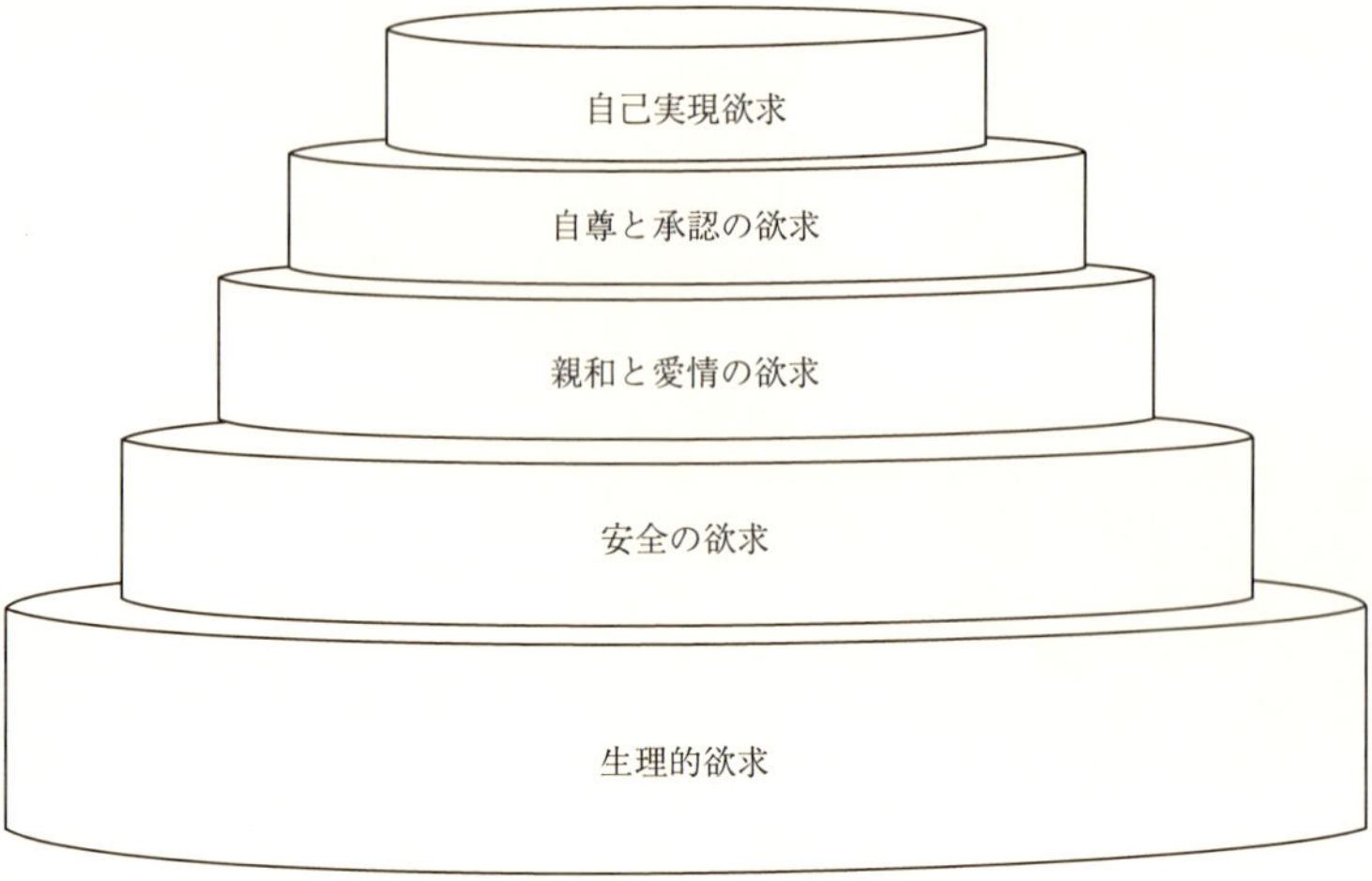

図2－4　マズローの欲求の諸段階

出所：Maslow, 1970.

生来独特の能力を生かし発揮できる場を求める、理想の実現）の五段階に分類される。

生理的欲求は最も下位にあって最も強い。これが満たされていない時は他にどんな非生理的な欲求があってもそれを満たすことが先決となる。そして下位にある欲求が満たされると、そこで初めてより上位の欲求が生じることになる。そして人間の人格的完成とされる最高位の自己実現欲求は、他の欲求がすべて満たされない限り現れない。もし、より低い段階の欲求、例えば生理的欲求が活動しだすと、それ以上の段階にある欲求、つまり自尊と承認や自己実現などの欲求は活動を止めてしまうし、少なくとも自尊心がある程度満たされるようにならないと、自己実現欲求を追求することはないのである。

この理論は社会的動機づけの解釈として用いられることが多い。例えば飢えた民衆は政治活動で食物を得る機会があってもその場で政治に関心を持つ余裕などない。また、他人の愛情や受容を感じられない人間は、政治活動で自己実現を図るとか自尊を養ったりはできない。しかし、既に政治に関わっている人間がその状態に陥った場合は、政党や支持者によって所属と愛情の欲求を満たそうとし得る。このように、この欲求の階層区分は政治参加の動機づけの解釈にも応用され、たとえばドイツ人の国民性に関する研究や権威主義的パーソナリティの研究にも影響を与えた（Adorno et al., 1950）（次章参照）。

また、一次的動因と学習による二次的動因との結合体である複合動機にも注目すべきだろう。実生活の中で複合動機を扱う場合、それを生来のものか、学習されたものかを明確に意味づけして区別することは現実的ではないし不可能でもある。複合動機には多くのものがあり、心因性欲求、あるいは社会的動機ともいうが、その中には、例えば自律（独立して行動すること）や、敵意（他人の苦しみや不快さを見たいという欲望）などがある。しかし特に関心を持たれているのは政治的行為にも関係する以下の三つの動機である。

まず達成動機［Achievement Motive］という（McClelland, 1961, 1965）、何か卓越したことを成し遂げようとすることと定義されているものがある。自分にとっての標準を高く設定し、人生の目標を価値あるものとしてそれを達成するまで働くような人間は、達成動機を体現しているといえる。ある環境的なきっかけで感情を盛り上げ、それらに調子を合わせるようになり、さらに特定の意識が伴われると目標に向かう行動が導き出されるが、高い達成要求を持つ人間は、他人が無視するような環境的なきっかけに対しても反応する。こういう人間は金銭価値を高く評価するが、それは私欲のためではなく達成のための確固たる指標としてなのだ。成功に対する危険や機会、あるいは実体のある証拠が存在すると達成動機が作用するのである。

さらなる二つの動機は達成動機とは対照的に、親和動機［Affiliation Motive］と権力動機［Power Motive］という社会的なものである。親和動機とは、あるかないかわからないような友情の保証を求めようとすることと表裏一体をなしており、親和動機の強い人間は、危険や競争に対して防御的あるいは敏感で、このせいかこの種の動機がそれほど強くない人間に比べると、どちらかといえば人受けが悪い。このような人々は、どんな場合でも通常は受け身で、一般的に他人、特に魅力的だと思う他人に影響されやすい。権力動機とは、生得的な力による行動や評判を通じて他者へ影響を与えることに関連し、他人に影響力を及ぼし、説得、命令を通じて他人の存在に関与し、操作しようとするものである。以上の三種類の動機と政治的行為との関連については次章で詳解する。

パーソナリティにおける重要な側面であり、かつ人間の行為に影響を与えるもう一つの要因として認知体系がある。これは個人の信念、態度、価値観から成り、誕生の瞬間から発達し始める。

認知体系と行為

認知体系を形成する基本は理念であり、これは人間が言葉を学ぶ以前から発達し始めるとも考えられている。ロキーチ（Rokeach, 1968：113）によると理念とは、人間の言動や行為が意味する単純な命題、意識、あるいは無意識であり、簡単な言葉で描写でき、評価や基準のもととなるもので、ある対象への強弱や賛否の感情を伴う。理念の、人間にとっての機能は様々な欲求を満足させること、つまり内面的抗争や自己正当化といった要求に対し、外部世界を調整することである。ロキーチ（1968：112）によれば、組織化された理念が態度をつくり出し、態度は長期にわたる人間の特徴であるから、これで個人的な反応が解釈できる。そして態度は、常にある特定の対象や状況に向けられており、どんな社会的・政治的行為でも、その解釈には少なくとも二つの態度が考えられる。態度という概念は、様々な研究において個人の性質を具体的に表したり、特定の心理的対象についての考え方や感じ方、行動の傾向などを表すのに最も共通した見方として用いられている。

価値観とは、人間の基本的な方向づけを成すものであるが、事実個人の価値観というものは、相対的に見るとごくわずかしかない。ある人間が、何百万もの理念や何千もの態度を持っていたとしても、所有する価値観は一ダースほどしかないのだ。価値観とは抽象的な観念だが、ロキーチ（1968：124）は、それは特定の対象や状況に結びついたものではなく、例えば清潔さを保つ、他人に誠実であるなどといった理想に対する信条や、また、安全、平等、幸福、権力などの究極的に理想とする目標に対する信条を表したものとした。

認知的体系と政治的行為の関係については様々に論じられている。たとえばロキーチによる独断主義的な態度は人間の信条体系の構造を理論的に捉えたものであり、また権威主義的パーソナリティ（Adorno et al., 1950）は、パーソナリティ欲求（例えばエリクソンの言う信頼に対する欲求や、マズローの安全欲求など）やその人が社会化されてきた環境における価値観を中心としたものである。さらに政治的イデオロギー（［political ideology］一般的に他者と分かち合えるような、相対的に体系的な認識の集合）についてはアイゼンク（Eysenk, 1954）の研究、認知的側面とリーダーシップ行動についてはラズウェル（Lasswell, 1948）やバーバー（Barber, 1965）などの研究が例として挙げられる。これらについては特に第3章と第7章で詳解している。

4　行為の理解と予測

以上、政治的行為を含む全体的な行為を決定する一般的な環境、文化、社会などの外部要因と個人の重要性を中心に論じた。外部要因は個人の行為に影響を与えるものとして重要な役割を果たす。しかし個人の重要性がこれらの力によって減少するわけではない。逆にパーソナリティの特徴を知れば、単に状況だけを理解している場合よりも、人間の行為はずっと予測しやすくなる。例えば、ある人間が大きな同調を要求される状況にあった場合、パーソナリティの特徴をつかんでいれば、その人間が状況に屈服するかどうか、またするとすればどのくらいの時間がかかり、どのような方法をとるかなどが予測できる。

つまり個人のパーソナリティを理解すれば、それぞれの人間のとる政治的態度の傾向、ある政治的状況下での行動、さらに特定の事象に対する反応などを理解、あるいは予測することが可能になるわけで、これは従来数多く指摘されている。パーソナリティが行為に影響すると考えるのは理に叶ったことで、またその証拠もある。こういったパーソナリティと政治的行為についての検証を具体的に次章で述べる。

コラム　政治心理学の面白さ

歴史的な出来事は、人間が世界観をつくり、職業の選択を行う場合などに、決定的な、かつ不可思議な影響を与えるものだ。私は日本に来る以前には、政治心理学という分野が職業ないしは人生の中心になるなどとは全く考えていなかった。一九八〇年代初頭、政治学修士課程の学生だった頃、私はラズウェル、フロイト、エリクソン、フロム、アイゼンクなどの、政治学および行動学における古典を学んだ。しかしそれでも私はこれらの研究に共通した、心理学と政治過程との関係（これが政治心理学というものの単純な定義である）というテーマを、さらに細かく追究していこうという気にはそれほどならなかった。

私の学問的な関心（およびその経歴）が変化したのは日本に来てからのことである。私は初めて政治的行為についての自分の研究、とりわけ社会化、コミュニケーション過程、自己や重要な他者に対する価値観といった問題を理解するにあたっては、政治と心理学といった多分野にわたる知識が必要であり、政治的態度や行為の分析においても、やはり同様に多分野における方法論を用いなければならないということを理解したのである。例えば、投票行動、政治的学習、政治的地位に対する動機づけなど、私の関心を惹くようなテーマには、すべて文化や社会的側面が混ざりあっており、それはつまり文化、文化人類学、社会学などの知識が不可欠であることを意味した。

結局、私は社会心理学の基礎概念（特に文化人類学やコミュニケーション学、パーソナリティ学の研究など）をもとに研究を進め、実際に一般市民や政治家を対象に行ったアンケート調査や、インタビュー、マス・メディアの内容分析などによって収集したデータに基づく政治的態度や行為などの分析研究に、これらを応用した。

そして、政治的態度や行為と心理的な動機との関連、つまりなぜ、どうして、個人や集団は日本もしくは他国におけるようなふるまいをとるのか、あるいは様々な文化における人々は、いつ、どこで、どうやってそれなりの特有な行動をとるようになるのか、といったことについての情報が明らかになった。

私の研究のひとつに日本人の政治的パーソナリティを扱ったものがある。それは一九九二年から九四年にかけ、日本ではどのような人物がどのような理由の下に政界を志すのかという、候補者のパーソナリティや政界への動機、そして政治的な方向性など、心理学的、社会的な態度に焦点を置き、自尊心や社会活動、独断

山本一太議員
同志社大学にて，授業での講演の際
2008年７月

主義的傾向などを調べたものだ。この研究では、まず約一〇〇名の地方政界の人々を対象に調査を行い、そして一九九三年にはそれを衆議院議員にまで拡げた。新たに当選した一一〇人の衆議院議員からアンケートを集め、うち九〇人についてインタビューを行い、国会議員を志した理由、社会的、心理学的な背景、政治や社会に対する見解などを質問したのである。

これらのインタビューで印象に残ったのは、実地調査を行ってデータを集める場合、例えば様々な人々、つまり学者、ジャーナリスト、官僚、政治家、あるいは政界のリーダーなどに会って話を聞くのは案外簡単だということだ。これらの人々は、喜んで会って歓待し、多くの質問に答えてくれるのであった。時には聞かれた以上のことを話してくれたり、喜んで情報を提供してくれたり、政治や社会のことについて細かく説明するだけでなく、自分の意見までつけ加えてくれたりする人々にも多く出会った。こうして私が面会して話した人々、特に国会議員の中には、私を快く迎え、私邸にまで招いて、私の知りたいことについてさらに細かく語ってくれた人もいた。この研究では、国会議員と一般大衆との独断主義的傾向、自尊心、自己認識、それからいろいろな社会的性向についての違いを見るために、国会議員だけでなく無作為抽出した一〇〇〇人の成人からもデータを集めた。さらにデータの有意性、特に日本人の国民性を見るため、このデータをアメリカ、イギリス、イタリアなどの欧米諸国の政治家のデータと比較した。

本書の中では、以上の結果について紹介し、大雑把に国会議員と一般市民との違いを、前記のように独断主義や自尊心、自己の複雑性などのパーソナリティにおいて分析し、それを国会議員の基本的考え方や固定観念、また社会や政治に関わるいろいろな問題についての態度を中心にまとめた。

特に日本の政治家の性質は、三つの基本的な要素、つまり⑴野心、すなわち政界に自分の地位を持つという欲望と動機、⑵アイデンティティ、つまり自分自身の自分に対する見方と、自己認識の感覚と自尊のレベル、そして⑶他者と社会との関わり方という、権威主義的人格の程度、仕事や同僚、敵、支持者などに対する見方を含む、他人や社会的問題との関係における基本的な態度、などに関わっている。行為や役割の認識、公的な場でのパフォーマンスに影響を与えるという意味で、こういった要因はパーソナリティの中心的な位置を占め、かつそれぞれの要因は、国会議員と一般大衆の特徴を区別する指標となる。こういった研究とその結果は、まさに政治心理学の一つの中心となるテーマである。日本の政治家に対するインタビューなどによる直接の情報収集など、大変機会にも恵まれた調査であり、政治心理学者としてひとつの夢を果たせたと感じている。

また、政治では人間の行為が中心的な要因であるから、前提として、政治制度と過程を理解するためには、その「人間的な」側面、つまり個人、大衆、政治家の活動に注目すべきである。人間の政治的な行動は社会的行動と同様に、パーソナリティ、動機、信条のような個人的な要因とともに文化や社会といった外的な力とも関連づけられている。地方レベルの政治活動から国際関係に至るまで、今日の世界の政治を理解するためには人間行動の外部と内部の力が相互に影響し、文化や社会を含めた全体的な個人の影響を観察することが必要となる。政治心理学という分野はそのためにあるといえよう。

福山哲郎官房副長官
首相官邸の官房副長官室にて，ゼミ生とともに
2010年10月

第Ⅱ部　政治心理学における研究テーマ

首相の記者会見（毎日新聞社提供）

第3章　パーソナリティと政治的な「タイプ」

1　パーソナリティの「タイプ」

パーソナリティの類似性

誰もがある意味では他の人々と同じであるが、別の意味ではある人々同士が似た者として区別され、さらに別の意味ではある個人のみが特別な場合がある。これらの類似性はそれぞれパーソナリティと政治との関連についての分析を明らかに反映している。特に政治心理学では、政治活動家［political activists］の独特な部分と、他の人々と共通する部分に関する構造的な調査が積極的に行われてきた。前者は個人についての分析が行われ、ケース・スタディ分析［single case analysis］と呼ばれ、後者についてはタイプ的分析［typological analysis］と呼ばれる。

ケース・スタディ分析は、特定のリーダーのパーソナリティと行動、および様々な事柄におけるその影響についての関心が強かったため、特に重要とされている。こういったリーダーと文化や時代状況について考察した研究としては、マルティン・ルター（Erikson, 1958）、ウッドロー・ウィルソン（George & George, 1964）、ヨセフ・スターリン（Tucker, 1973）についてをはじめ、他にも多くのものがある。

政治や他の分野における活動家のタイプ［Type］についての研究も、やはりとても重要である。もし、政治活動家が既知の性質や特徴を持つ場合、分析の苦労はせずに済むし、彼らが状況に応じてどのような行動をとるかとい

ハロルド・ラズウェル

うことがある程度予測できる。心理的タイプというものは、政治活動家の心理面をカテゴリー別に分けて比較し、一般市民の自尊や政権に対する寛容などのレベルを段階別に分けることまでも含んでいる。このようにして症候群[syndrome] という、一定の条件のもとに明らかな時間的経過を経て予測可能な結果を反映したものとして、観察可能な特徴のパターンを意味するものが特定された。

本章では政治的な「タイプ」に焦点を当てる。政治的な「タイプ」とは、個人をいろいろな心理的な特徴のまとまりに沿って分類することである。タイプ理論によって、政治リーダー（および立法者、官僚、政策決定過程に関わる他の人々、フォロワー、一般市民）の心理的力学が理解しやすくなり、まさにそれがこの理論の重要な点である。政治的な「タイプ」の概念は、それなりのパーソナリティ的特徴を持つ人間は、いかなる状況にあっても常にそれなりの信条を持つ、という仮説に基づいている。本章では、人を導く政治活動家、つまり広い意味での「政治家」を中心に考察する。

ホモ・ポリティクス

個人の政治的な野心、あるいは役割のタイプにおけるこういった違いの認識が有効であることは多くの学者によって指摘されてきた。なかでもリースマン（Riesman, 1950）、ロバート・レーン（Lane, 1959）などはこれらの違いが政治的な特徴のタイプにつながるのではないかと論じた。例えば、ラズウェルは『権力と人間』（Lasswell, 1930, 1948）において、「政治的人間」の行動と態度が一般市民とは明らかに違うという事実をもとに、政治活動や地位を目指す人々は特定のパーソナリティを持つのではないかという仮説を提示した。彼によれば、政治家とはもともと権威主義的なパーソナリティを持ち、「私的動機を公的目標に転化し、公共利益の名のもとに私的動機を合理化するところにある」という。そしてフロイトの精神分析的手法をもとに、権力とパーソナリティの相互作用を分析して政治的人間の四つの条件を示した。それは、⑴権力を要求し、他の価値をも権力の手段として追求する、⑵権力に対し飽くことない欲求を持っている、⑶権力の追求が、それまで自分が受けた様々な剝奪に対する代償行為となって現れている、⑷自分の要求に応じた技術や能力を、十分に行使できるような熟達の域に達している、というものである。ラズウェルは「政治的人間」すなわちホモ・ポリティクス［*homo politicus*］は、低い自尊心の埋め合わせとして政治に没頭する、なぜなら政治は権力や特権を手にする機会を与えてくれ、それで満たされない感情が克服できるからである、と述べた。

本章では近年関心の中心となってきた主要な三つの政治的なタイプ、すなわちマキアヴェリズム［Machiavellism］（あるいはマキアヴェリアニズム［Machiavellianism］）、権威主義［Authoritarian］、自己愛［Narcistic］というパーソナリティについて論じる。これらは権力や道徳、社会的な序列といったものに対する信条や信条体系の構造と解され、パーソナリティ変数として幅広く研究されている。これら三つの特徴を詳解した後に、政治心理学分野で検証されるべき他のタイプの政治活動家についても記しておく。ただ「純粋なタイプ」というものはほとんど存在しないことには留意すべきであろう。ほとんどの政治活動家（つまり政治リーダー）は二つ以上のタイプの特徴を併せ持ちながら、一つのタイプが他よりも優勢に作用していると考えられる。

2　マキアヴェリズムあるいはマキアヴェリアニズム

マキアヴェリ——その人物と思想　マキアヴェリ［Machiavelli］はイタリアを取り巻く外交・軍事情勢には強い関心を持ち、こうした状況の下で、一五一三年『君主論』［Il Principe］を著わした。『君主論』は本来、指導者は自律的な政治の世界においては経過よりも結果に責任があり、政治は指導者が具体的状況の中でいかに権力を拡大、

ニッコロ・マキアヴェリ
フィレンツェ共和国の外交官としても活躍した。

維持していくかという技術である、と論じた最初のものである。この中でマキアヴェリは、権謀術策の代名詞のように言われるチェーザレ・ボルジアの統治政策を賛美した。それまでの伝統的な政治観は、正義と平和を正統とするものだったが、彼は理想的君主像を否定し、君主が善良で敬虔、慈悲深い人間であることは称賛すべきであるとしつつも、理想像だけを追求すると、そうした君主は没落を禁じ得ないと指摘したのである。そして君主に対する怖れを抱かせること、あるいは残忍な行為も有効であり、誠実さや忠誠心などは信じる必要がないとも主張した。つまり彼はここで、政治が神学や倫理学に準ずる地位から解放された自立的な理論体系であることを示したといえる。

マキアヴェリは、君主は平常時ならばこのような伝統的道徳観念に忠実であったとしても、混乱期の非常時においては、合理的な政治目的達成のためなら必要に応じて不道徳な手段も行使できるということ、さらに権力の獲得や維持の中核をなす軍事力を論じ、傭兵制度を批判し、固有の軍事力の整備を説いた。この『君主論』で説かれた内容、つまりマキアヴェリの政治哲学を一般的にマキアヴェリアニズム（あるいはマキアヴェリズム）という。

しかしその後、ここで論じられた政治論は、昔からの「目的のためなら手段を選ばず」という権謀術策的な政治形態のこととされるようになり、『君主論』は反宗教的、不道徳なものとされ、一五五九年には法王庁から禁書とされた。さらに絶対王制期にはフリードリヒ大王が『反マキアヴェリ論』（1739）を著すなどして、マキアヴェリアニズムはむしろ非難をこめた形容となった。

マキアヴェリの意図は、人として善人であったら有能な施政者になれるのか、というところにある。国を動かす者は時として冷酷な判断を下さなければならない、一般的な社会通念に束縛されることなく、国を動かすにはそれなりの判断訓練が必要であると説いたのである。その意味で『君主論』は個人としてのモラルと、国を動かすモラルは別であることを明らかにした、史上初めての見解とされている。

マキアヴェリアニズムの研究

約五〇年前、心理学者のリチャード・クリスティは現代社会においてマキアヴェリアニズムを信望する人間はどのくらいいるのか、またそういう人々は反マキアヴェリストとはどう違うのかについての研究を行った。彼は協力者とともに（Christie & Geis, 1970）、他人を操作する立場の人々に対して系統的な調査を試み、マキアヴェリズムについての拡大調査を行い、そこで「ほとんどの人間は、財産を失ったことよりも父親が死んだことを忘れやすい」など、『君主論』に書かれた文章に基づいた性格テストを作成した（Christie & Geis, 1970 : 8）。さらにマキアヴェリの人間観に加えて、もともとのマキアヴェリアニズム（マック）尺度［Machiavellianism (Mach) Scale］をもとに、駆け引きについての操作的戦術と、一般的な道徳理念についての二つの視点を取り入れた。テストの被験者はマキアヴェリの辛辣な見方にどれほど賛同できるかを測定されたのである。

クリスティらは、人間観、駆け引き、道徳理念という三つのカテゴリーから文章や「項目」を選んで七一項目を設定し、それをマック尺度（マックⅠ［Mach I］）と呼んだ。そこからさらに、五段階のリカート［Likert］方式（非常に賛成、賛成、決断できない、反対、非常に反対）を用いた質問票がつくられ、それをもともとのマックⅠと区別するためマックⅡ［Mach II］とした。そしてかなり洗練された二〇項目のマックⅣ［Mach IV］が続き、いくつかの項目で項目の内容を逆転させ回答を調整することで、多くの研究に役立てることができた。クリスティらはマキアヴェリアニズムの測定のためにマックⅤ尺度［Mach V Scale］をつくり、前述した三つのカテゴリー（態度）それぞれについて三つの文章を用いた。三つのうちどれがもっともその回答者らしさを示すか、どれがもっともらしくないか、ということが問題となる（Christie & Geis, 1970 : 24）。

マックテストで平均よりも高い点を示す回答者は高マック（マキアヴェリの意見を支持する）にランクされ、平均より低い点の人間は低マック（マキアヴェリの意見を支持しない）とされる。ほとんどの人間は中間に位置し、双方の極端に位置するのは少数であった。この研究は、被験者が一六世紀の政治哲学者の考えを受け入れるかどうかというたった一つの事柄を測定するためのものであったが、マキアヴェリに対する人々の反応が、伝統的なパーソナリティについての他の実験よりもかなり詳細に性格を表すということを示した。

具体的にいうと、高マック人間は、魅力的で自信家、饒舌、しかし一方、傲慢で計算高くシニカルで、操作や搾取をやりがちであるなど、はっきりと区別されるタイプである。また、穏やかで対人関係であまり感情的にはならず、事実を重視し、感情的な訴えや自分の欲望のどちらかを基準に行動する。したがって、納得のいく議論に裏打ちされた説得でない限り、圧力に従属したり、他者からの煽りによって行動したりはしない。他者との競争で目標を遂げることを好み、特に状況の構造が緩い場合、その成功は彼の合理性と主体性に頼る部分が大きい。

一方、低マック人間はどんな状況にも合わせられるので柔らかい。曖昧な目標よりも人間を重視し、感情的には状況に対して合理的な評価をしたがらない。いわば感情的な関わりを持つことで、ヴィジョンが曖昧になるのである。したがってこういう人々は感情的な訴えや同調を求める圧力によって行動しがちだが、明確な状況（例：明解な規則に基づいた事柄）の下でならしかるべき行動がとれる。つまり高マックと低マックの人間の主たる違いは、対面的な関係に関わる際の状況によって、最も明確に示されるのだ。

クリスティらは特に、心理学者が用意したゲームの際に高マック人間が相手を徹底的にやり込めるのを見た後、かなり複雑な感情を持った。「当初、私たちの高マックの人々に対する印象は、暗くいやな操作を連想させる否定的なものだった」と彼らは書いている（Christie & Geis, 1970）。「しかし、研究室での実査を見た後では、実験状況における高マック人間の他者への行為能力について、当初の印象とは逆に賛美の気持ちが湧いてきたのだ」。狙いとはずいぶん異なり、彼らは高マック人間に感動してしまったのであった。

この研究で証明されたのは、高マックと低マックの違いを生み出す環境についての結論である。それは三つの特徴が中心となっており、最大の相違はこれら三つすべてが揃った場合に生じる（Christie & Geis, 1970：286-88）。具体的には次の通りである。⑴対面的関係［Face-to-face interaction］＝低マック人間は感情的に関わろうとし、そういった状況に流されてしまう。しかし高マック人間は冷静で落ち着いている、⑵出たとこ勝負に対する寛容さ［Latitude for improvisation］＝高マック人間は、状況の規則がはっきり決まっていなくともベストをつくせる、⑶無関係な事柄の効果［Arousing irrelevant affect］＝「立法のゲーム」［Legislature Game］において高マック人間が低マック人間に勝る点というと、どちらにも重要と思われるテーマについて、「無関係な事柄」が低マック人間の「立法」には起きるものの、高マック人間には起きない（「立法のゲーム」とは、高マック人間と低マック人間の二人に、感情的になりがちな市民権とか徴兵制といったテーマ、あるいは新しい切手の作成といった中立的なテーマ、さらに特定選挙区におけるテーマなどを与え、これらの被験者が他の人々に自分の提示する法案を支持してもらうように説得するという込み入った構造のゲーム）。

これら三つの状況は相互に関係を持つ。例えば感情的効果は、非パーソナリティ的な知的課題においてよりも競争のある対面的な状況で生じやすい。高マックの人々は知的テストで高得点を取るわけではないが、ゲームにおける対人的な戦略においては低マック人間に勝つ傾向がある。低マック人間に起きる感情的な影響は行動を阻止してしまう。この影響は無関係な事柄の効果とされ、曖昧あるいは未構築の状況において、低マック人間の創造性や革新性を減じてしまう（Christie & Geis, 1970）。

以前の政治的パーソナリティの概念は、特定の行為よりもパーソナリティ的力学に焦点を置いていた。マキアヴェリアニズムの概念は、それとは対照的に、特定の政治的状況にある人間の行動の効果というものに直接の関心を示したことにある。クリスティらはマキアヴェリ的パーソナリティについて、以下のような理想的モデルを作成した。⑴基本的に対人関係において冷静で独立している、⑵少なくとも慣習的な意味からの道徳や倫理からの拘束を受けない、⑶物事を設定通りに終わらせるよりも、勝つことを考えている、⑷戦略を選ぶときは、現実や合理性を超えた事柄がない限り、神経的、心理的に非合理的にならない。この症候群の特徴を示す尺度のための一連の調査により、この症候群は勝利のためのもの、そして男性のみのもの（マック尺度は男性のみの力に対して説得力を持つ）というものである。

最近、心理学者の中には、マキアヴェリズムは事実上軽い精神病なのではないかという説が出てきた。高マック人間は多かれ少なかれ古典的な精神病質の特徴を持つ。自責の念に欠けており、病的な嘘つきで、饒舌で表面的には魅力的であり、自分の価値を過剰に思っている。だからといってマキアヴェリストが完全に非難されたわけではなかったが、環境によって異なるという注意が喚起されたのである。スパイや、時には外交官すら国家のためには人の道を外すことを要求される。選ばれた人々や政治家は、何かを為すためにはわずかなりともマキアヴェリスト的でなければならない。加えて本当の低マック人間は完璧な人間ではないとも指摘された。「彼らはマキアヴェリストとは全く反対であり、依存心が強く、従順、社会的に不器用であり、羞恥心が強い」というのである。

3　権威主義と権威主義的パーソナリティ

フロムによる見解

権威主義とは、自分より上位の権威には強迫的に従う反面、下位のものについては傲慢、尊大にふるまおうとする心的態度や思想のことである。政治学では、形式的には民主主義的な議会制をとっていながら、一部の集団が独裁的な力を持ち、議会や国民を無視して支配権を行使するような国家を権威主義的国家という。このような権威主義、およびそれを支える権威主義的パーソナリティ［Authoritarian Personality］については、第一次大戦後にヨーロッパを急速に席捲したファシズムへの関心をきっかけに、多くの優れた研究が生まれた。

そもそも「権威主義的パーソナリティ」という用語はフロム（Fromm, 1941）によってつくられた。彼は「第一次集団」から逃れようとする人間について、資本主義の発達に伴う歴史的展開により、人は自分が孤独で救いようもなく隔絶された存在だと感じるようになったとした。「第一次集団」とは、近代以前の人間が持っていた外界からの拘束力のことである。反面、それは人間に安定感や帰属感を与えていた。しかしルネッサンス、宗教改革、産業革命などを通じて、人は教会、領主などの拘束から解放されて自由を獲得していった。同時に自分が孤独であり無力であることも自覚したといえる。フロムによれば、特に資本主義の発達により、社会的個人的関係がすべて市場の法則によって行われてしまうようになり、結果として疎外感をもたらすことになったという。

エーリッヒ・フロム

なぜ人は、このように発生した孤独を怖れるのかということについて、フロムはまず、幼年期に体験する無力感を挙げている。つまり子どもは一人では生きていけないという感覚の記憶が残っているからというのだ。また、もう一つの理由として、人間は自然に死や病気、老いなどを意識しており、自分の存在を無意味で矮小なものと捉えてしまうことも挙げている。孤独への恐怖感は、自己発達の一側面として、現代文化に生きる誰もが経験する。こういった孤独感や無力感は、友人との親愛関係や生産的な仕事のための能力を発達させるなどといった、生活に何らかの意味と方向づけを与えることで耐えられるようになる。しかしそれでも、人間は頻繁に個性化の段階で自由から逃れようとする。この逃避はいろいろな心理的メカニズムによって現れる。フロム（Fromm, 1941）はこのような逃避のメカニズムについて、権威主義、破壊主義などを含めて論じたが、ここでは権威主義の原因と性質について述べる。

権威主義は「自分の個性の独立をあきらめ、自分自身に欠けた力を得るために外部の他人、あるいは他のものに自身を融合させようとすること、言い換えれば、失った『最初の束縛』に換えて新しい『第二の束縛』を得ようとすることから生じる」（Fromm, 1941：163）。こういった傾向についてフロムは、人間の自己保身のための基本的なニーズ、自分自身の外の世界との関係などと文化的な力との相互作用による、とても深いところに根ざすパーソナリティの力学的発達などに基づいていると論じた。

権威主義的な人間の性格に関わる特殊なパーソナリティの力学として、サディスティックな、あるいはマゾヒスティックな争いがある。つまり、権威主義者は他人を傷つけ支配しようとするが、同時に傷つけられ、支配されたがりもするのだ。このような傾向は個人の劣等感、無力感、自分の矮小さに対する感情的反応に表れる。マゾヒズムは自分が小さいという感覚を誇張し、外界の中に一体化することで孤独感から逃れようとする意識の表れといえる。権威に従うことで自分を権威の一部だと思いこみ、孤独感を忘れようとするのだ。一方サディズムは他人を支配し、苦しめようとするが、それも支配し苦しめる相手を必要とする、という面から見ると孤独ではいられない一つの状況を示したものといえる。そしてこれらは全く正反対のように見えながら、孤独と無力感から逃れたいという意味では本質的に同じ性向だといえ、同じパーソナリティの中に混じり合って存在する。こういった人々が必ずしも性的な倒錯を示すわけではないが、このような精神的サディズム、マゾヒズム的な性格が強い人間を、フロムは「権威主義的発達パーソナリティ」と呼んだ。

そしてフロムは、単に権威主義的なパーソナリティを描写するだけではなく、それが基本的には無力感に根ざしたもので、権力への崇拝や力との関係、さらに愛情や優しさの欠乏によって形成されていることも示した。次にフロム理論によって刺激された有名な経験論的研究に移ろう。

権威主義的パーソナリティの次元

「権威主義的パーソナリティの次元」についての研究は一九四〇年代後半に発達した。全体主義者のプロパガンダ（[propaganda] 情報によって大衆の心をつかみ、その感情と行動を一定の方向に動かそうとする組織的な試み）に乗せられやすい人が、この次元の重要な構成者である。これはアドルノら（Adorno et al., 1950）の研究にも参加したダニエル・レヴィンソンとネヴィット・サンフォードによる質問票の設計によって始まった。この質問票はレヴィンソンとサンフォードによって反ユダヤ主義［anti-Semitism］との関連を測定する目的で設計されたものである。レヴィンソンとサンフォードは反ユダヤ主義は一つのイデオロギー、もしくはユダヤ人に対する一般論として定義づけられるとした。次に権威主義的パーソナリティがどのような構造を持っているか、どのようにそれが形成されるかということを目的とした研究を行い、反ユダヤ主義尺度について特に高いレベル、あるいは低いレベルを示した人間に対して精神分析の臨床と同じような面接調査、つまり家庭環境や友人関係、政治、宗教などについての質問を行い、深層心理を探って権威主義的パーソナリティを形成するものをつきとめようとした。また主題統覚検査［Thematic Apperception Test：TAT］による調査、つまり絵や写真から連想、解釈するものを分析する潜在的な願望などの調査も行われた。

これらの調査で回答者から得られたデータは、「権威主義的パーソナリティの次元」に関係した変数として捉えられた（例：自民族中心主義、一般的偏見）。面接と主題統覚検査は反ユダヤ主義尺度の高さと低さの違いを示す基本となり、転じて権威主義的パーソナリティの構造を示すものとなった。権威主義的性格の次元が形づくられる前にも、アドルノらが反ユダヤ主義や自民族中心主義と政治経済的保守主義との関係について調べており、反ユダヤ主義の定義などに用いられた方法論は、そのまま自民族中心主義や政治経済的保守主義の定義などにも応用され、最終的には人間の全体的な権威主義的傾向を測定するための「Fスケール」［F-Scale］がつくられた。（Fはファシズム Fascism を意味しており、ファシズム尺度もしくはカリフォルニアFスケールとも呼ばれる。）

「Fスケール」には、次の通り九つの特徴がある。

⑴**因襲主義**　その社会における権威が規定し、守らせようとしている規範、慣習などの因襲にとらわれやすい。自分が守るだけではなく、他者にも守らせようとすること。

⑵**権威的服従性**　強い権威、指導者、あるいは親や教師、年長者に盲目的に服従し、同様に他者にも服従を要求しようとすること。ただし、恐怖によって抑えられてはいるものの、潜在的には抑えつけられていることに対する敵意がある。現にファシスト達は、国家的な命令にはそれが何であろうとも従っていた。

⑶**権威的攻撃性**　⑴に示した因襲などに反する人々を排除しようとする。これは⑵に示した潜在的敵意に基づく不満が行動となって表れたもので、権威主義に対する服従から生まれる。事実ファシズム政権下では、様々な暴動やリンチが起きる。

⑷**内省拒否**　感情や精神面よりも、現実的なもののみを重視する。それは、権威主義的な人間は自分自身の感情を分析してそこにある弱さなどを発見したくはないからである。ナチズムがフロイト学派の精神分析を嫌ったのはそこに原因があるという。

⑸**迷信とステレオタイプ**　自分で主体的に考え、判断することを避けようとするため、迷信や固定観念に従いやすい。これは同時に差別や偏見のもととなる。

⑹**権力と不屈さ**　権力だけでなく肉体的な力に憧れ、自分もそうなりたいと願う傾向がある。逆に言えば、そういった強さに対する劣等感があるのであり、それは自我の弱さの反映と解釈できる。

(7)破壊性と人間性軽視　潜在的な敵意が常に弱者や少数派に対する攻撃、あるいは敵意や軽蔑となって表れる。さらに一般的な人類全体を相手にしたシニシズムに転じることもある。

(8)投影　内面的な問題を外の世界に投影する。自分の潜在的な敵意を他人に投射して自分への敵意と思い込む。これは自我がイド的衝動を押さえることができないためと考えられている。

(9)性　人間の性的な行動に強い関心を持ち、一般的規範に反する人々に厳しく対処する。自分の性的欲求が抑圧されているための行動であり、(8)の投影の一部ともいえる。

つまり、権威主義的パーソナリティとは、伝統を重んじ、権威に対しては無条件に服従し、一方でそれらの伝統的な価値に反するものを攻撃して排斥しようとするものである。好戦的、迷信や固定観念、人種的な偏見を持ちやすい、性的抑圧が強いなどの特徴がある。さらにアドルノらはこのようなパーソナリティがファシズム、自民族中心主義、反ユダヤ主義などの反民主主義的なイデオロギーに同調しやすいものと位置づけた。

アドルノらはこの「Ｆスケール」（権威主義を示す）を用いて、サンフランシスコ周辺に住む、特に非ユダヤ系の白人中産階級の人々を対象に質問票による調査、面接調査などを行い、繰り返すことによって権威主義的パーソナリティの形成過程を明らかにし、幼児期の厳格なしつけがこの原因であり、それは不安や無力感によってさらに強められるとした。まず幼児期における家族関係が権威主義的である場合、つまり親が怒りっぽく、寛容性に欠け、家庭の中に支配と服従の関係があると、子どもは主体的に考える機会を奪われて自我の発達が十分でなくなるのである。また、このような家庭の場合は親ももともと因習や規範にとらわれやすく、逸脱を許さない傾向にあるので、子どもは親に倣って同じような価値観を身につけていく。結果として権威主義的な家庭においては権威主義的な人間が再生産されていくことになるのである。

政治活動という視点から見ると、Ｆスケールおよび権威主義的パーソナリティは、政治的関与、リベラルあるいは保守的なイデオロギーの受容、あるいはファシスト的な政治運動への参加といった、個人の行動を予測し、理解するために特に重要なものである。さらにアドルノらによれば、権威主義と保守主義とは関連が深い。つまりFスケールで高い値を持つ人間は保守的な態度を持ちやすい。この保守的という意味合いは、伝統的な自由放任主義［*laissez-faire*］型（自由主義的経済活動に基づいた国家や政府の合理的な政策）ではなく、むしろ「疑似保守派」であり、逸脱者や少数派の意見を拒否するタイプを指す。

権威主義は右翼的現象としてロキーチ（Rokeach, 1960）の研究によって指摘されたもので、イギリス人のファシストは他の政治団体よりもFスケールにおいて高い値を示した。ロキーチは、Fスケールでは右翼的な権威主義と非寛容性しか測定できないとし、権威主義は本来認識（つまり信条）の型であり、世の中に対する閉鎖的な視点であると論じた。その点で、彼の用いた独断主義尺度はイデオロギーを離れた権威主義が測定できるとした（詳細は本章で後述）。

現在の研究　現在の権威主義についての研究では、権威主義の社会化（例：権威主義の形成における親の影響）、権威主義的リーダー、権威主義と他の要因との相互関係、Fスケールの有効性と評価、社会問題と権威主義（例：権威主義者としての警官）など、様々な問題が取り扱われている。

権威主義についての研究で近年最も活発なのは、ボブ・アルテマイヤー（Altemeyer, 1981）による、右翼の権威主義についての長期にわたる研究調査である。アルテマイヤーは右翼的権威主義［Right-Wing Authoritarianism：RWA］尺度という新しい測定用尺度をつくったが、このRWA尺度とは測定の偏差が相対的に少なく、権威主義的症候群の服従、攻撃、因襲という三つの信念を直接測定できるものである。この三つの信念についての定義はアドルノらの研究をもとにつくられた。服従は権威からの「命令」を固持すること、攻撃は「反権威的」「社会的に逸脱した」他者に対して苦痛を与える行為、因襲は伝統的な信念（例：伝統的宗教、性的役割、政治的信条）への支持とされる。

　服従的信条の例として、右翼の権威主義者は非合法的な盗聴や調査を受け入れやすく、権利章典のような文献による支持の裏打ちがなくとも気にしないということなどが挙げられる。服従するということで、一般的に右翼の権威主義者は「個人の権利」よりも「政府の権利」の方をより強く支持していることがわかった。攻撃の例としては、少数派（例：黒人、ヒスパニック、同性愛者）、女性への性的暴力、「革新的な」集団（例：共産主義者、同性愛者、妊娠中絶推進派）に対する攻撃や敵意を示すことがわかっている。攻撃は権力者からの制裁という形をとった場合に発生しやすくなる。因襲的な例として発見されたものの中には、右翼的な権威主義者の宗教に対する原理的なアプローチも含まれており、これらは社会的規範を守り、共和党を支持する傾向を示すものだった。また共和党員は民主党員に比べると、党員も上下院の議員などの役員も右翼的権威主義尺度の値が高く、権威主義の度合いがかなり高いことを示した。さらに共和党員は民主党員に比べると自民族中心主義に迎合しがちである。アルテマイヤー（Altemeyer, 1996）は、右翼的権威主義者について、他にも教育レベルが低い、認知的複雑性が低い、環境保護に対する支持度が低い、中絶には反対である、などといった点をまとめている。

　権威主義について、サンフォード（Sanford, 1973）は権威主義的パーソナリティには時期的な制限があるのではないかと提言している。この仮説は、権威主義の発達が主に環境あるいは時代の流れ（時代精神）に基づいているということによる。サンフォードは時代の変化のため、一九四〇年代の権威主義的パーソナリティは現代には生じ得ないとした。そして権威主義的パーソナリティの新しい形での定義づけには、このことを考慮に入れるべきとする意見があり、それを取り入れた研究もある（例：Altemeyer, 1996）。目下のところ、ホロコースト時代の権威主義の型が見つかるとは期待しないながらも、現代の社会問題、例えば人工中絶、宗教への姿勢、同性愛への攻撃などに関連した形での権威主義を見出した研究もある。

4　独断主義

ロキーチの見解

アドルノらによって提示された権威主義的パーソナリティに対し、ロキーチ（Rokeach, 1960）は、その有効性に対抗するかのように独断主義［Dogmatism］（権威主義的かつ硬派で閉ざされた心［Closed Mindedness］への傾向）というものをうちたてた。これは「現実において何を信じ、何を信じないかという認識機構が比較的閉鎖的であり、絶対的権威に対する信念を中心として、それが代わる代わる他者に対する寛容さと非寛容さのパターンをつくり出す」と定義されている。彼は、権威主義は本来認識（つまり信念）のタイプであり、世の中を閉ざされた心でしか見られないとした。そしてFスケールは権威主義的パーソナリティの研究者達によってつくられた、ファシズムやリーダーシップの受容度を測定するための尺度であり、右翼的な権威主義と非寛容性しか測定できないと批判する一方で、独断主義尺度はイデオロギーを離れた権威主義的パーソナリティが測定できるとした。

ロキーチによれば、閉ざされた心の人間は自分と意見の異なる人間に対する考え方が硬く、結果として独断主義に陥る。こういった人間はいかなるイデオロギーに対してもその内容にかかわらず閉鎖的で、独断的な考え方を持ち、意見や信念も固持し、権威については無批判に受け入れ、自分に反対するものは拒否し、賛成する人間は問題なく受容する。したがって独断主義的（あるいは権威主義的）パーソナリティ構造は、何を信じるのかということよりも、どう信じるのかという点において顕著に区別されるものといえる。

独断主義という概念によって、ロキーチは、信念体系の構造の本質を、彼のことばでいう信条体系の開放性と閉鎖性に基づいて考察した。このパーソナリティについての認識理論分析は、信念—不信の構造を基本としている。

信念とは真実として受け入れるもので、信念体系とは「すべての信念、期待、仮説、意識、無意識など、人間が常に自分の周りにおいて真実だと受け止めるものを代表して捉えたもの」である（Rokeach, 1960：33）。不信体系とは「単純なものではなく、いくつかが組み合わされたものであり、不信感、期待、意識、無意識などを含んでおり、ある程度まで人間が常に誤りとして拒否するものから成り立っている」のである（Rokeach, 1960：32）。信念も不信もすべて受容から拒否への連続体として概念化することができる。

閉ざされた心の人間は不安感、および新しい情報吸収の難しさという特徴を持つ（Rokeach, 1960：287-88）。開かれた心［Open Mindedness］の人間は情報を吸収、拒否する以前に分析しようとするので、ある問題や新しくまとまっていない情報が伝わった場合には、解決にかなりの時間を要する。逆に閉ざされた心の人間は、気になる情報は分析などなしに受け入れ、それに従って行動する。もし自分の信念と折り合わない情報ならば直ちに拒否することもある。情報を歪めて捉えることもあり、そのために受け入れられない場合もある。評価している権威からの新たな情報である場合は、賛成するまではいかなくとも受け入れる。もし絶対的な権威からの情報であっても、それを受け入れることによって起こる自らの信念の変化があまりにも大き過ぎる場合は、権威に対する評価の度合を減らしてしまうことがある。開放性は柔軟さの基本でもあり、自分の視点だけではなく、別の人間の見方でも進んで世の中を見られることである。

信念―不信体系の開放性と閉鎖性は一次的（中心的）信念の構造と内容にも示される。一次的信念は「自分の暮らす世界が親密なものと敵意を含んだもののどちらであるか、未来に何が待ち伏せているか、自分の存在感は確実なものか、不確実さを埋めるために必要なのは何か」などと考えられる。おそらくこの体系が閉ざされたものであればあるほど、人間は未来の友人もいない不確実な世界で孤独で、孤立し、救われないと感じ、とるに足らない、この世界でひとりで何もかも行うには不適格な存在であると思うようになる。このような感覚を乗り越えるためには、自己の増長、目的に対するアイデンティフィケーションへの自己正当化、力と地位に対する関心が必要となる(Rokeach, 1960：75)。

　ロキーチは実際にはこの理論を、人間の心の開放性と閉鎖性の指標となる質問をまとめるものとして用いた。これらの質問はまとめて個人の信念体系の開放度や、そのイデオロギー指向を測定するためのものとして、独断主義尺度（あるいは教条主義尺度）［Dogmatism Scale, D-Scale：Ｄスケール］と呼ばれるようになった。この尺度によって、権威主義、頑迷さ、偏見、自民族中心主義、保守主義、不寛容さなどの心理的傾向と独断主義および閉ざされた心との関連を見ることができる。具体的にこの尺度を用いると、(1)信念と非信念の体系の分離度と両者の相対的分化度、(2)中心的、および周辺的概念の内容と両者の関係、(3)過去・現在・未来への態度と未来への予知、という三つの次元があり、この点で、Ｆスケールよりも包括的で基本的な認知の類型を示し、比較的非イデオロギー的な権威主義の側面をも測定することができる。Ｄスケールをさらに簡略化したＤ-10スケールもつくられているが、これは一〇の質問に回答するだけで、その人間の教条主義的性向を測定することができるものである。

　Ｆスケールを構成する変数は、ロキーチがＤスケールで用いたものとかなり近い。したがって権威主義的パーソナリティと独断主義的パーソナリティの構造は似ている。ロキーチ自身もＤスケールはＦスケールと同じ様な測定機能を持つと述べており、実際同じ被験者を対象にこの二つの尺度を当てはめてその確証を得ている。統計的に見てもＤスケール、Ｆスケール、Ｏスケール（［Opinionation Scale］、ロキーチによる非寛容さを表わす尺度）、自民族中心主義尺度（アドルノらによるＦスケールの一つの元になった尺度）は同じ被験者に対してかなり相関性の高い結果が得られている。つまり、独断主義、権威主義、閉ざされた心、および権力への指向性は全く同じとはいえないまでも、互換性の高い概念といえよう。

　独断主義尺度は様々な研究で用いられてきた。そして変化や変化への対抗についての研究でわかったことは、独断主義的な人間は変化に対して閉鎖的であり、非独断主義的な人間は変化に対して開放的だということである。自己に対する態度について見ると、独断主義的な人間は自分自身に対する信念も否定的で、他人に対しては非独断主義的な人間よりもいっそう否定的である。さらにもっと閉ざされた心の人間は強い自民族中心主義、偏執狂、自己否定などを示す（Ehrlich, 1978：144-57）。

独断主義と政治行動

ゴードン・ディレンゾ（DiRenzo, 1977）はイタリア国会議員、内閣の長老、アメリカのインディアナ州とミシガン州の州議会議員、それからイタリアとアメリカの一般市民に対して、政治についての比較調査を行った。彼は独断主義スケールを用い、明らかに独断的な人間は議会に好まれ、採用されやすいとした。彼の研究によると、職業的な政治家はパーソナリティの構造が一般市民よりもより独断主義的だという。代議士は基本的なパーソナリティ構造においてより独断主義的かつ権威主義的であり、パーソナリティ構造の基本からして一般市民とは明確に違うといえる。

それでは独断主義的な傾向に国家や民族的な特性は反映されるのだろうか。ディレンゾの調査によると、アメリカの政治家は、一般市民よりも「開かれた心」の傾向が高いという。しかしイタリアの政治家は逆で、「閉ざされた心」の傾向が強い。つまりアメリカの政党は強固なイデオロギー基盤を持たないが、イタリアではそれがあるなど、政治文化的な要因の違いが強く働いていることになる。一般に「開かれた心」の政治家はイデオロギー的性向が低く、柔軟な思考を持ち、民主主義的と考えられるが、一面では政治的日和見主義者ともいえ、地位保全のために党議拘束をやすやすと受け入れたり、所属政党を度々変えたりしがちでもある。

さらに日本においては、拙著 *"The Japanese Political Personality"* に示したように、政治家の独断主義的傾向および国家の特性を調査した研究を行った。まず、すべての政党からの衆議院一年生議員一一〇名に対し、独断主義や他の心理的、社会的態度をテストした。同時に、全国から無作為抽出した約一〇〇〇人の一般市民（二五歳以上

表3-1　ロキーチの独断主義スケール尺度（D-10スケールの質問票）

1．最大の罪は，信条を同じくする人々を公に攻撃することである。
2．自分が尊敬する人々の意見を聞くまで，物事の判断は留保した方がいい場合が多い。
3．基本的に，我々の住む世界とは全く孤独な場である。
4．人類の歴史上，本当に偉大な思想家はほんの一握りにすぎない。
5．結局のところ人生で最も良い事は，自分と好みや信条が同じ友人や知人をもつことである。
6．ほとんどの人々は何が自分自身にとって良いのかを知らないでいる。
7．私はいったん議論に火が付くと，とまらなくなる。
8．この込み入った世の中で何が起きているのかを正確に知るには，信頼できる指導者や専門家に頼るしかない。
9．自分の幸福を第一に考えるような人間は軽蔑にすら値しない。
10．自分でも認めたくはないのだが，時々私は偉大な人物になろうという野心を感じることがある。

出所：Feldman, 1999：167.

の成人男女七六三名：平均年齢四二歳、および大学生二二五名）に対しても比較のために同様な調査を行った。アンケートを回収した後、その中から九〇名の国会議員に対してインタビューも行った（Feldman, 1999）。

以上の結果、日本の国会議員は大まかに、⑴最頻的パーソナリティ、⑵政界入りのきっかけ、⑶パーソナリティのタイプ、という基準をもとに分類できることがわかった。特にここに関連するものとして、独断主義的傾向については、政治的集団（国会議員）と非政治的集団（一般市民および学生）の二つの集団を用いてパーソナリティ構造の比較を行っている。国会議員の独断主義の平均値は一般市民よりもかなり高く、六六％の国会議員は権威主義的で頑固であるのに対し、一般市民では四九％（二五歳以上の有権者では五二％、学生では三九％）しかそれにあたらない。逆に非独断主義的とされるのは、国会議員のうちたった三〇％であるのに対し、一般市民では四六％である。これらのサンプルの独断主義を測定するのに用いられたロキーチの独断主義スケール尺度（D-10スケールの質問票）については表3-1を参照されたい。

国会議員は意見や信念に対してより頑な傾向にあり、変化に対して抵抗を示し、自分たちに反対する立場の人々を否定しがちである。興味深いのは、アメリカの政治家と比べると日本の国会議員の独断主義レベルは比較的高いが、イタリアの政治家と比べると低い。これは独断主義の程度というものが、いわゆる国民性などの特徴と同様、国ごとの文化や歴史的な発展過程と関連していることを示している。

年齢と独断主義との関係について見るために、国会議員と一般市民のうち学生ではないサンプルを二〇～三九歳（若年層）、四〇～四九歳（中年層）、五〇～六九歳（熟年層）という三つのグループに分けてANOVA（分散分析）を行った。結果は表3－2に示す通りである。結果を見ると、独断主義のレベルは若年層で最も低く、熟年層では最も高い。言い換えれば独断主義的レベルは年をとるほど高くなる（このサンプルの年齢による分散値は有為である：p＜0.003）。この表によれば五〇代の「一般市民」は三〇代の国会議員と同程度の独断主義レベルにある。したがって年齢は信念体系の閉鎖性に関する重要な要素であり、若い世代の国会議員の独断主義レベルは「一般市民」のそれより一世代分老成しているといえる。より重要なのは表3－2に示されるように、同じ世代を比較すると国会議員の平均値がそうでない人々の平均値よりも高いという点である（有為レベル p＜0.004）。これは国会議員とそうでない人々のパーソナリティには違いがあり、日本の政治家のパーソナリティは独断主義という点で強く特徴づけられているということを示している。

もちろん、すべての国会議員が同程度に独断主義的というわけではない。より独断主義的な国会議員はインタビューの際にも人間に対して極端なまでに否定的な態度を示し、他人の行動や動機に疑念を持ち、それを友好的でなく否定的だと見ていた。こういう人々は同僚と協調して決定の合意に達しにくい。一方で、よ

表3－2　国会議員と有権者における年齢別独断主義尺度の分散分析結果

	年　齢	人　数	平均値	標準偏差
有権者	20～39	342	−0.29	9.77
	40～49	228	0.66	9.66
	50～69	168	2.50	9.40
国会議員	20～39	39	2.31	9.59
	40～49	50	3.40	9.17
	50～69	21	6.19	8.05

出所：Feldman, 1999：79.

り非独断主義的な国会議員は融通が効き、他人の視点を考慮し、権力や地位に対してさほど執着を持っていない。結果として彼らは決定に至る際の妥協や協調を受け入れる。このようにより非独断主義的な政治家は特定の政党に属するが、それは党の幹部にとって日常のことがらを監督し、対抗勢力と交渉したり政治協定を結んだりしやすいからである。逆に、より独断主義的な政治家は、党議や政治目標の決定について譲歩を得、党全体の理解を得るなどの場合において、政党の幹部にとっては扱いづらいということになる（詳細は Feldman, 1999）。

5　硬心―軟心理論

アイゼンクの見解

権威主義と信念体系についての考察を行ったもう一人の人物がアイゼンク（Eysenck, 1954）である。彼は左翼の支持者も右翼の支持者も権威主義的なはずだと仮定した。つまり、政治的イデオロギーを左から右への連続性と考え、それを「革新性［Radicalism］のR」と名づけた。共産主義者とナチスはもちろんこのR‐スコアは異なるものの、その硬心の程度において類するところがある。そして彼は徹底した経験主義的立場に立って政党支持態度と権威主義的態度との関係についての研究を行った。

アイゼンクはイギリスの政党や政治集団に、以下に述べるような革新性の違いがあることを指摘した。ファシストは革新性において最も低く、少し間隔をおいて保守党、次いで自由党、労働党と続き、共産党が最も革新的とされている（図3‐1参照）。このようなパターンは普通に予想されるもので、特に論争を呼ぶものではない。アイゼンクの指摘で論議の的となったのは、ファシストと共産主義者との強い類似性を見出したことについてであろう。これら二つの極端な集団のメンバーは、パーソナリティ要因という点で似ており、また、特有の認識型においてもそれが反映されていると考えられるのである。

図3－1　左右の次元による政党

アイゼンクはこれをT次元と呼んだ。政治的イデオロギーを、革新性を左、保守性を右においた左右の軸にとる（R要因：革新性の要因）。そして硬心を上、軟心を下におく上下の軸（T要因：硬心の要因）と重ね、この組み合わせによって人間の政治的嗜好が決定されるというものである。これは硬心（タフ・マインデッド［Tough-Minded］）と軟心（テンダー・マインデッド［Tender-Minded］）という二つの対立する性質に関する考察で、人間の理念を異なる体系で引き出すものであるが、例えば硬心の持ち主とは、攻撃や支配とかなり強く結びついており（アイゼンクは外向性の一面と考えた）、堅苦しさや曖昧さに対する不寛容さなどともつながっており、視野が狭く、ものの考え方が固い。そして有罪者に対して極刑や厳しい処罰を支持し、現実的かつ物質的で、力（軍隊）や操作（科学者）によって環境を処理していこうとするような人々である。かたや軟心の持ち主は、平和主義、禁止、信仰を好み、より理論的かつ理想主義的であり、思考（学者）や信仰（宗教家）で問題を解決しようとする。

因子分析をもとにしたアイゼンクの見方によると、硬心―軟心と革新性との組み合わせによって、人間の政治的嗜好が決定されるという。軟心の持ち主であれば、攻撃衝動などが抑制されて社会化が容易であるため、民主主義的態度に通じる。しかし硬心の持ち主の場合はそれが逆に権威主義的態度へと通じる。例えばファシストは、保守的―硬心の集団であり、共産主義者は革新的―硬心の集団ということになる。保守主義者と社会主義者はR要因ではそれぞれ保守と革新とに分かれ、そしてT要因では中間に位置する。自由主義者は最も軟心の集団であり、革新―保守変数においては社会主義者と保守主義者の中間にある（Eysenck, 1954：266）（図3－2参照）。

加えてアイゼンク（Eysenck, 1954：101）は、次のようにも述べている。つまり、ある人間が保守

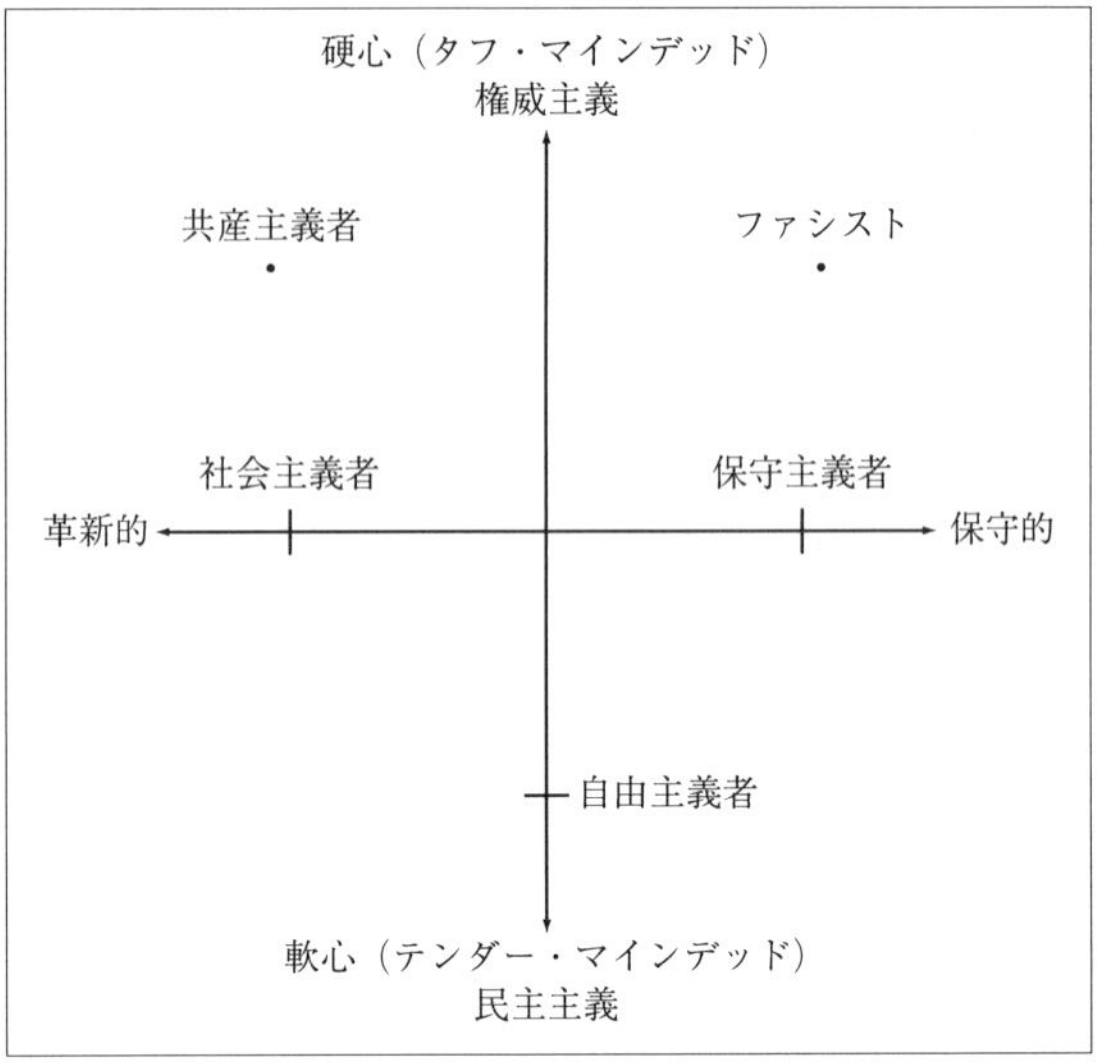

図3－2　イギリスにおける二次元による政党

出所：Eysenck, 1954.

主義者、あるいは社会主義者であるということは、その人間が一つの問題に対してただ一つの意見だけを持つという意味ではなく、むしろ多くの違った問題に対する考えや意見として、明確な主義の型がつくられていると考えられる。アイゼンクによると、政治理念とは、特定の意見としてのレベルから、態度のレベル、つまり理念の違いによる集団の分化を経て、最も一般的なイデオロギーに至るまで、段階的に捉えられるという。彼は政治的態度を最も簡単に説明するものとして、保守／革新性と軟心／硬心性という二つの要因による直行座標を設定した。例えばここでは、ファシストも共産主義者も硬心性において高いところに位置すると指摘されたが、この理論には多くの批判もある。

またアイゼンク（Eysenck, 1970）は、内向性と外向性［Introversion-Extraversion］がパーソナリティの最も重要な次元の一つであるという意見を示した。内向性とは、内気、自意識過剰、神経質、劣等感、陰気さなどに代表される、自分の内面的な感情や思考に左右されやすいことを指す。かたや外向性とは、もっと外部の物事や、自分自身の外側にある世界との関わりを考えることで、社交性に富み、思考するよりも行動を好み、自分自身を活発で社交的だと見なしている場合を指す。現実の関係における内向性と外交性の持つ重要性は、このパーソナリティ次元が、イデオロギーの領域におけるT要因の元だと考えられている点にある。アイゼンクの述べた、硬心—軟心ということは、革新―保守と同じ意味の態度次元とは違って、むしろ外向性―内向性というパーソナリティ次元を反映したものなのである。さらにアイゼンクは、硬心を外交性に、軟心を内向性に、それぞれ関連づけている（Eysenk, 1954：266）。

イデオロギーに関しては、特殊な性格の人間がある極端なイデオロギーに引きつけられるということも指摘されている。例えば、共産主義は神経症［*neurotic*］の人間を引きつけ、また、ファシズムは精神病質［*psychopathy*］の人間を引きつけるという点で両者を区別している（Linder, 1953）。

レーンの見解

政治学者であるレーン（Lane, 1962）は、労働者階級の上から中産階級の下に属する人々について、その政治的理念や価値観の基盤を検証し、分析を行っている。そのテーマは現代社会における問題、政党、政治リーダー、社会的集団、個人的な考え方や経歴などであり、こうして政治的態度の基盤となるいくつかのことが指摘された。レーンによると、経済的懸念が存在する時に、人間が革新的イデオロギーに走ることはなく、つまり問題や不安に直面した場合は、政治的変化を考えるのは別の時、別の場所にしようとする傾向を持つという。彼が研究の対象とした人々は、民主主義に対して誠実ではあるものの、その価値をさほど信頼しているわけではなく、同様に勤勉ではあるが、それはその報酬として富や権力を得るためであって、労働自体を深く信頼しているわけではない。またこの人々は、何とか政治的生活を送っても、何にもならないという感覚を互いに持っているが、同時に変化を恐れてもいる。つまり豊かで権力のある人々を尊敬し、また妬みもする一方で、政治体制に対する革新的な批判を嫌うことはあっても尊重したりなどはしないのである。彼は、権威や固定した政治体制自体に対する人間のこのような矛盾した感覚を、見事に指摘したといえよう。

また、レーン（1962：54-6, 124-6）は、自我の非常に弱い人間、例えば衝動的な飲酒、食事、浪費、性的表現に対する自己抑制がなかなかできない人間は、自由の拡大という考え方を最も恐れているということも指摘している。

こういう人々には、世界は共謀的な体制や〝秘教〟的抑制の下にあると考えたがる傾向が見られる。それは彼ら自身が自分の内面を抑制できていないので、複数の民主的な抑制を理解できないからなのである。

6　ナルシスト的パーソナリティ

ナルシスト的パーソナリティ症候群

ここで論じる第三の政治的「タイプ」というのは、異なるパーソナリティ的アプローチから生まれたものであるが、前の二つと重なる部分がある。マキアヴェリズムは社会心理学的なアプローチを基本としており、権威主義は古典的な精神分析理論に根ざしたものだが、「ハードボールプレイヤータイプ」（厳格なプレイヤー［Hardball Player］）の人間の心理（Etheredge, 1979）は比較的新しく論じられるようになった精神分析、特にナルシスト的パーソナリティ症候群［Narcistic Personality Syndrome］あるいは自己愛パーソナリティ障害［Narcissistic Personality Disorder］をもとにしている。

ナルシズム（自己愛）とは、リビドーが外（他者）ではなく自分に向けられてしまうことである。自分のことだけに関心があり、他者に対しては配慮がない。ナルシズムを傷つけられることは激しい怒りにつながり、強すぎるナルシズムは羞恥心につながる。発達の面から見ると、ナルシズムを失うことはその代償としての自我理想［ego-ideal］につながっていく。こういった人々は、幼児期の母子関係などで健全な自己愛が満たされなかったため、長じてからも自己愛幻想にとらわれてしまうのだ。対人関係においても一方的に好きになったり、自分の思惑を押しつけるといった自己愛的同一視が見られる（Post, 1993）。

ナルシズムが原因で起きる精神障害、つまり「自己愛パーソナリティ障害」には九つの診断基準が設けられており、それは、(1)自分は大切な立場にあるという誇大感を持っている、(2)成功、権力、知性、美、理想的な愛への憧れが強く、根拠なしにそれらが獲得できると思っている、(3)自分は特別で、相応の人々にしか理解できない、またそういう人々とのみ関係があるべきだと思っている、(4)過度な賞賛を欲する、(5)特別な扱い、周囲の従順さを期待している、(6)自分自身の目的のために他人を利用する、(7)他人の気持ちや望みに気遣いも理解もない、(8)他人への嫉妬、他人からの嫉妬を勝手に思い込む、(9)傲慢な態度をとる、などで、これらのうち五つ以上が該当すれば障害と診断される。政治リーダーの態度や行動の理解にあたってのナルシズムの重要性は、様々な研究によって強調され、特に、ナルシスト的な政治家としてはジミー・カーター（Glad, 1980）、サダム・フセイン（Post, 1991）、毛沢東（Sheng, 2001）などが挙げられた。

ハードボールプレイヤー

ロイド・エサレッジ（Etheredge, 1979）は、「ハードボール政治（厳格政治）」を実行するナルシスト的なリーダーを検証し、ナルシスト的パーソナリティの特徴づけを試みた。このようなリーダーはほとんどが男性であり、シニカルで計算高い、野心的な自分自身のプロモーターである。ハードボール・プレイヤーの使う技術は、前述したような典型的なマキアヴェリストの戦略で、不利な敵に対しては無慈悲さを徹底するためのお世辞を言ったりもする。エサレッジはハードボール政治のプレイヤーは「国内外の政治文化におけるサブカルチャー、特別なパーソナリティのタイプを構成するサブカルチャー」に属し、「病理的に自己愛パーソナリティ障害とされる」人間だと考えた（Etheredge, 1979）。

彼はハインツ・コフート（Kohut, 1971）にならい、自己愛パーソナリティのタイプにおける基本的特徴について述べた。自己愛パーソナリティ障害の政治家の鍵となる内面的な特徴は、心の中に、二つの異なった、まとまらない、自己の主観的体験が同時に起こることにある。心の最も表面にあるのは空であり、自己は不安定である。そこには低い自尊心、自己疑惑の感覚、不適切、不安、恥、継続的な社会的受容に対する不安、親密さへの不満、純粋さへの恐怖、率直さ、自己啓示、（はっきりとはしないまでも）差し迫った天災に対する不安と怖れなどを強く感じる傾向がある。しかしその裏側には、異なる、相対的に切り裂かれた心の部分と、自己への過大評価がある。幼児早期の感覚と全能者としての夢からまとまらずに受け継がれた部分には、ファンタジーや過大なほどの達成動機、全面的な認識と賛美、世界の出来事の完全な支配、完全な自信などが含まれる。ナルシストは、支配者として、他の人々よりも優れていることを認められたいがために、自分自身を現在起こっている社会政治的な出来事に組み入れていく。この症候群の原因は、ナルシストは深い友情や愛情の関係を築くことは不可能なことからも明らかで、友人や配偶者はハードボールナルシストにとって、野心のうちに入らないのである。こういった人々に共通する八つの条件を区分した。

(1)**自己への野心**　地位が高いほど、特権、名誉、認知、権力もいっそう理想化され、それに対する欲求も強くなる。ナルシスト性格の人間はこういった地位に対してほとんど宗教的な気持ちを持つ。勝利を欲し、自分の意志によって最高の理想的な地位を占めるよりよい社会を想像し、この野心は強力に保たれる。彼の多大なる渇望を他の人々が確信し、彼の達成と誇らしげな概念が公に認められるようにするという希望と必要性があるために、暗黙のうちに人々とのつながりを持ち、喝采、愛、無限の賞賛と尊敬が返されることを望んでいる。ナルシスト性格の人間の野心の一つの特徴として、自分の長期にわたる過剰な計画が十分に達成されるであろうということについて、可能性を期待しすぎるということがある。

(2)**愛情の欠如と浅い人間関係**　ナルシスト性格の人間の対人関係は浅い。純粋な愛情や他人への思いやりが稀薄なのだ。自分についての関心が強すぎるので、そこから気を逸らす事柄には（結婚でさえ）関わらない。しかし、自分の過剰な渇望を実際に支持するか、してくれそうな人々に対しては、集中的な感情的関わりを発展させることができる。

(3)**相手／敵のイメージ**　ナルシスト性格の人間は他の人間も基本的には自分自身と同じと見なし、厳しく合理的に計算し、地位と権力のためのハードボール的な作戦を立てる。そういうわけで、やや恐ろしく、不安かつ競争的な世界観を持つ。他者からの日和見、支配、操作、影響の拡大を警戒し、誰かが自分を背中から刺すだろうと思い込んでいる。

(4) **倫理観の欠如**　ナルシスト性格の人間の倫理観は普通の道徳観とは違っている。強いスーパーエゴを持たない。むしろ過剰な自己の理想化が倫理的な抑制より勝る。まとまった基本理念や倫理観が野心と葛藤したり抑制したりということはあまりない。典型的な公平さの欠落、本音の偽装、偽善的行為、ごまかし、他人の使役、隠れた行動、敵にダメージを与えるためのマスコミに対する情報のリークなどについて、道徳的な迷いなどなしにハードボール的な行動をとる。

(5) **ユーモア感覚の欠如**　ナルシスト性格の人間は自分自身から離れて人間の事柄を扱う暖かさに欠けている。自分自身をしごく真面目に捉えており、自分についての冗談とか面白い話を気にかけない。

(6) **攻撃性、戦術としての操作、虚栄**　ナルシスト性格の人間は多くの人間や政治的状況を戦術的に操作する。忠実でないと彼の逆鱗に触れることになり、過大な立場への期待を脅かす挑戦者となってしまう。このような誰かからの挑戦のもと、彼の生まれつきの優れた知性に疑問を抱く下位の人間や成り上がりものへの罰として、冷たい、有無を言わせない怒りと復讐のための攻撃に出る。勝利、操作、挑戦者への報復などへの強迫観念が、ハードボール政治の戦略、およびより不快で倫理的にも問題のある実行の基本にある。勝利はただの何かではなくナルシスト性格の人間の願うすべてなのである。

(7) **部分的に悪化した精神的プロセス**　ナルシスト性格の人間は力に取り憑かれており、精神的な面でもそれに支配されている。力は彼のパーソナリティの一部なので、そこから逃れてリラックスすることはできない。直接的あるいは本能的に力というものを経験し、それが彼を様々な方法で動かすのである。そして彼は男性的、権威主義的なやり方で、事実や実際に理解しているよりも自信ありげに話すのだ。ある面では抽象概念を具体化した、力や圧力を直接感じられる、幻想の世界に生きているともいえる。同様に彼の野心は、過剰な幻想の世界、究極的な成功への過信、過剰な理想化、強すぎる固定観念、そして大衆が十分な支持をするであろうとの誤解といった形で精神的に入れ込んでいるのだ。

(8) **過剰な行動** [hyperactivity]　こういう人間は、自分が重要だと考える計画に携わったり、関わったりする場合、エネルギーが溢れ出す。早く歩き、スケジュールを詰め込みすぎ、長時間働き、リラックスしたり余暇を楽しんだりすることはめったになくなる。自分自身の計画の重要性がかなりの生理的な興奮を招いたりすると、アルコールでそれを鎮めたりする必要が出てくる。

7　他の政治的な「タイプ」のモデル

既に述べた三つの主なタイプの政治活動家に加え、他の政治学、心理学、行動学などの分野の研究者もそれぞれ異なるモデルを提示している。以下に紹介するのは代表的な研究者と彼らが示したタイプであり、これらは政治心理学分野からも関心を集めている。

バーバーの積極的／肯定的タイプ　バーバー（Barber, 1972）は、歴代のアメリカの大統領を積極的か否か、および肯定的か否か、という二つの基準を組み合わせて、タイプ分けを試みた。第一の積極的／消極的という基準は、大統領職にかける人間のエネルギーの程度（権力の構築と利用を目指す動機を示す傾向）を示し、行動的な大統領は消極的な大統領よりもエネルギッシュである。第二の肯定的／否定的は大統領が自らの職務をどれほど楽しんでいるかを示し、肯定的な大統領は否定的な大統領よりは自分の仕事を快いと感じている。リーダーシップのタイプは大統領の性格によるところが大きく、方向性についても違いが見られる。行動的な大統領は自分の職を愛し、楽しみ、喜んで政治を行っている。消極的な大統領は他から動かされているように見え、職務がつまらなく、心配で猜疑心が強く、権力や自分自身を楽しむことができない。

そしてバーバーはこれら二つの基準を組み合わせて大統領を四つのタイプに分けた。積極／肯定型の大統領とは、精力的に職務に励み、かつその地位と仕事に満足している人物となる。例としては、フランクリン・ルーズベルト、ジョン・F・ケネディ、ジミー・カーターなどが挙げられている。同様に、精力的だが地位には不満だという積極／否定型にはウッドロー・ウィルソン、リンドン・ジョンソンおよびリチャード・ニクソンが、さらにさほど職務には熱意を示さないが、地位と仕事には満足という消極／肯定タイプには、ウォーレン・ハーディング、ロナルド・レーガンなどが、そして職務も地位もさほどではない消極／否定型としては、カルヴィン・クーリッジ、ドワイト・アイゼンハウアーなどが挙げられた。

ウィンターの権力（勢力）欲求タイプ　デイヴィッド・ウィンター（Winter, 1993, 2002）は、主題統覚検査［TAT］を用いた調査をもとに、権力動機［Power Motive］についての点数制を作成した。この点数制を用いて、動機に関わるものと、その結果について調べたのである。そして影響力に対する野心というものが他者への権力動機を強調するような世界観を伴うことを示した。

権力（勢力）とは、ある個人または集団が他者（あるいは他集団）の行動に対して持つ影響力を指す。そして権力動機とは社会的動機の一つであり、自分を他者よりも強く感じることや、命令や説得などを手段として自分の力や評判をもとに他者に影響を与え、人的状況を操作しようとする欲求であり、ウィンターによれば勢力希求［Hope of Power］と勢力恐怖［Fear of Power］から構成されている。勢力希求とは、この動機における積極的な側面を指し、この動機が高い人間はリーダーシップをとるか、あるいは「社会的力の組織」の上に立つ立場を目指す。逆に勢力恐怖とは、他者から自分に向けられる潜在的な力、つまり弱さに対する怖れを指す。つまり動機の消極的な側面を意味し、これを持つ人間は他者からの操作に不安を感じ、自分の影響力が弱まることを心配する。この研究の最も有益な結果とは、権力への私的探求と社会的探求とを区別したことであろう。私的探求とは代償であり、社会的探求とは一般的かつ健全なパーソナリティ表現である。

ウィンターの調査では、権力動機の高い人間（リーダー）には、もし言いたい放題の結果罰を受けることになっても地位の高い人々に対して敵意を含む発言をする、公共の場に現れる、教師や政治家よりも心理学者などの職業につく、格式の高い品物やクレジットカードをもつ、格下の友人をもつ、ハイリスクをとる、競争色の強いスポーツやゲームを好むなどといった傾向が証明されている。

また、ウィンター（Winter, 1993, 2002）がジョージ・ワシントンからジョージ・W・ブッシュまでのアメリカの歴代大統領を対象に行った動機に関する研究によると、権力動機の強い政治家は、特権を強調し、他人の行動や感情に強い影響を与える言動をとり、交渉の場では攻撃的で、相手の弱みにつけ込むことが多く、交渉相手にとっては対抗心が強く、なかなか引き下がらないなどの特徴がある。また、責任感が強い場合はリーダーシップをとり、部下に対しても道徳的にふるまうが、そうでない場合は衝動的で不品行な行為に及ぶこともあるとされる。しかし政治家としてはカリスマ的な面を持ち、戦争や暴力と縁が深い反面、独特な外交政策を展開するなど、歴史的には偉大な人物と評される場合が多い。

同様に彼は、親和動機［Affiliation Motive］および達成動機［Achievement Motive］、政治行動についても調査、検証を行った。親和動機も社会的動機の一つであり、広義には他の人と一緒にいようとする欲求をさす。親和動機の強い人間には、自分が評価されるような場面では不安を感じやすく、異なる意見の人には反発しやすく、仕事の相手としては有能さよりも親しみやすさを重視する、また電話や手紙などコミュニケーションを頻繁に行うといった共通した行動が見られる。そして親和動機の現れとしては、「暖かみ」「友情」「統一」などの言葉を多用し、かつ安全な環境の下での協調性と親しみやすさ、危険な環境の下での防御性と敵意、といった行動的特徴が見られた。政治的な交渉の場においても、やはり自己の立場が安全な場合には友好的だが、そうでない場合には敵意を示し、交渉相手にとっては仲間のような態度と日和見的な態度の両方を使い分けるといった傾向がある。また、助けを求めるのは友人や自分と似たような立場にある人々に限られる。このような政治家は、往々にして平和主義者、軍備制限論者であるが、スキャンダルによるダメージを受けやすいといった特徴もあるという。

達成動機とは障害に打ち勝って力を発揮し、できるだけ迅速に、かつうまく困難なことをやり遂げようとする動機である。そして達成動機の強い人間の特徴として、⑴課題を選ぶときは困難度が中くらいのものを選び、持続性がある、⑵結果のフィードバックを求める、⑶失敗した場合は原因を自分の努力不足と考える、⑷親しい人間より有能な人間を仕事仲間に選ぶ、などを指摘した。達成動機の高さを示すものとしては「優秀」「革新」「行動の質」などの言葉を会話の際多用することが挙げられ、また、行動的特徴としては、ある程度のリスクは許容する、自分の行動のための情報を多用する、専門家からの助言を重視する、企業家的な成功を望み、目標達成のためには不誠実であることも違法な行動も辞さない、などが指摘されている。また、協力的で合理的な交渉を行うことができるものの、そのために様々な妥協を強いられるために、政治心理的には欲求不満と頑固さの繰り返しといった状態を示すという。

イレモンガー＝ベリントンのパエトーン・コンプレックス

ヒュー・ベリントン（Berrington, 1974）はルシール・イレモンガー（Iremonger, 1970）によるイギリスの首相に関する研究をさらに大規模に行った。イレモンガーは、スペンサー・パーシヴァル（一八〇九年就任）からネヴィル・チェンバレン（一九四〇年退任）までを分析することによって、これらの人々が民主政治のリーダーとして期待される社交性、集団性、柔軟性とはきわめて反対にあるという事実に驚いている。彼女によれば、典型的な首相は逆にパエトーン・コンプレックス［Phaeton Complex］、つまり野心、虚栄心、過敏さ、羞恥心、孤独、親密な関係への不快感などを併せもち、時折たいへん攻撃的になることすらある。迷信深く、マジックや超自然現象などにだまされやすい、心因性の病気にもかかりやすい、ほとんどの他人を見下すことでリラックスする、気分的に落ち込みやすい、などといった傾向がある。そして主観的には自分を全能と感じているとも考えられるという。こういう人間は、全面的に愛され、讃えられたいという野心をもとに行動しており、周期的に無謀な行動に出る。学校は嫌いでスポーツ、特に団体競技には嫌悪感を持っている。イレモンガー＝ベリントン・モデルでは、首相を不幸な人間と強調している。彼らのデータによると、首相は典型的なイギリス人よりも、子ども時代に少なくとも一人の親を失う経験を持ち、その喪失感が後の行為に影響していることが多いという。

フリドランダーとコーエンの代償的男性らしさ

サウル・フリドランダーとレイモンド・コーエン（Friedlander & Cohen, 1975）は国のリーダー一四人について、一九世紀から二〇世紀の国際関係におけるそのタフさの評価に基づいた人格的特徴を調べ、画期的な結果を得た。一一例のうち九例には、国際政治だけではなく国内政治においても、協調性より好戦性の傾向が明らかに見られた。権威に対する反抗、支配的な権力行使、暴言の使用の三つが共通するものとして挙げられ、また、妥協のなさと戦略的な抜け目のなさ、さらに羞恥心、不信、偏執狂に近い不安定さ、そして反対意見に対する不寛容さも存在した。フリドランダーとコーエンはこれらの特徴が代償としての男性らしさ［Compensatory Masculinity］の根源にあることを示すような示唆に富んだ証拠、例えば子ども時代に母親の強い支配下にあったこと、などを集め、権威主義者による養育が一二例のうち九例に見られ、権威主義的な人格であることが普通以上に戦争を好む性癖のもとになっているとした。

マズリッシュの革命的な苦行者タイプ

ブルース・マズリッシュ（Mazlish, 1976）は革命的な苦行者［Revolutionary Ascetic］という理論を提案した。この主題は古典的な心理分析から引いてきたもので、エリクソン的なアイデンティティの形成と合わせ、人間がいかに自分の現実の生活や経歴に含まれる力と折り合っていくかということにある。

革命的な苦行者とは、人間関係から愛情を引っ込めてしまい、そしてそれを自分が全面的に認めることのできる創造的な自我理想のヴィジョン［*ego-ideal vision*］へ動かそうとする男性のことである。生けるものに対しては冷たい敵意しかなく、同情も共感も抱かない。独立し、万能で超越さにおいて自分を神のごとく見なしている。残酷で自己管理ができており、自分の基本的な部分についてはマゾ的なまでに批判的である。自分の意志以外の人やものには頼らない。厳しい労働、奮闘を欲し、現代の自己愛パーソナリティ理論に基づく現象学に重なる部分もある。

スレイターによる男性のナルシズム

フィリップ・スレイター（Slater, 1968）は古代ギリシアについての研究から、最初に男性のナルシズム［Male Narcissism］についての理論とその政治的な意味合いを提示した。その後文化人類学のデータに基づいた仮説を検証し、男性のナルシズムと関係性の高い要素（例：幼児期の性的な欲求が低い、子どもの達成、自己満足に向けての要求が高い、一般的な性的抑制）、さらにナルシズムと種族別の好戦性との関係を示した（Slater, 1977）。スレイターのナルシズムについての測定は、(1)軽蔑に対する過敏さ、(2)富の不公平な表現、(3)軍事的な栄光を通じた特権の追求、(4)好戦性、(5)流血に対する飢餓感（例：受刑者に対する恒常的な拷問）、(6)自慢、(7)自己顕示欲が強い（個人的な勇敢さを示す）などを含む。また、幼少期における女性の支配がこういった症候群に影響し、男性的狂信主義とこの症候群には関係があるという主張もあり、女性からの支配に対する恐怖感、性的な抑圧、ナルシスト的な同性愛傾向もすべて原因として考えられるという証拠も挙げられた。

タッカーの戦争指向人格

一連のものの中で特に一九七七年の研究において、ロバート・タッカー（Tucker, 1977）は戦争指向人格［Warfare Personality］についての神経症理論を引き合いに出した。こういった人格は基本的に不安を抱えており、たった一人で孤独を、敵意のある世界の中で無力感を感じている。そして自分自身を完璧な、超人間的な存在だというイメージを自覚することで、不安の代償を探す。もしこうした理想のイメージを自分自身で持てた場合、次は自分が理想的な人間であることを他人（あるいは自分自身）に証明するための野心的なキャリアを築こうとする。タッカーによれば、このような人間は、必然的に挫折を経験する。そうなるとものすごい不安を感じ、自己嫌悪に陥る。そして現実社会が、とりわけ彼の理想とした自分像というものを確認せずに彼の自尊心を認めなかった場合、彼は自分の自尊心を回復するために復讐心に燃え、社会に傲慢な敵意を抱くようになる。このような敵意は、自分に対する不適格な評価への非難の表れとして、自分が不適格と思う他人に勝とうと思うことによって、いっそう強まる場合もある。タッカーは、このような人間は反対の立場の人々を刺激したいという無意識的な欲求があり、彼らに勝った後は改めてリーダーの立場を勝ち取ったと感じるとしている。

ホルスチのタイプB

オレ・ホルスチ（Holsti, 1977）は、リーダーのオペレーショナル・コード［Operational Code］（つまり、政治的な生活に対する調和ないしは葛藤、政治的な結果についての予測の可能性と制御の可能性などについての哲学的な信条、および目的の追求のための最善の方法とリスクの読みなどについての道具的信条［instrumental belief］）における信条体系の概念を進めた。その結果コードブックを拡大し、ボルシェヴィキと世界のリーダー一一人についてのオペレーショナル・コードを分析した。ある特別なタイプであるタイプB［Type B］（ボルシェヴィキ）においてはハードボール政治症候群といった要素が見られた。相手のゴールはかなり強く、自分たちの国土を破壊する側に立つように見える。敵の目標は自分たちの国家を破壊しようとする立場にあり、かなり力強く見える。敵は合理的で細かな作戦を持つように思える。これらタイプBの人々は、短期的には常に危険が存在する場合であっても、特に十分な能力や強い意志をもって戦争抑止を警戒していない場合、長期的には楽観的である。政治的な出来事はすべて、包括的には権力の追求戦略に深く関わっており、そこには戦略的なプラグマティズムがある。また、限定的なリスクのもとに大きな期待がある場合、力の行使にほとんど躊躇は見られない。

8　パーソナリティと信念

前述の通り政治的な「タイプ」とは、個人をいろいろな心理的特徴のまとまりに沿って分類することである。例えば権威主義的な「タイプ」を構成するほとんどの要素で高いレベルを示す人間は権威主義者といえ、同様にマック尺度の高い人間はマキアヴェリストであるといえる。しかし、政治的に純粋に何らかの「タイプ」である人間はほとんどいない。しかしこれらの「タイプ」理論によって、政治家（およびフォロワー）の心理的力学が理解しやすくなったわけで、それがこれら理論の重要性なのである。

本章で紹介したパーソナリティタイプには、すべてに重なる部分があり、経験則的にどこまでが異なる症候群なのかは明らかでない。同様にそれぞれの理論で強調されたタイプの特徴は、それらが基本としている理論、つまりフロイト（アドルノら、マズリッシュ、部分的にラズウェル）、マキアヴェリ（クリスティら）、コフート（自己愛理論）などによって、あるいは認識に基づくもの（ロキーチ、アイゼンク）か、経験則的なもの（バーバー、ウィンター）かによって異なる。重なる部分とそうでない部分があるということは、比較的な経験論的調査が行われる必要を示唆している。特に、すべてが合致するという説が一つもないということは、おそらく、以前からの理論で存在すると考えられた、高い地位への希求、孤独、男性中心主義、倫理観の悪化、男同士の権力者に対する怒りなどのパーソナリティの特徴が、後からの理論で否定された場合などが考えられる。

初めに記した通り、独断主義、権威主義、マキアヴェリズムといったパーソナリティ的特徴は、それなりのパーソナリティをもつ人間は、どんな場合でもそれなりの信念をもつということを示している。しかし、これに対抗する説もある。主観論などは同じ信念が誰にでもいつでも持たれ得ることなどあり得ないとしている。信念、すなわち認識とは力学的で時や状況に応じて変化するものだというのである。特定の行為を予測するために認識を査定するならば、特定の時間、状況に応じた「現象論的分野」における認識の及ぶ範囲について知らなくてはならない。だとすると政治心理学者にとっては個人が特定の場合にどう反応するかということを簡単に「法則」に基づいて論じたり、個人の政治的態度や行為について予測することも難しくなる。もし政治心理学者が、ある一つの状況に対する観察を行ったとしても、状況や時間の変化によって、観察の結果が異なってしまうかもしれないのだ。

第4章　集団同一視、集団間の敵意と政治的行為

1　集団とその政治的意味合い

前章では個人の行動を中心に取り扱ったが、本章では個人よりもむしろ複数の個人の関わりによってつくられている社会的な組織や集団の政治アクターとしての行動を検証する。この章でいう集団とは単なる人の集合というだけではなく、むしろそこにはメンバーの相互依存の関係が存在し、さらに共通の目標に向かっているという連帯感があり、特有の規範と役割分担などで明らかな特徴をもつものを指す。集団はメンバーの数や親密度、連帯感などを基準とし、大集団と小集団、内集団［in-group］と外集団［out-group］、公式集団と非公式集団など、各種の分類がなされている。

集団と政治

政治心理学では、集団のメンバーであること［group membership］が政治的行為や態度に与える影響について古くから関心が持たれてきた。集団間の関係［inter-group relations］についての研究は、過去五〇年にわたって政治的行為の主要なテーマであったが、社会状況によって調査対象が異なっていた。政治的行為の研究者がまず着目したのは政治的結束［political cohesion］、つまり宗教や職業、人種などを同じくする集団が、なぜ投票志向や政治的信条を分かち合うのかということで（Campbell et al., 1960）、この関心はアメリカや他国でも見られる伝統的な民族や宗教、職業集団における政治的な画一性についての考察につながった。ナチス・ドイツによるユダヤ人の大虐殺は

集団の結束を超えた集団現象についての関心を喚起し、偏見と集団間の葛藤［inter-group conflict］に関する研究を拡大した（Allport, 1954）。

その後一九七〇年代の中頃から八〇年代の初期にかけては、人権、女性問題や反戦運動などの体制に対抗する社会運動が勃興するにつれ、政治的行為や社会心理学双方の分野で政治的結束や葛藤についての注目が再燃した。この時期は特に「アイデンティティ・ポリティクス」［Identity Politics］という概念が中心となり、不当な扱いを分かち合って、政治活動を行う特定集団、たとえばフェミニズム、黒人人権運動、同性愛者の解放、ネイティヴ・アメリカンの運動を象徴したが、これは単にイデオロギーや政党とのつながりをもつ［party affiliation］よりも、概して社会の隅に追いやられた特定の人々の解放に関わるものであった。こういった人々は上から押しつけられた固定観念、抹殺、暴力、搾取、疎外、あるいは女性、同性愛者、あるいはネイティヴ・アメリカンとして、彼らに認められていない集団同一視［group identification］に対して挑戦し、より大きな集団自決への道を求めることについて広く理解を主張し、訴えた（Young, 1990）。また東ヨーロッパにおける共産主義の終焉、あるいは民族自立運動の勃興と分裂は、政治学と社会心理学分野における最近一〇年間の集団間の研究続行に拍車をかけ（Duckitt, 1992）、こういった研究は、新しい国家が生まれ、より多くの国々や集団が自立を勝ち得て民主主義的な組織をつくり出すごとに今もなお続いている。

集団の構築

集団も社会的分類も自然に発生したものではなく、社会的に構築され、人間の認識的行為をもとにつくられている。社会的カテゴリー［Social Categorization］は、つまり個人を知覚によって分類して特定のカテゴリーや集団へ分け入れることで、これは社会的環境を単純化、構造化、意味づけする認識過程の基本となる。これがいかなる場合においても集団間の行為の前提条件であり、例えば長らく集団間での葛藤や敵意のもとと考えられていた（Allport, 1954 ; Tajfel & Turner, 1979）。他者を個人としてではなく集団や何らかの分類に位置づけることは、いろいろな状況で急速に自動的に広まる。これは集団の受け取り方についての姿勢や情報処理、行為、ナショナリズム［nationalism］、つまり民族的価値を称揚する思想的傾向と態度の体系やショーヴィニズム（あるいは排他主義［Chauvinism］）、つまり盲目的愛国心やそれが転じた強硬な対外的態度などの政治的概念などに多大な影響力を持つ。

しかし、ほとんどの集団に政治的な意味合いがないことには着目すべきだろう。集団に所属することで、自動的に共通の政治的あるいは社会的な見地や行動がつくり出されるわけではなく、実際の集団としての政治的活動や結束の発生理由には、単に集団に所属すること以上のものが必要となる。にもかかわらず多くの集団では、所属することが共通の政治的思考や信条をつくり出すし、それは結果として、たとえば投票選択の際のジェンダー・ギャップなどを生む。特定の政治的選好は女性運動、テロリスト集団や民族運動、国家主義的な運動にも見られるが、一般的にこういった選好はすべて他集団への態度や集団間での葛藤や敵意を含めたこれらの集団の活動のもとになっている（Duckitt, 1992; Staub, 1989）。一方多くの場合は集団間の協調や協力によって、そのメンバーであることが葛藤を軽減する。

集団、あるいは集団のメンバーであることと政治的行為との関連が本章の中心となる。以下、政治的結束や政治的な方向性と態度、偏見、自民族中心主義といった他の政治的概念などを、集団間での同一視や集団の葛藤と絡めて検証していくが、まず集団間での同一視と政治的結束について見ていこう。

2　アイデンティティ、集団への同一視と政治的結束

アイデンティティとは

アイデンティティ（同一視）という概念は、政治心理学の分野において民族性や文化、階層、人種、ジェンダー、国籍といった社会的な分類を示す共通のものとして最も一般的に用いられてきた。集合的なアイデンティティ［collective identity］においてはアイデンティティの形成が強調され、いろいろなカテゴリーの人々がいかに集合的なアイデンティティの感覚を分かち合うようになって集団行動へ到達するかということが、たとえばマルキシズム理論をはじめ、政治文化理論や現代フェミニズム、同様に今日の合理的選択理論など、いろいろな方法で解説されている。そこでは共通して、自我の構築はほとんどの人間が通過する社会的過程と見なされ、自我同一視［self-identity］、つまり自分は何者で何をなすべきか、という個人の中に保持される概念は、主に人間が普遍的に持つものとされるようになった。この考え方の中心となったのがジョージ・ミード（Mead, 1934）の象徴的な相互作用［symbolic interactionism］の伝統の発達とアイデンティフィケーションの心理分析理論に関する著作であった。ベルリンの壁崩壊（一九八九年）以降のヨーロッパにおける集合的アイデンティティに関する分析については後述する。

アイデンティティに関連する概念として、集団同一視というものがあるが、これは主観的なメンバーシップの感覚とともに集団の一員であることと自己概念（[self concept]自分の行動や態度についてどう考え、感じるかなどについての一貫した認知）とが合体した社会的アイデンティティとも関係がある。社会的アイデンティティとは、個人の「社会的集団における自分のメンバーシップに対する知識やメンバーシップの両方につながる価値や感情の重要性」である（Tajfel, 1981：255）。言い換えれば、「個人の集団における客観的なメンバーシップの自己認識、および集団

に対する心理的な愛着の感覚」となる（Conover, 1984：761）。これはまた集団の結束（あるいは集団の凝集性）という、「集団のメンバーが所属していようとする欲求の程度」と定義づけられた別の概念にも関連してくる（Cartwright, 1968：91）。

集団への忠誠心、および結束を含む政治的態度の発生と発達に関連する要素は何であろうか。まず集団を基本とした凝集性の発達については主に三つの理論があげられる（Brewer & Brown, 1998）、つまり⑴自己カテゴリー化理論、⑵社会的優位理論、と⑶社会的アイデンティティ理論である。

自己カテゴリー化理論

第一が、集団凝集性の発達における自己カテゴリー化［Self-Categorization］の役割を強調した認識的アプローチである［Turner, 1985；Turner et al., 1987］。自己カテゴリー化理論［Self-Categorization Theory：ＳＣＴ］とは、簡単に言うと、人間は自分を一人の人間と思う時もあれば集団の一員と考える時もあり、これら二つは自己表現として等しい価値を持つ、と仮定したものである。つまり人間の社会的アイデンティティ（自分をその一員と考えている集団、例えば日本人、女性、京都市民など）は、個人的なアイデンティティ（自分独自の存在感、例えば学生、主婦、政治家などとしての感覚）と同様に、自己にとっての正統な基盤となるもので、また自分たちを個人的・社会的双方のレベルから自己定義［self-definition］することには順応性と機能性がある。つまり、もし人間が自分自身を「男性」もしくは「女性」といった集団の一員と認識すると、場合によっては自分自身を独特な個人としては見なくなるということだ。この理論によって、アイデンティティのレベルは個人と社会の二つだけではなく、それ以上存在する可能性が示された。この自己認識に対する順応性のある変化がこの理論の基盤となったのである。

自己カテゴリー化理論とは、個人が独特な人間として行動するのは自分の個人的なアイデンティティを示すためである一方、特定の集団の一員として行動するのは多くの集合的なアイデンティティを示すためで、どちらになるかは一連の状況によって変化するというものだ（Turner, 1985）。この理論によれば、人間は社会的なカテゴリーにアイデンティティを感じれば感じるほどそのカテゴリーを自己定義のために用いるようになる。集団に対する同一視によって、人間は集団のメンバーとして活動しようと思う。もちろんこれはアイデンティティの強さの主張であり、強いアイデンティティがあれば個人は集団の分身として行動し、集団での政治行動に参加しやすくなる。例えば他の女性とのアイデンティティを強める女性が多ければ、女性運動への参加はいっそう魅力的なものとなるし、また同性愛者が他の同類とアイデンティティをもてばそういった運動に参加する可能性がいっそう高まる。こういう集団の分身としての活動の機会に加え、集団での政治行動は運動の目的、運動する人々、運動を行う機関、運動のリーダーをアイデンティファイする機会でもある。

社会的優位理論　第二は、社会的優位理論［Social Dominance Theory：ＳＤＴ］に代表される現実的な関心からのアプローチである。社会的優位理論とは、集団を基本にした偏見や抑圧の原因解明を試みた統合的な枠組みである（Pratto et al., 1994；Sidanius & Pratto, 1999）。この理論によれば、複雑な構造をもつ社会はすべて、集団に基づいた階級の存在によって特徴づけられており、そこでは少なくとも一つの集団が他集団よりも優位に立って周りの評価を不均衡に享受しており、やはり少なくとも一つの集団がそれに準ずる地位を占めている。優位に立つ集団は物質的、あるいは欲望の象徴たるものを不平等な形で所有、操作するという特徴をもつ。集団の葛藤や抑圧などの形態である人種差別や性差別などのほとんどが、人間のこういった社会的階層に対する示威的傾向なのである。

社会的優位理論によると、集団を基本とする体制には年齢システム、性別システム、および「空セット」［empty-set］システム、という三つの形態がある。「空セット」システムとは、状況的・歴史的要因に基づいてたまたま生じた任意的な社会集団、例えば人種、民族、あるいは社会階層に基づいた集団である。社会的優位理論では、心理学、社会学、政治学などの要素をまとめて心理学的、集団間、組織的な過程が互いにどう作用してこういった階層的社会構造を生み、維持していくのかを解明している。

この理論の経験論的な貢献は、社会優位の方向性［Social Dominance Orientation：ＳＤＯ］という、「人間はどれほど集団をもとにした階層や、『より優れた』集団による『より劣った』集団の支配を望み、それを支持するか」(Sidanius & Pratto, 1999：48) と定義される思考を生み出した。この理論は、例えば男性と女性の家庭内と職場における性的役割が、政治的状況や戦時下、民族的抑圧、人種差別、性的な不平等などの、家のうちそとにおける男性の主導にどのようにつながっているかなどを検証している。かなりの数の経験論的な調査によって、人間が不平等さを推し進めるか弱めるかという認識の受け入れについては、社会優位の方向性が最も重要な説明要因であろうことが示されている。これらの動機が集団をもとにした不平等さを正当化する特定の信条や態度、あるいは価値観の受け入れに影響する。この裏づけとして、集団に基づく支配と階級におけるそれぞれのイデオロギーと政治的信条を予見する際、社会優位の方向性は信頼性の高い尺度とされてきた。例えば社会優位の方向性の値が高いとそれだけ偏見も強く保守的で好戦的、愛国的である。低い場合は女性や同性愛者の権利、一般的な社会政策に好感的である (Sidanius & Pratto, 1999)。

社会優位の方向性の中心となる思考は、集団を基本とする支配を正当化し、支配集団とその付随集団の生活上の地位が相応なもので、そのため世の中が正当かつ公平だと信じ、それに満足しているために心理的にも有効なのである。ある集団の評価と他集団の相対的に不利な状況を正統化するために最も効果的なのは、不利な集団のメンバーのもつネガティヴな特徴をあげつらうことであろう。そうなると、こういった集団が社会的、経済的、政治的にも主導はできないということが合法化される。北アメリカ、ヨーロッパ、アジア、アフリカにおける差別の研究では、組織的な人種差別は居住地域の差別や少数派集団の男性に対する長期にわたる収監などの形をとって世界中の文化に見られる。また人種差別は，支配者側に潜在的な脅威，競合相手と見なされる非主流派の男性に向けてはより厳しい。加えてどんな集団においても女性に対する差別はその社会に特有の形をとり，それは傷つけて破壊するというよりも，支配しようとする欲求に基づくことが多い（Pratto & Sidanius, 1999）。

社会的アイデンティティ理論

第三は，社会的アイデンティティ理論［Social Identity Theory：SIT］に代表される象徴的なアプローチである（Tajfel & Turner, 1979）。社会的アイデンティティ理論では，集団内での過程と集団間の関係を強調，かつ個人が自分たちの社会的，個人的なアイデンティティをもとに自らを感じとり，カテゴリー化する方法に焦点を当てたものだ。この理論はアイデンティティが集団のメンバーであることをもとに形成されるのが基本的な前提となっており，アイデンティティはまた，特定の集団のメンバーであることに付随する価値観と感情の機能でもある。さらに個人は肯定的な社会的アイデンティティを維持しようと努めるが，それはもともと集団のメンバーとそうでない人間とのどちらが好きかを比較することから発生する。

社会的アイデンティティ理論では，個人が一つの「個人的自我」［personal self］をもつことはなく，むしろ集団のメンバーとしての拡大領域において複数の自我をもつことになる。異なる社会的状況をもつことが人間にとって自分を個人，家族，国家という「自我のレベル」をもとにした思考，感情，行動を行うきっかけとなる。「自我のレベル」は別にしても，個人は多様な「社会的アイデンティティ」をもつ。社会的アイデンティティとは，ある社会集団のメンバーだと自覚することから生じる自己概念であり（Hogg & Vaughan, 2002），社会的アイデンティティ理論では，集団のメンバーである自覚が集団内での自己カテゴリー化とそこへの帰属感を強化し，その結果人間は集団への所属を好み，また外れることを損失と感じるようになる。つまりこれによれば，個人が集団に所属するとその集団を他のどれよりも優れたものと感じるようになり，自分に対するイメージも強化するようになる（Turner & Tajfel, 1979）。

社会的アイデンティティ理論には、カテゴリー化［Categorization］、同一化［Identification］、比較［Comparison］という三つの基本的な考え方があり、その頭文字をとってCIC理論と呼ばれることもある。まずカテゴリー化だが、人々は何かの対象を理解するために分類を行う。同様に人間についても理解し、社会的環境との関連をわかりやすくするための分類（黒人、白人、中国人、キリスト教徒、学生、そこには自分たち自身も含まれる）を行う。したがって社会的カテゴリー化とは「個人がその社会的な場所をつくりやすくし、定義づけるための方向性としての制度」といえる（Tajfel, 1981：255）。もしある人々に何らかのカテゴリー化をすると、それによってそういう人々についてのことがわかることになる。例えば大学で学ぶ人間を学生というカテゴリーにすると、その人間については大学というものに絡めて考えることになる。同様に自分自身についても、自分がどういったカテゴリーに属するかで自分分を見出すことになる。人間は自分の行動が適正かどうかを所属する集団の規範を参考に決めるが、それはその集団に属していることが明らかな場合に限られる。人間がいろいろな異なる集団（女性、学生、日本人）への所属が可能であることを念頭におけば、その個人は各集団における社会的アイデンティティを持つことになろう。つまり人間はいつでも特定の集団における相互関係をもとに自分の社会的アイデンティティを決定するのだ。

社会的カテゴリー化によって分類の内部における類似点や他の分類との相違点などが強調され、これが固定観念（ステレオタイピング：後述）のもとになる。人間が自分をある集団の中にカテゴリー化すると、集団内での類似性、あるいはその集団と他集団との相違点を実際以上に大げさに考えることは多くの研究によって示されている（Wilder, 1990）。また、人間がある集団に属する、あるいは属さないという考えには、往々にして集団内のメンバーが他集団を自分たちの集団より単純で変化や個性に乏しいというものが含まれる（Judd & Park, 1988）。

次いで重要なのは同一化、自我同一性（アイデンティフィケーション）である。人間は自分が属していると感じる集団に対して自我の同一性を認めるのだ。同一性には二つの意味がある。一つは自分が何なのかということを、集団の一員であることから認識する。つまり、人は時によって自分自身を「我々」対「彼ら」、あるいは「私」対「彼／彼女」という形で考えるのだ。言い換えれば個人は、ある時は自分自身を集団の一員として考え、またある時には独特の個人として捉えるといえる。どちらになるかは状況によって異なるわけだが、ということは、環境次第で人々は多かれ少なかれ集団のメンバーであり得るということになる。自分自身を集団の一員として考えるか、あるいは独特な個人として考えるかということが、自己概念の表と裏を成しているということが重要なのだ。前者は社会的アイデンティティ［social identity］、後者は個人的アイデンティティ［personal identity］と称される。社会的アイデンティティ理論においては、集団のメンバーであることは全くなじまない、押しつけられたものではなく、人間にとって真実の、本物の、重要な部分であるとされている。重要なのは、所属する集団（いわゆる内集団）とはそこに同一性を認めるということであり、所属しない集団（いわゆる外集団）とはそこに同一性を認めない、ということなのだ。

同一性におけるもう一つの意味は、人間は他者ともある程度似ているか、全く同じだということである。誤解してならないのは、我々がみな同じだという場合、それは何らかの目的のもとに関連する範囲で集団内のメンバーが類似しているという意味にしかすぎないということだ。

そして社会的アイデンティティ理論の最後はフェスティンガー（Festinger, 1954）の社会的比較理論［Social Comparison Theory］であり、これは人間が自分自身を自分と似た、あるいはわずかに優れた他人につなげて考えようとすることについてのもので、肯定的な自己概念が普通の心理的な機能の一部であるということに基づいている。人間が世の中を効果的に生きるためには、まず自分に肯定的な考えが必要だというのがいい証拠である。社会的な比較とは自分自身の評価に際して似たような他人を比較対象とするというものだ。個人は自分を内集団の人々と比較することで自尊を高めることができ、優れた集団の一員であるという自覚によって自分を肯定的に見ることができる。ではその集団はなぜ優れているとされるのか。それは集団のメンバーが、自分たちの集団を肯定的に定義して自分たちを肯定的に見なすために暗に他集団と比較するからである。つまり、人間は自分たちの集団を他集団よりも肯定的に比較しようとする、ということである（Turner et. al., 1987；Wilder, 1990）。

ここにはさらに二つの考えが含まれる。まずは肯定的に違いを明らかにすること、つまり自分の集団を似たような（ただし劣った）他集団よりも相対的に優れていると見なすことであり、次は否定的な違いを明らかにすること、つまり他集団との違いを最小のものとし、自分の集団も好ましいと考えようとすることである。これら二つの行為の過程は社会的創造［social creativity］という概念に含まれる。集団は自分たちにとって最大限に肯定的な次元を選択し、例えばある特定の次元において優位を自覚する集団は比較の根底にその次元を選ぶ。より下位にある集団は、そういった差が最小となるような次元か全く新しい次元を選択する。例えば中東のイスラム国家の人々は、自分たちの国を経済、工業技術の面では欧米諸国に劣るものの、道徳的には勝ると考えているであろう。

まとめると、社会的アイデンティティ理論では、個人は社会集団もしくはそのメンバーであることによって、自分の個人的、あるいは集合的なアイデンティティを維持し、肯定的に見ていることになる。社会的アイデンティフィケーションは広く、力強いという効果がある。調査によれば、社会的アイデンティティをもつ人々は、⑴自分たちに類似性を感じ、⑵より協力的になり、⑶集団意見に賛同する必要性をより強く感じ、⑷内集団の意見を優れたものと考える、⑸行為や態度について同調する、ことなどがわかっている（Abrams et al., 1990；Mackie et al., 1992；Wilder, 1990）。

3　政治的行為と集団同一視

前記の三種のアプローチでは、集団のメンバーどうしの共通性における明らかな相違点、外集団との抗争を重視した立場の相違点、内集団でもメンバーによって取り上げる問題が違うことの重要性について論じている。認識的なアプローチでは、重要な集団のいずれもにおけるメンバーの凝集性を予測し、現実的な関心に基づくアプローチでは、共通の運命を分かち合う集団のメンバーの凝集性には限界があるとし、社会的アイデンティティ理論では、人種、宗教、女性、同性愛者など、優位な集団に昇進したり所属したりすることが容易にはできないような、否定されがちな集団の凝集性を指摘している。

集団とアイデンティティ

既に解説したような集団同一視は政治的結束や行動との関連がある。それは同時に集団のメンバーであるという共通認識をもつことでもあり、そこにはイメージ、ライフスタイルの選択、経済的収入や支出、雇用などの共通の関心、価値観や信条が含まれ、それらは彼らが守り、敬うべきものとも関連している。アメリカにおいて一九四〇年代と五〇年代に行われた投票行動についての研究では、それぞれのアイデンティティの強さは別にしても、集団での近似性を重視していたユダヤ人、組合の指導者、黒人（アフロ・アメリカン）などの人々は、民主党を支持していたという証拠が示されている（Campbell et al., 1960）。

その後の調査でも、主体的な集団同一視はアイデンティティの強さとは別に政治的な結束をつくり出すことがわかっている。集団同一視の強い人間は特に、自分たちの集団に有利な政策を支持するようになる。例えば自らの人種に同一視をもつアフロ・アメリカンは、少数派優遇政策や少数派に対する政府の援助などの人種問題を自分の集団に優位なものと解釈しようとする傾向にある。そしてさらに自分の人種を強く意識しているアフロ・アメリカンは、食糧の供給や政府に保証された労働などの社会福祉に向けた政府支出を強く支持する。しかし、アフロ・アメリカンの人種的同一視に基づく関心は、人種問題以外にはそれほど広がらない（Tate, 1993）。強力な集団結束はメンバーの政治活動や見地だけでなく、集団間の関係にも影響を及ぼし、強い集団同一視をもつ人間は内集団に肯定的な態度をより強く示し、外集団に対しては最も否定的な態度を示す（Jackson & Smith, 1999）。

アイデンティフィケーションは、広い意味において国家などのより大きな集団において効果を示す。前述のように、個人は社会集団もしくはそのメンバーであることによって、自分の個人的・集合的なアイデンティティを維持し、それを肯定視することが可能とされる。しかし国家のような大きな集合に対するアイデンティティは、必ずしも個人のアイデンティティとは一致しない場合もある。以下、歴史的な流れの力が異なる国々に住む人々のアイデンティティ、特に内集団と外集団に関するものに与えた影響について、共産主義崩壊時の東欧（ハンガリー、チェコ・スロヴァキア、ポーランド、東ドイツ）を例として挙げておこう。

東欧の「宿命的な分裂病」

東欧における個人的・集合的アイデンティティを検証するにあたり、まずソヴィエト共産主義の支配が個人と集団の精神構造に与えた影響を探ることが不可避である。次いでそれらの精神構造が一九八九年の民主化運動、例えばポーランドの『連帯』[*Solidarity*]、『社会自衛委員会』[KOR]、東ドイツの『新フォーラム』[*Neues Forum*]、ハンガリーの『民主フォーラム』[*Civic Forum*] によって受けた影響をたどってみる。最後に一九八九年の民主化革命の成功によって、民主化以前の精神構造が新しい政治的現実にどのように反応したかを見る。これらは東欧における新しい精神構造の表す性質や、以降の政治的発展にどう影響したかということについての考察となり得るであろう。

ヴァクラヴ・ハヴェル（Havel, 1990）は東欧に関し、この地域が「宿命的分裂病」に苛まれている、と分析した。この「分裂病」とは、個人が個人として機能しなくなる状態までに二分され、その分裂した自己それぞれが感情的な素因と目的とを含んだ状態を意味している。

ハヴェルは第一の自己を「偽りの自己」［False Self］と呼んだ。この言葉はドナルド・ウィニコット（Winnicott, 1971）が創ったもので、「非現実」「従順さ」「自閉」「まやかし」といった経験に基づく。これは人間がまるで自分が「死んでいるような」生活を送っていると感じる時にその人間を支配しているものであり、遊び、自発的行動、創造的行為などを不可能にする。ハヴェルはこの「偽りの自己」を「仮面」になぞらえ、その行動パターンが「他から支配されているようで不自然」であることを指摘した。

またハヴェルは、それに対する「真の自己」［True Self］についても言及したが、これはウィニコットによると個人の自己の中核に位置し、創造性や遊びをつかさどる部分から発生するものだという。個人が本来の自分でありつつ、本当の真実、完全な生命を感じ、心身ともに自分自身そのものであることを経験すると、その人間は「自由と独立を感じて」いる。ハヴェルも、「真の自己」だけが本物であり、他人との協調の中で自発的な行動をとらせ得るとし、そしてこの「真の自己」こそが本当に生きていることを感じられる「真実の生」であるとした。

さらにハヴェルは、真と偽りの自己という二分法は、三つの際立ったレベル、すなわち⑴国家―国際、⑵市民社会―政府、⑶精神内部［*intrapsychically*］の三段階において作用するとしている。

地域全体としてみても東欧の各国家は歴史的に他国の力によって占領され、外からの規範を押しつけられてきた。一国家の利益は全般的に「国際」の名の下、つまりソヴィエト共産主義の目標のために犠牲にされ、ポーランド、ハンガリー、チェコ・スロヴァキアのような悲劇が再三繰り返され、「ロシア化」されてきたのである。ポーランド語、ドイツ語、チェコ語はもはや自国の言葉ではなくなり、外からの力に屈した国家は「真の自己」を守ることはできない。言い換えれば、東欧の人々は自国にいながら常によそ者という感じを抱き続けてきたわけで、彼らはもはや自分のものではない「偽り」の家で生活していたのである。東欧各国、つまりこの地域一帯は、世界に対する外向きの顔も自国民に対する内向きの顔もその歴史的な基盤を偽ったもの、すなわち「仮面」で覆ってきたのである。

東欧各国は国内的に政府と市民社会の二つに分けられ、市民社会は、経済や美的感覚、倫理観、性別、親族関係、性的生活などの規範、行動パターン、また政治的な面を排した生活における様々な意味の体系などを意味し、同時にいろいろな面から個人の自己を規定していた。政府が公的で「偽りの自己」を表すのに対し、市民社会は「真の自己」に近いものを表していたといえる（Battek, 1985）。自由化運動の中では頻繁に「我々」と「彼ら」との対決が叫ばれていたが、それは自主的に組織された自律的な社会生活と政党との対決、究極的には真実と虚偽との対決だったのである（Havel, 1985）。

理論的にも現実的にもソヴィエト共産党に牛耳られた政府は人民の政府だった。人々が自分達の本当の意志を理解できないため、政党が人民の代わりに意思表明を行ったのである。ソヴィエトの形式的な論考とは、インテリの政治エリート層が人民の代表として国民の多数派のため最善の決定をすることであり、伝統的なソヴィエトのイデオロギーによると、発展した社会主義は短期間で合理的、有益かつ新鮮な思想を刺激し、新しい基本的な共産主義者達を生み出すというものだったからである。

結果としてソヴィエト共産党の支配は、公的な生活と私的な生活、公式な活動と非公式な活動という二分化、および国家的な事物に対する消極性と家族や国家が関わらない環境における活気という対比を生み出した。このような生活における明らかな分裂は、作為的な政治支配、強制された社会の変質と付加的な社会規範の再編成という脈絡においてのみ理解が可能となる（Kolankiewicz & Lewis, 1988）。

こうした環境では、個人をもとにした他の欧米社会にあるような公私の融合した確固たる自我を形成することはできない。人格は公的な面と私的な面とにくっきりと分かれ、固定した分裂状態が人々の人格を蝕んだ。この分裂状態は公的状況にも反映され、二枚舌のコミュニケーションが当然となり、経済計画、政党のスローガンや式典などはすべて党組織の統制のもとにあった。「実存する社会主義」は幻影としてしか現れなかったのである。

もう一つの「ベルリンの壁」　一九八九年に始まった新しい社会運動が東欧諸国の市民の間に広まるにつれ、運動そのものの内容、理想、リーダーシップへの価値観は変化し、もはやこの運動は社会主義独裁政党、とりわけ社会主義的なアイデンティティとの対話を探ろうとはしなくなった。東欧における一九八九年の市民運動（連帯、社会自衛委員会、新フォーラム、民主フォーラム）は、市民社会を悪い状態から救い出し、再建し、再構成することを求めた。この運動が「公的、組織的生活」の侵蝕と抑圧から守ろうとしたものは、市民社会における「習慣、言語、精神、人格、気質」であった。

「真の自己」が存在したのは唯一、市民社会のもとにおいてであり、下からの社会組織を通じ、「真の自己」は自分自身を保護し、政府の威圧的な力に対する市民社会の一義性を重ねて主張し、社会化は家族の中で世代から世代へと受け継がれ、共産党政府の目からは隠れたところで行われてきた。市民社会、つまり下からの社会組織は、どこでも共通に政府のイデオロギーに対抗して自国への歴史的理解を維持し、真実はこれらの組織や家庭内での密かな社会を通じて維持され続けてきたのである。このレベルにおいて人生は意味あるもので、「真実」かつ「本物」として経験されてきた。一九八九年の市民の自由化運動は東欧における「真の自己」の政治的宣言とも言えるものであった。ソヴィエト共産党の支配が市民社会と政府との亀裂を強制したにもかかわらず、市民社会が正常に機能しない偽りの自己と政府を放棄し、新しいものを組織するという状況が生じたわけで、言い換えれば新たな心理構造が正攻法で政治的な変化をつくり出したのである。

しかしハヴェル（Havel, 1985 : 37-38）は、この市民社会と政府との軋轢も「まさにアイデンティティという概念に対する挑戦」でもあると指摘した。なぜならば「ベルリンの壁」に隔てられた精神構造とは、「事実上、各個人は誰しもがある面で犠牲者であり、また別の面では体制の支持者でもあった」ものだからである。

おそらく東欧市民の心理的な亀裂は、実際に政治に深く関わった人々ほど明らかで深いものだったという議論もあり得た。逆に言えば政治活動にさほど関わりを持たなければそれだけ人々は自己の亀裂を経験しなかったかもしれない。この亀裂はいくつかの重要な意味をもつ。まず個人はどんなものであれ私的生活の場を自分の「真の自己」を保護するために使おうと別に取りおいていたため、ほとんど完全に公的生活から退いていたということは重要である。こうした個人の公的生活からの離脱は疑いなくソヴィエト共産主義支配の抑圧によるものであり、選択の余地のない、恐怖に満ちた生活に対する反動として起こった。しかし、この離脱は期せずして表向きの偽りの自己の陰に「真の自己」を隠し、それを保護し得たという、利益をもたらした。公の場での「適切な」ふるまいは偽りの自己が「侵略的環境」から「真の自己」を守る盾となり、よって「真の自己」はひっそりと静かに生き続けられたのである。

崩壊以前のベルリンの壁

巨大な外部からの圧力により、友人と雑談の電話もできず、娯楽の選択も限られ、自発的な行動は一切不可能であったが、一方ではこのように二分された生活や「真の自己」を他人と露呈し合うことにより、人々の間で自分のアイデンティティを守れるような親密さがいっそう強まった。この親密さは外的力に対抗する避難所となり、それはまるで外部の現実が死に絶えていることに対する、個人の存在を守る代償のようであった。

欧米では、ある人間が「真の自己」に従って他人と生活していくということが、必ずしも政治的な行動や声明として見られるわけではない。しかしソヴィエト共産主義支配は個人的な生活を否定し、放任に対する欲求は必然的に強硬な政治的声明と象徴的な体制への反抗となって現れた。心理的な欲求が政治化されたのである。

移民と人種差別

共産党の統治は、個人的な生活を抑圧することによって東欧社会を徹底的に粉砕したが、一九八九年の社会運動は、個人感覚への回帰と個人と集団双方の行動が現実化する予兆であった。これはある意味で、個人のアイデンティティと集団へのアイデンティティが一致したともいえる。人々が自らの精神内で増殖する葛藤を表現しようとし始めたのはごく自然な成り行きであった。なぜなら彼らは突然選択の幅が広がったことについて行けず、基本的に自分自身が何者なのか確信できていなかったからである。ソヴィエト共産党支配時代の自己の分裂が解消されたせいで、個人は古い分裂したアイデンティティを捨て去り、以前の二分された自己から脱しようとしていたがそれができず、アイデンティティの危機を経験することになった。心理的な「ベルリンの壁」は未だに倒れず、もし倒れたとしても新たに身にまとうべきアイデンティティがなかったのである。

このような不確定な状態の中では、個人は自己を拒否と抑圧でしか保護できず、それは心理的には個人にも社会にも有効ではなかった。以前ならば検閲に押さえ込まれていた緊張が野放しの状態で爆発することになり、怒りは元共産主義者や秘密警察、共産党への同調者のみならず社会にも同様に向けられ、ヨーロッパは不安定な時代へと突入し、この中に歴史家も社会学者も確実に危機の火種を見ることになった。一般的に旧西ドイツのような国々は、豊かで寛容で堅固なまでに民主主義的であるというように考えられていたが、にもかかわらず、不幸なことに今日見られる証拠はすべてそれに反するものばかりである。それは新しい環境で生まれた集団どうしの互いのアイデンティティの認識によって生まれた摩擦であるといえる。

ヨーロッパの西から東を覆った一つの終焉の中で、フランスから元社会主義諸国においてまで、国家主義の勃興やあからさまな反ユダヤ主義の再燃、不寛容さ、ネオ・ナチ、暴力などが助長されており、トルコや北アフリカからの亡命希望者の拒否も頻繁に起こっている。これは、既に述べた内集団の外集団に対する典型的な否定的態度を示している。東ドイツは貧窮化し、不寛容で非民主的であるともいわれていたが、それは抑圧とイデオロギー的な条件づけの産物であった。ほとんどの東ドイツ人は民主主義の記憶をもたないので、権威に対しより敬意を払い、より融通が利かなく、個人個人の違いをより受容できにくくなった。ポーランド人に対する東ドイツ人の悪意の増大などもその一部である。チェコ・スロヴァキアではこのような緊張がスロヴァキア人の民族主義やカトリシズムの教条主義の高まりとして現れ、結局チェコとスロヴァキアは国家として分離した。東欧全体を通じて反ユダヤ主義が再燃し、ポーランドでは犯罪が今や重要な問題となり、フランス市民ですら犯罪の恐怖を知りつつある。

実際、ネオ・ナチや他の右翼集団のメッセージには、移民パターンの変化、失業と犯罪の増大、共産主義の瓦解がすべて集約されている。移民と人種差別という現象に特別な相関が見られるようにもなった。前者は経済と人口学的な範疇に属するもので、後者は社会行動とイデオロギーの分野に入る。つまり、現代の移民のパターンは必ずしも人種差別をつくり出してはいないが、今日的な人種差別の中心的な原因となっているということである。例えばヨーロッパでは、反移民・人種差別は何よりもまず、出稼ぎ労働者およびその家族や子ども達に向けられている。ドイツは政治的な迫害を被っている人間の亡命には寛容であったが、それも変わりつつある。それは近年流入した一〇〇万人以上の移民や亡命希望者に対するドイツ人の不満の高まりや、ある地域において極左政党が国政選挙においで意外にもかなりの強さを示したことを追った現象といえる。

これは多くの西欧諸国を揺さぶり、フランスやオーストリア、スイス、ベルギー、イタリアなどにおいても右翼の活動の再燃を助長した。東欧における共産主義の崩壊、国境の緩和、そして何よりも富への誘惑は大量の新たな移民の波をつくり出し、一九九〇年代初頭は二六万人近い人々がドイツへの政治亡命を求めた。こうした亡命希望者の処理には何年もかかり、その間彼らは地域の費用で生活の面倒をまかなわれるのだ。

調査によれば、ネオ・ナチの支持者はドイツ全土で約四〇〇〇人、八〇〇〇万国民の約〇・〇五パーセントに相当する。そして共和党や国家民主党などすべての既存政党の急進派をまとめると、合計は四万人となる。この数値が相対的に少ないのは、ドイツにおいては、例えばイタリア、スペイン、ポルトガルなどの国々と同様、過去のファシスト独裁の残像が未だにネオ・ナチなどの集団が唱えるメッセージの勢いを削いでいるためだが、イタリアでは、一九九〇年代にベニト・ムッソリーニの孫がファシスト党の代表として国会に議席を獲得した。イギリスやオランダ、スカンジナビアなどの国々では、寛容の伝統と移民の少なさが極右集団が国政選挙で足場を得ることを防いでいる。それにもかかわらず、パキスタン、トルコ、ラオス、カンボジア、マリなどの第三世界からの移民は民族的多様性を広範なものにしつつある。新しい移民は肌の色もより黒く、アジアから多くの仏教徒の移民が流入したものの、中心はイスラム教徒である。伝統的に移民がほとんどすべて白人のキリスト教徒だった頃はヨーロッパでの同化はたやすかった。今、フランス人やドイツ人は彼ら移民の肌の色をなかなか受け入れられず、侵入されつつあると感じている。

フランスのような国では、伝統的に共産党が出稼ぎ労働者を潜在的票田と見なし、フランス社会に同化させる橋渡し役をつとめていた。しかし、全世界的に共産主義が崩壊するとともに、フランス共産党ももはやリスクの多い調整役をつとめるわけにはいかなくなったのである。

東欧における共産主義の崩壊はヨーロッパ全体に歓迎されたが、従来の共産党の支持がなくなったために新たに移民が問題として表面化してきた。今や、移民の問題は、ヨーロッパの人々にとってかなり近しい問題となり、安全なものと認識されていた世界が、今は危機と脅威となりつつある。

現在生じている社会的な不寛容さや政治的実力行使は、一九八九年以前には、悲惨な結末を覚悟せずに共産主義政権に対して誰も何も言うことができなかったという事実に起因しているのかもしれない。たぶん過去に沈黙が強制されたせいで、崩壊後の意見がいっそう耳障りで極端な融通の利かないものに聞こえるのだろう。問題は、一九九〇年以降の不確実性、不安、攻撃性が政治的にどのような結果をもたらすかということである。政治過程を反映しながら、人々はどのようにアイデンティティを追求し、どのような自己が現れてくるのであろうか。東欧は自由で民主的な価値観の方向をとるか、あるいはショーヴィニズム、排外主義、人民主義、そして権威独裁主義を続けるかという大きなジレンマに直面している。このジレンマがどのような方向をとるかについては歴史的な流れを検討しなければならない。次節ではそれに関するテーマを特に内集団と外集団の理論面から解説する。

4　集団間の葛藤と政治的行為

集団の敵意と大量虐殺

人間社会を集団や社会カテゴリーに分類することは、基本的に差別や偏見などの集団間の葛藤や否定的な集団間の態度への基本的な前提条件ともなる。民族、宗教、あるいは政治団体（社会や国家などを含む）どうしの抗争は、彼らの目標や意図するもの、価値観、行動が相容れない場合に生じ、避けては通れない。これらの抗争は通常、領地や物質的資源、あるいは権力や名誉を争う明確なものだが、多くの場合は基本的に価値観やら思考、アイデンティティ、不信や他者からの恐怖感といったはっきりしない心理的な事柄をもとにしている場合が多い（Staub, 1989）。

解決困難な抗争の場合、ある集団は自らの目標を重要と考えて外集団をそこへの到達を妨げるものと捉える。この相容れない目標の相違が巨大で妥協を許さないものと見なされ、すぐさま言葉（目標や要求の宣言）や行動（禁止や攻撃）となって広まる。このような抗争は、場合によっては二つの集団の目標と関心の矛盾点を様々な思考を経る過程で徐々に固めていき（互いを排斥しつつ）、互いを差別し合い、民族自決（あるいは解放）へとつながっていく。

パレスチナ人とイスラエル人との抗争がいい例であろう。こういった思考（葛藤の認識的基盤）は少数の人々によって主導されやすく、抗議行動を通じながら集団の目標を目指して暴力的な行動に走ることもあり、外集団の関心や安全を脅かして暴力的な反動を生み出す。

葛藤やイデオロギーの概念化は行動の正当化や合理化へと発展するだけでなく、さらなる動機づけともなる。集団のメンバーは目標に向けて動員しやすくなり、巨大な暴力に全力を投じて加担する。集団間の巨大な暴力にはいろいろなカテゴリーがあり、多くの行動と過程が関わるが、二つ以上の集団が互いに傷つけ合う場合、少なくとも一つの集団が他の多くの集団と対立するか、あるいは二つの集団が互いに対立して、多くの人命を犠牲にする。人を傷つけたり殺したりする個人の行動は、個人が集団のメンバーとしてのみ行動する場合の集団間の暴力と考えられる。

インティファーダに立ち上がるパレスチナ人

集団間の葛藤が暴力に発展する場合、究極的には大量虐殺［genocide］となる。大量虐殺とは、直接の殺戮、あるいは間接的であってもある集団のメンバーの死を招くような存続不可能な条件（飢えや出産の禁止など）をつくることで、その集団の殲滅を目的としたものである。一方、集団全体を消滅させようという明確な意図もないままその集団の多数を殺すのは大量殺戮［mass killing］とされる。大量虐殺や殺戮は葛藤から生じることもあるが、ユダヤ人の大量虐殺のように集団間に真の葛藤がない場合に生じることもある。大量殺戮の動機は大量虐殺のそれと似ているが、それはまず、社会全体ないしは主力的な集団に次ぐ集団の主導者を排除したり、メンバーを脅えさせて支配を強化するものである（Kressel, 2002）。

集団間の強烈な敵意や暴力でも、「我々」と「彼ら」との明らかな相違や「彼ら」に対する劣視がなければ難しい構想には発展し得ない。「我々」と「彼ら」との相違と自民族中心主義（[ethnocentrism]、内集団のものは受け入れながらも外集団のものは否定するという傾向）は、人間にとって共通な事象である。自民族中心主義は自分の属する集団の価値観、思考法、生活様式を美化しそれを絶対視する一方で、他集団に対してもその基準を流用して反感をもったり、憎んだり、劣ったものと見なして普通の人間社会から疎外するもとになる態度のことである（Brewer, 1979）。

他集団の価値をより低く見なすということは、いろいろな状況を反映する形で文化の一部となったり、それ自体が集団間の葛藤の結果である場合や、ある集団がより強力で他集団を使役し搾取するなどということが正当化されたりするなど、多様な現象につながっていく。またある集団が別のアイデンティティをもとうとしたり、困難な生活条件が犠牲者を生み出すこともある。自民族中心主義という用語は必ずしも民族集団に限定して使用されるとは限らず、同じ宗教やイデオロギーをもつ集団、地域や国家における集団など、多様なレベルで使われる。これが排外主義的な行動へと移行し、歴史的に多くの抗争の原因をつくってきた。

差別、固定観念、偏見

集団間の敵意には、差別、固定観念、偏見という三つの概念が重なっている。差別[discrimination]とは、もともとは差異づけする能力を意味する用語であった。しかし実際は批判的意味が加味され、ある集団（人種、民族、生活様式、国籍、性別、言語、宗教、思想など）を犠牲にしながら社会生活の中で行われる差別待遇を指す。具体的には、被差別側が差別側からの蔑視や加虐などによって不平等、不利益な扱いを受け、人権を侵害されることをいう。多数派集団や権力集団が非合法に、時としては法的な根拠をつくり上げて本来対等に持ち得る社会的な権利を剥奪することで差別が行われる。交通や通信手段の発達につれ、人間が異質な文化に直面する機会が増えると、「仲間」（内集団）と「よそもの」（外集団）との違いを認識する機会も増え、異質な集団が接触するところに言語や宗教、習慣の違いによるコミュニケーションの困難さ、妨害、緊張などが生まれ、結果として差別が発生する（Watts & Feldman, 2001）。

固定観念あるいはステレオタイプ［stereotype］とは、人間がある対象（集団、人間の分類など）を認識する場合、すでにその文化の中で定義づけられた形のまま知覚し、これに基づいたイメージをつくりあげる傾向があるが、その紋切り型的なイメージのことを指す。ウォルター・リップマン（Lippmann, 1922）はステレオタイプを「私たちの頭の中の画像［picture］」と定義した。もともと人間は外界の対象をそのまま認知するわけではなく自分に理解しやすい形で受け入れるので、そこには常に何らかの単純化や誇張、あるいは歪みが存在し、また嫌悪や善悪などの感情的な要素を伴うことも多い。こうして形成されたステレオタイプの先入観は、人間の観察や認識、思考を支配する。ステレオタイプ的な人間や国家像は、自民族中心主義的、自己成就的であるため、戦争などの際に敵意を煽る目的で、頻繁にプロパガンダに利用されたり、情報伝達の過程で潜在的なステレオタイプが明瞭な形をとって噂やデマをいっそう激化させることもある。

リップマン自身は、ステレオタイプは必ずしも否定的なものではなく、人間が情報過多で多様な現実を受け入れるためには必要不可欠な単純化を行うもの、と捉えていた。しかし一九五〇年代までは、ステレオタイプは前記のような使われ方をしたことから、一般的に否定的な側面のみが強調されていた。その後一九六〇年代後半には、ステレオタイプは内容にこそ歪みや誇張はあるものの、ステレオタイプ化［stereotyping］の過程自体は、すべての個人に共通の、正常で合理的な認知過程とする考え方も現れた。

ステレオタイプが世界に秩序を与えるカテゴリーの一部とされるようになったので、ステレオタイプやステレオタイプ化の認知過程についての様々な研究が行われ、これらの結果、内集団に関するステレオタイプは肯定的であるにもかかわらず、外集団に関するステレオタイプは比較的否定的なものとなる、ということがわかった。ステレオタイプ（化）は個人の認知過程だけでなく、社会的に決定される場合もある。人間は自分の所属する集団に基づいてアイデンティティをもつが、ということは、ステレオタイプは集団間の関係の中で、内集団を外集団よりも肯定的に特徴づけようとする行為の結果と考えることもできるのだ（Tajfel, 1981）。いずれにしても、ステレオタイプは、ある社会集団やそのメンバーとなる人々の信念である、ということがその意味の中心となる。

ステレオタイプそれ自体は必ずしも偏見に関わるものではなく、外集団に対するステレオタイプへの評価は肯定的にも中立的にも否定的にもなり得るが、否定的なステレオタイプのみが通常偏見に満ちた態度の表明と見なされる。こういった偏見の態度は差別的な行為、あるいは社会的な距離を置くなどの行為的回避となり得る（Pettigrew, 1998）。外集団のメンバーに対する攻撃や暴力はより強力な偏見の行為的表明を含んだものといえる。

偏見［prejudice］とは、ある特定の集団や個人（黒人、ユダヤ人、女性、外国人など）に対して十分な知識や経験を持つ前に形づくられる、どちらかといえば否定的な感情を指す。特徴としては第一に、不十分かつ不正確な根拠に基づいており、特定の先入観に強く影響された態度であること。かりに予断が誤っていても新しい事実や証拠に基づいて誤りを修正できるならばその予断を偏見とは言わないが、偏見の場合はその裏づけとなる根拠などに疑いをもたず、新しい情報などの影響も否定し固執的である。第二は、偏見の対象に価値判断が含まれるということ。つまり何らかの価値基準に基づいた上で、実際よりも肯定的に高く評価したり否定的に低く評価したりという態度が見られる。さらに第三として、非論理的でかつ感情的な態度であること。だからこそ態度としては強固であり、論理的で現実的な批判に対しては強く、感情的な抵抗を示す。そして第四は、集団的現象であること、が挙げられる。

オルポート（Allport, 1954）の定義では、「ある集団に所属しているある人が、単にその集団に所属しているからとか、それゆえにまた、その集団のもっている嫌な特質をもっていると思われるという理由だけで、その人に対して向けられる嫌悪の態度、ないしは敵意ある態度」とされている。偏見は社会をカテゴリー化し、一面的な因果関係をもとに単純化し、それを共有する人々の間に集団的なアイデンティティをもつくり出すような社会的統合の機能をもつ場合もある。ジョン・ハーディングら（Harding et al., 1969）は「ある外集団のメンバーに対する態度であり、その評価傾向は主として否定的である」とした。また偏見は、ある社会的集団についての知覚や期待といった認知的なもの、またその集団に対する嫌悪感や敵意といった感情的なもの、さらにその集団に対する攻撃、拒否といった行動的なものなどの三つから成立するともいわれている。

また、先入態度［bias］やステレオタイプなどとも関係があるが、前記の特徴に照らし合わせると先入態度は感情的とは限らず、ステレオタイプは後からの修正が比較的容易であるなどの点で異なる。偏見は生育環境の中で社会的に学習されていく。アドルノら（Adorno et al., 1950）は、偏見は孤立的要因ではなくパーソナリティを形成するシステムの中に統合されているとした。人間は各種の経験に基づいて社会的態度を形成していくが、このような態度が固定化、習慣化されて柔軟性を失うと、ある対象に特定の視点や価値基準に立って認知、判断するために正確な理解ができなくなって偏見という態度が形成される。

偏見の心理的背景には敵意や自己防衛などがある。人間は特定の人種や社会階層などの集団に属することで安心し、そしてある集団（内集団）への帰属が高まるにつれて対立する集団（外集団）への対抗意識や敵意が生じるようになる。内集団の帰属意識の裏側には、誇りと同時に外集団への敵意が含まれており、その集団全体のもつ偏見に同化していくようになる。一方、人種的偏見などの否定的な態度は、相手を低く見なすことで自己の安定をはかるという投射の心理に基づく場合が多い。社会的に不遇だったり、地位の低い人間ほど人種的偏見が強いという研究結果も報告されている。また人間は知っているものには親近感を持つが、知らないものには防衛的な態度をとるため、未知の文化や社会に対する恐怖感も偏見の原因となり得る。

一般に社会の混乱は偏見を生みやすい。このような状況下では恐怖心や不満、敵意などが強まり、より弱い集団に対して自己防衛をはかろうとするためである。戦争や災害のような場であればそれはより顕著に現れ、少数民族や異教徒に対して平常時では考えられないような残虐行為が発生することがあり、さらに支配者の煽動や世論操作などによって、国家的規模の偏見が生まれることもある。続く節ではさらに詳しく偏見の発生に対する考察を行う。

5　集団間の葛藤についての解釈

偏見を含んだ集団間の敵意がなぜ生じるかについては、二つの主要なアプローチがある。一つは集団間の敵意を個人の態度とするもので、もう一つはそれを集団あるいは集団間の現象とするものである。個人がある特定の外集団や少数派に対して相対的にやや嫌悪感をもつ場合、その他の外集団についてもその特徴や内集団との関わりとは関係なく、とにかく同様にやや嫌悪感をもつ傾向にある（Altemeyer, 1998; Duckitt, 1992）。この「一般的偏見説」によれば、個人には多かれ少なかれ一般的に集団間の偏見という態度をもちやすいという特徴が見られるなど、偏見には個人差があることに着目し、新たな理論的局面として個人が獲得し提示する態度としての偏見について解説している。

個人の面からの解釈　いかにして個人が集団間の偏見という態度を獲得してそれに適応していくかという一つのアプローチでは、こういった態度は単純に社会化過程を通じて他の態度と同様に学んでいくものであり（政治的学習については第2章を参照）、また外集団に対する「重要な他者」の態度、外集団についての肯定・否定的な情報、また外集団のメンバーとの接触経験などを通じて形成されていくという（Simpson & Yinger, 1985）。

加えて権威主義的パーソナリティと社会優位理論という二つの重要なものがあり、そこでは特に集団間に敵意をもたせると思われる個人的特徴に焦点を当てている。まず前章で触れたように権威主義的パーソナリティの研究では、反ユダヤ主義的態度が個々に持たれたものではなく、外集団や少数派への一般化された偏見、自民族中心の優越主義、政治経済的な保守主義、ファシスト寄りの態度といった広い社会的態度の症候群として形成されたことが示された。この研究では九つの共変する要素を含む基本的な人格の次元をもとに、これらの態度のまとまりについて述べられており、それが権威主義的パーソナリティとされるものなのだ。こうしてつくられた「ファシズム尺度（Fスケール）」は人格的次元の測定のためのものであり、この理論では、家庭内に支配と服従の関係が見られる場合、子どもは主体的に考える機会を親に奪われて自我の発達が十分でなくなり、親に倣って同じような価値観を身につけることを示すことで権威主義的パーソナリティが身につくとされる。かつそういった厳しい躾《しつけ》などをもとに怒りや敵意などの抑圧された感情も発生し、それが保守的な権威によって認められた嫌悪感として外集団や少数派に対するものへと転じるのである。

この理論と「ファシズム尺度」は当初多大な関心を集めたが、後に心理測定としてはかなり欠陥があるのではないかという批判が生まれた。ところがアルテマイヤー（Altemeyer, 1981）は拡大された調査によって、もともとのアドルノら（Adorno et al., 1950）によって指摘された権威主義の九つの要因のうち服従、攻撃、因襲の三要因が互いに強くまとまって一つの次元をつくり出していることを証明した。彼はこの次元の測定のために右翼的権威主義尺度を考案し、続く調査によってこれが計量心理学面からも信頼性があり、政治的、社会的、イデオロギー的、集団間の状況、同様に一般化されている偏見、ショーヴィニスティックな自民族中心主義の予測にも広く応用できることが示された。彼は後に行った調査（Altemeyer, 1998）で、権威主義的パーソナリティの、集団外の人間や少数派に対する敵意や厳しい態度は、そういう人々の社会化の過程で経験した、世界は危険で怖い場所だという認識に基づくものではないかと提示している（詳細は前章参照）。

この権威主義的パーソナリティのアプローチに続く第二番目が社会優位理論という、集団葛藤と自民族中心主義についての新しい側面を示すものである。社会優位理論では、社会は、社会的あるいは集団間の不平等性や差別を合法化するようなイデオロギー面での合意を広めて、集団の葛藤を最小限に減らそうとするとされている。この理論では個人的な相違の側面が社会優位の方向性［SDO］を提示し、これによって、個人が適応、維持する少数派に対する偏見や自民族中心主義、外集団の人間に対する非難のもとになる理由が何なのかを測定する。この測定結果は社会政治的な、あるいは集団間の現象の予測性が高いという点で、RWAスケールとかなり似通ったものがあるが、とはいってもこの二つのスケールは相対的に独立性が高く、互いの相関性はそれほどなく、弱いものにすぎないという。双方のスケールを用いることで、偏見や自民族中心主義を互いに明確かつ独自に、かつ共に一般的な個人の持つ偏見や敵意の態度が理解できるのである（Pratto et al., 1994; Sidanius & Pratto, 1999）。

集団面からの解釈

一方、集団および集団間の偏見や敵意というものは個人経験というよりも、むしろ社会的な集団の関係から発生し、それはある特定集団が別の特定集団や少数派に広く否定的な態度をもちながら、同じ社会の中でも他に対してはもたないというものである。

ある社会において、どのような集団の関係もしくは接触や相互関係の条件が、特定集団に対する否定的な態度を分かち合い、他に対してはそれを示さないという状況をつくり出すのかについては主に次の四つのアプローチによって解明できる。

第一は、特定の集団間で強く、かつ広範に行きわたる分類や違いを定めた社会的条件づけに焦点が当てられている。重要な集団あるいは集団間での分類は集団や集団間における態度を示す行為の前提条件である。集団の違いを明らかに示す要素が一つあれば、それは集団の境界線を明確に示すことになる（Brewer & Miller, 1984）。一つの集団に対し明らかな境界線（言語、宗教、社会的階層、居住地域、政治的嗜好）が引かれ、社会的分類が決定された場合、少なくとも分類を定義する一つの鍵が生まれる可能性が現実的に明らかとなる。集団の違いを強調するもう一つの要因は、異なる分類や集団における人間が、特に社会的・組織的な状況で異なる扱いを受けることで、これも集団のアイデンティティや集団間の相違をつくり出し、また強める重要な要因とされている。違いを強調するさらなる要因としては集団間の葛藤、集団間の権力や地位における不平等性などがある。

第二は、集団間の競合が中心となる。各種の問題における集団間の直接の競合は、集団間の認識における明確な敵意と態度を直ちに生み出す。社会的アイデンティティ理論では、集団間の区別が明らかになると内集団と外集団との違いを肯定的に受け止めようとする、ないしは肯定的な集団アイデンティティをつくる傾向が強まるという（Tajfel & Turner, 1979）。内集団を外集団に比べて肯定的に捉える社会的アイデンティティをもとうとする欲求は、集団内におけるメンバーの偏向だけでなく外集団への中傷や悪意を強調する。つまり内在する競合意識は、特に集団の区別がきわめて明確な場合、集団間の相対的な地位や特権に関する明らかに直接的な競合へと簡単に転化するのだ。地位や特権に関わるこうした直接的な競合は「現実的な」競合を基本とせずに外集団への否定を一般化し得る。

第三は、集団間での強迫観念、つまり集団間における偏見や敵意の強力な決定要因に焦点を当てている。これは集団の資源、権力、福祉に対する現実の怖れとなり得るし、その集団の世界観の基本的な価値観や規範、信条などが、それに対する挑戦意識にとっての象徴的な怖れとなり、またこの怖れが集団のアイデンティティへの価値観も危うくする（Tajfel & Turner, 1979）ことになるのだ。

第四は、権力や地位における集団間の不平等さが主となる。集団間の不平等は高位集団と低位集団との利害抗争を当然のものとし、否定的な態度と偏見から集団間の怖れが生じ得る。例えば社会優位理論では、偏見のもとになるのは組織の役割や不平等性の正当化だとし、社会的アイデンティティ理論では不平等さが集団間の強迫観念のもとになるとしている。まず社会優位理論では人間は基本的に集団をもとにした社会的階層をつくり、維持しようとするものとしているが（Sidanius & Pratto, 1999）、集団を基本としたこれらの不平等さは社会的抗争を最小限にするように合法化される必要があり、それは支配層の従属層に対する優越性を正当化するようなイデオロギーに対する合意を通じて行われる。従属層に向けられた否定的な固定観念と偏見の態度、そして支配層に対するより肯定的な固定観念と態度は集団間の不平等さを説明、合理化することになる。組織や不平等性を正当化するのが以下の「公正世界の信念」という理論である。

「公正世界の信念」［Just-World Belief］とは、メルヴィン・ラーナー（Lerner, 1980）による、世界は公正なものであり、努力した者はそれなりに報われ、しないものは報われない、もしくは善人にはいいことが起き、悪人には悪いことが起こるといった信念のことである。したがって不幸の犠牲となった人や、権力のない、搾取された、あるいは抑圧された集団はもともとそれなりの不幸を受けるだけの存在だったと非難されることになり、これをラーナーは「犠牲者の価値低下」［derogation of the victim］と名づけた。彼はこの考えが多くの人々のもつ基本的な社会的信念の一つであるとし、人々のこのような信念が公平感や不公平感のもととなると主張した。こういった考え方の理由は、ある人が、誰かが不幸な出来事の犠牲者になっていることを知りながら自分がその人を救えない場合、自分の信念に対する脅威を感じ、そうした不愉快な感情から逃げるために、その犠牲者に対してもともと不幸な目に遭うに値する罪深い人間だったのだと思うことで自分を正当化しようとするからだとされる。

社会的アイデンティティ理論では、集団間の地位の相違が社会的アイデンティティの脅迫を生み出して、敵対行為や態度を表出化させるとしている。社会的アイデンティティの脅迫に影響する地位の相違については、集団間の境界の寛容さ、つまりある個人が内集団を出て外集団に入ることがどれほど容易、あるいは困難かということ、それから集団間の地位の違いについての合法性と安定性という二つの要因が考えられる（Tajfel & Turner, 1979）。

もし集団間の境界が寛容であれば、地位の低い集団のメンバーは否定的な社会的アイデンティティの脅迫に反応し、地位の高い集団に対する競争心を持つより社会的流動性に適応して地位の高い方へ移動しようとする。したがって集団間の境界が寛容なものであれば、地位の低い集団のメンバーも集団間にある地位の高い外集団への偏見や差別感をさほどもたず、代わりに自分もその外集団にアイデンティティをもって移ろうという士気を高める。逆に集団間の境界が相対的に厳しく、社会的流動性に選択の余地がない場合、集団間の地位の相違は確固たる合法的なものとなり、いっそう重視されることになる。

そして地位の相違が不安定かつ非合法的な場合には、地位の高い集団と地位の低い集団の双方がよりいっそうの偏見と差別を持つようになり、高い方は自分たちへの肯定的なアイデンティティが脅かされないようにそれを守り、低い方は自分たちの相対的な地位を上げようとすることによって地位の相違の非合法的かつ否定的な社会的アイデンティティを強めようとする。

6　集合的活動の型

集団的アイデンティフィケーションと集団間の敵意には、政治的な結束や態度、行為に関連するだけではなく、それらに影響を与えて統制する役割もある。膨大な研究が、どういった一般的な状況のもとに集団のメンバーが共通の目標を目指して結束し行動するか、平和や汚染されていない環境といった全体的な目標を定めるか、などについて論じている。ただし、大きな集団のメンバーは共通の目標のためには行動しないのが普通であり、それは大きな集団の中では全体の目標をつくるための個人の行動がごくわずかなものにしかすぎず、貢献しようとする際に多大な負担を負わなければならないからである。さらに、もし共通の、つまり全体的な目標が達成されれば、その人間が貢献しなかったとしても集団の全員に見返りがあることになる。そのため誰かが何かを達するまでは待って、それからそこに加わろうという「タダ乗り」［free ride］をすることになる。大きな集団の全体的な行動には「奨励の選択」、つまり人が貢献するかどうかに関わる負担と利益が必要となる。国家主義、固定観念、偏見などを含む集団の葛藤における行動には、特定の集合的な活動の型があるが、そこでなぜ集合的活動の型ができるのか、という疑問が生まれる。

基本的な仮定の一つとして、集団に対するアイデンティティが行動へ関わる条件として働き、それが共通の目標へとつながるということがある。アイデンティフィケーションとは、人間がある特定の集団に対してもつ関心、関与、あるいは集団への所属意欲という個人の関心から生まれる。これは一個人が単純に一つの集団へのアイデンティティを選択するというわけではなく、いろいろな選択肢を選んでいった結果として、それが最終的なアイデンティフィケーションへとつながる場合が多い。集団間の葛藤への参加が、例えば良い仕事を得るといった物質的なもの、あるいは集団生活を楽しむといったもっと微妙なものまで含んだ個人の利益につながる場合も頻繁にある（Olson, 1965）。政治活動への参加意欲の複雑さについては後の章で解説する。

第5章　政治的関与と疎外

実際にするしないにかかわらず、政治活動への参加は日常生活のある側面を表している。政治参加［political participation］と呼ばれる活動は思いつける以上に多く、まず大概は選挙の投票が頭に浮かぶだろうが、これはたしかに重要な行為ではあっても政治参加の一タイプにしかすぎない。新聞の政治面を読む、テレビの政治番組を見るなども政治参加といえる。あるいは新聞の読者欄への意見や時事川柳の投稿、政党の会合への出席、街中で政治演説を聴くことなども、すべて政治参加に関係する活動なのである。本章ではこれらの活動を含めて政治参加の定義やその範囲をはじめ、政治参加の回避、政治的疎外、逸脱などについてより広く取り扱っていく。

ここでの政治参加とは、基本的に単独の行動、態度を中心とする。もちろん複数の人間による集団的政治参加というものも存在するが、一人で簡単にできる投票などの政治参加と比較すると、住民運動や市民運動などの集合的な政治参加を行う人はそれほど多くない。住民運動、市民運動の目標の多くが、地域環境、生活環境、福祉・医療・教育政策の充実など地域的公共性の高いものであるにもかかわらず、実際大多数の住民はこうした運動に参加しないのである。

キング牧師を先頭にしたデモ行進

1　政治参加の理念

政治参加とは何か

　大衆の政治参加については、その範囲、視野、原因、意味に関して、規模も対象も様々にわたる多くの研究が行われている。

では政治参加とは何であろうか。「政治参加」の定義としては、例えばシドニー・ヴァーバとノーマン・ナイ（Verba & Nie, 1972：2-3）の「政策決定を行う政治的エリートを自発的に選択、あるいは直接的・間接的に公共の政策に影響を及ぼそうとする私人の合法的行為」がある。ただし彼らは、明確・自発的・合法的な政治行動のみを政治参加と定義したが、時には非合法的政治参加を「政治的抵抗行動」として研究対象に含める研究者もいる。

　最も一般的な定義は、マックス・カーセとアラン・マーシュ（Kaase & Marsh, 1979）による「人間が政治体制のいろいろなレベルの政治的選択に対して、直接あるいは間接的に影響を与えたいと思う時にとる、すべての自発的な行動」というものであろう。つまり政治参加とは、政治体制の方向づけに対する影響を目的とした行動といえる。

　この定義は広い意味で捉えると、「自発的行動」としての政治参加には、「慣習的［conventional］な活動」と「非慣習的［unconventional］な活動」の二つがあるということになる。なかでも「慣習的な政治活動」とされる

	慣習的政治行為	非慣習的政治行為
直接的政治参加	Ⅰ　政治家になる 国政レベル 地方レベル Ⅱ　選挙に出馬する 国政レベル 地方レベル Ⅲ　政党や候補者のために働く Ⅳ　政党へ加入する Ⅴ　選挙で投票する 国政レベル 地方レベル Ⅵ　国家や地域の問題に関する活動 社会・政治問題への署名活動 政治会合／個人演説会への出席 政治家や官僚との直接接触 政治家や官僚への陳述 圧力団体への参加　など	嘆願，デモ，ボイコット， ストライキ，破壊活動， テロリズム，革命　など
間接的政治参加	新聞の政治面を読む テレビの政治関連番組を見る 友人や同僚，家族などと政治的な会話をもつ　など	
非関与	投票棄権 争点についての知識はあるが，投票行動には至らない 国家や地域の問題，争点に対する無知 政治的無関心，政治的阻害　など	

図５-１　政治過程における個人関与のレベル（著者作成）

ものには次のようなことが挙げられる。新聞の政治面を読む、テレビの政治番組を見る、友人や同僚、家族などと政治について話す、環境問題に関する署名運動など、地域やコミュニティの問題について活動する、政治会合や個人演説会に出席する、手紙、電話、Eメールなどで政治家や官僚に直接、間接に接触して陳情などを行う、政党や候補者のために働く、選挙で投票するなどといったことなどである。これに対して「非慣習的な政治参加」とは、ある政治体制において政治参加を規制している法律や習慣などの規範から外れた行為、例えば嘆願、デモ、ボイコット、ストライキ、破壊行為、暴力などが挙げられる。「非慣習的活動」については一部、この章で論じるが、次章においても詳しく述べる。

「慣習的活動」と「非慣習的活動」との違いには異なる見方もあり、例えばエドワード・ミュラー（Muller, 1979）は、欧米型民主主義における政治参加については、「慣習的」と「非慣習的」な行為の下位分類として、合法的

[legal] かつ民主的な参加というものが存在し，さらに非合法的 [illegal] で攻撃的な参加，例えば不服従や政治的暴力などが加わるとしている（政治過程における個人関与のレベルについては図５‐１を参照）。

政治活動の主な理由

「慣習的」でも「非慣習的」でも，一般的に大衆の政治活動への参加には主に三つの理由がある。第一は，大衆が自分たちの欲求を，意思決定者または少なくとも政党やマスコミ，圧力団体などの仲介者に対して伝える必要があるからである。ほとんどの場合，これらの欲求はかなり小さな個人的問題だ。第二は，より組織的な要求，つまり組織の最終目標を確立するための参加である。このような最終目標は通常政治家が直接確立するが，多くの政治体制，主に民主制においては，政治家の選出にあたって，大衆が複数の候補者やそれぞれ違う公約を掲げた政党の中から選択の機会を与えられているのだ。非民主制国家でも，国家的目標の確立や社会的な優先事項や争点 [issue] の設置に関しては，政治的暴力やデモ，特に革命（例えばイランや南アメリカの数カ国）などのように非合法的参加の機会がある。第三は，大衆が体制やリーダーに対する自分たちの支持および不支持を表明するという目的である。

大衆の政治参加は，ほとんどの政治体制のもとで多かれ少なかれある一定の形を取る。ある人々は他よりも活発で，ある体制は他よりも活動を促す場合もある。民主主義的政治システムでは政治参加は重要な要素だが，その機能や範囲については様々な主張が存在するため，大衆の政治参加の量と質を政治の中にどう位置づけるかで民主主義理論の「分類」ができるといってもよいであろう。民主主義市民は参加を通じて政府の決定に影響を与えるだけではなく，自分の政治的役割を学び，政治への関心や知識，政治活動の有効性感覚をもつようになる。また政策決定者は，いろいろな要求の調整努力を行うことによって，統治能力と信頼性を高めて支持を得ることができる。

現代社会では実際に政治参加を避けて通ることはできない。コミュニケーションや技術，交通の発達によって，大衆はすべて体制の手の届く範囲に置かれるようになり，さらに体制の視野も非常に拡大しているため，ほとんどの市民活動が少なからず体制と関係をもつようになっている。「世捨て人」のような生活をしているならばこのような参加形式を避けられるかもしれないが、ほとんどの人々は、単に個人的な生活を営むだけで日常的に多くの政治活動に参加しているのである。

2　政治活動のレベルと内容——直接参加

政治関与についての研究

いうまでもなく、ある政治環境のもとで大衆がすべて同じ方法、内容での政治参加をしているとは限らない。ある人は他よりも深く政治に関わり、政党やキャンペーンの仕事でいわゆる「体制内の」活動をする論客［gladiators］となって選挙政治に活発な行動をとる。一方では体制に反抗し、政権に対して革命を唱えたりデモを行ったりする人間もいるだろう。このように政治参加の活動レベルは政党や候補者への金銭的な貢献に始まり、キャンペーンや立候補に至るまでいろいろあるが、自分の選んだ候補者や政党のために投票日の投票しかしない人間もいる。

参加レベルの違いを示すための連続体やピラミッドなども考案されている。例えば、レスター・ミルブラスとダン・ゴエル（Milbrath & Goel, 1977）は、「無関心［apathetic］」「傍観者［spectators］」「論客」などのレベルを設定した。「無関心」の層は全体の三〇パーセントであり、「傍観者」、つまり他の投票者の投票意図に対して説得を行おうとする人々は六〇パーセント、「論客」、つまり実際に政治的な地位をもち、政治資金の確保に飛び回り、政治的なキャンペーン活動に時間を費やすような人々は一〇パーセントを占める。同様にジェームス・ロゼナウ（Rosenau, 1974）は、一方に「献身的な大衆［Attentive Public］」という政治的争点に関心を持つ人々、もう一方に「動的な大衆［Mobilized Public］」という政治に関心がない人々をおいた区分をしている。ダン・ニモ（Nimmo,

1978）は、「一般大衆」、「献身的な大衆」、そして「リーダー的な大衆」という分類を行い、それぞれの図式において別々の参加行動をスケール上の位置によって特定した。

本章では一般的なスケールとして、政治的関与の高さで二つに区分された政治参加レベルについて解説する。第一のレベルは直接参加で、政治的機関に直接関わること、例えば地域あるいは国家の政治的役職への立候補または就任、あるいは地域的、全国的な政党の活動、政党や利益団体への加入、意思決定者すなわち政治家との接触、また地方あるいは国家レベルで選挙に参加する投票などの活動すべてが含まれる。第二は間接参加で、政治活動や政治問題、政治リーダーに関する情報を求めたり、見たり読んだり、他の人間と話し合ったりすることなどを含む。ただし第一の参加レベルは、最も強くかつ自我関与的なものであり政治的役職へ立候補または就任することであり、さらに詳細な解説を必要とするので第７章でまた別に論ずる。ここでは最初に述べたような一般国民の参加レベル、つまり一般大衆が政界と関わる二つの主な段階について論じていこう。

直接参加

直接参加とは、主に組織だった集団、あるいは集団外での活発な政治活動への参加を意味している。そういう活動に関わるのはどういうタイプの人間だろうか。一般的に、政治参加は先述のマズロー（Maslow, 1970）による欲求階層説を用いて説明できる。例えば非常に空腹を感じている人間は、もし政治活動を行って食糧が得られるかもしれない場合でも、その場で政治に興味をもったりはできない。飢えた労働者は反抗などしないのだ。自分が他人に愛され、受け入れられたりしていないと感じる人間は、政治活動による自己実現への試み、自尊の拡大はできない。既に政治活動に関わる人間がもしこのような状況に陥った場合は、フォロワーや敬愛するリーダーによって、親和と愛情の欲求を満たそうとするだろう。

活発な政治参加は様々な社会的・心理的要因と関わっている。第７章で詳述するが、アーサー・ニカリー（Nikelly, 1962）によれば、一般市民のレベルから見ると人間の行為の中で最も健全な傾向を反映しているのが、社会に対する所属、協力、責任という形での社会的関心であり、政治活動はそれらをさらに反映したものだという。ミルブラスとゴエル（Milbrath & Goel, 1977）は、政治参加についての研究で人々の政治への関わり方とその理由を論じているが、そこで個人の精神的、肉体的欲求と政治行動との関連についてはまだ議論の余地があると述べた。

政治参加の説明としては、環境とパーソナリティの両方に関わる要因がいろいろと提示されている（Rosenstone & Hansen, 1993）。これらの研究によると、政治参加を促す社会的属性（年齢、性別、教育水準、職業、所得、居住形態、居住地の地域特性など）や政治的関与の程度（政治的関心、政治的知識、政治的信頼、政治的有効性感覚、政党支持、イデオロギーなど）の効果および変動要因が論じられている。同時に人間の態度と社会人口学的な特徴は民族性からの影響を受ける。

例えば社会人口学的な特徴の政治参加への影響については、「ライフサイクル［Life-Cycle］」の概念（生活周期ともいう。人間の誕生から死に至るまでの間にある周期をもって繰り返されるいくつかの段階ごとに、それぞれの特徴によって個人と社会との関係を発達的に捉えようとするもの）などが考えられる。

具体的な例では、投票率は年齢とともに高まる（Conway, 1991：17）が、なぜ若者が政治的に消極的なのかは「ライフサイクル」によって説明できる。人は年を取るとともに仕事に就いて納税者となり、結婚して親となる（つまりより広い住居や子どものための施設が必要になる）。これらの日常的なことを考えると、政府の政策に対する依存度が高まり、政治や政治活動への関心が促されるようになるのである。引退する世代になると家族の育成や仕事上の義務から自由になり、その自由になった分がコミュニティ活動への参加や投票につながる。男性と女性とではライフサイクルが異なっており、政治参加に性差が生じていたが、投票への参加については近年この差は減少している。以上のことから年長の既婚者の方が投票行為が活発だということになる。

また多くの研究によって、政治的関与、投票には社会経済的地位（ＳＥＳ）も強く関連しているという仮説が確認されているが、共通しているのは、政治参加には一般的に活動に投資できる資源（過去の政治参加、職業経験から得た活動スキル、自由時間、金銭、教育、知識、人的ネットワークなど）とされるものが必要であり、社会経済的地位の高いほうがこういった投資をしやすいという解釈である。

政治的態度との関連では、政治的有効性感覚、つまり自分が政治を理解し、政策決定に影響を及ぼせるという信条と政治参加との間に強い関係が見られる（Conway, 1991：33）。また「個人の政治活動は政治過程に影響がある、あるいはあり得る」とも考えられる（Abramson, 1983：135）。もう一つ重要なのは、「普通の人々」が興味をもつ争点や利益に関する、政策決定者（政治家、役人、政府機関など）の積極的反応と受容などの望ましい行動である（Conway, 1991：33）。体制の反応を示した信条や政治的事象への自信が投票行動を促進することが、多くの調査によって証明されている（Abramson, 1983：298）。

次に、信頼と満足感である。個人が政治体制の様々な要素と結果について評価を下し、いろいろな感情をもつのは当然だが、大衆が不信感をもてば政治体制のある部分を改変すべきだと考えるだろうし、信頼感をもつ市民なら必要ないと思うだろう。信頼と不信が示される場合でも、それが政体のどの部分、つまり現職議員、特定の組織、あるいは体制全体のいずれに対するものなのかは曖昧である。しかしこの態度は公共の資源配分に携わる政治家や官僚の誠実さや能力に関わるものだ（Abramson, 1983：193-206）。

また、立法上の期待と個人が実際に受容することとの食い違いから生じるものもある。政策面の要求に政府や官僚がどう対処するかという評価が、信頼あるいは政策への満足や不満として表れる。満足感には広い意味と限定された意味での二つがあるが、広い意味では体制へのより大きな評価を示し、限定的な意味では大部分が、ある事柄や特定の組織の機能に対する評価を指す。多くの研究によって、個人の政権に対する信頼度と満足度が高ければ、より積極的な政治への関わりや参加のあることが示されている（Farah et al., 1979）。

自信と信頼という感情に加え、個人の政治集団への帰属感、つまり党派性も重要な要素と考えられる。アメリカ合衆国では、政党へのアイデンティフィケーションということが、その政党のメンバーであり現職議員を支持することを示し、それが政党への投票傾向とつながる（Niemi & Weisberg, 1993：214-16）。同じ理論は他国、例えばオランダには必ずしもあてはまらないが（Thomassen, 1993）、積極的な帰属感覚をもつ政党に対する投票傾向は、そうではない政党に対するよりも高い。

最後に、政治的関心も重要な要因である。政治的関心は政治参加の動機のレベルを示すという仮説にはじまり、態度と行為を結びつける動機の「鎖」でもあって、実際に政治的関心と参加のレベルはかなり強く結びついている。関心は様々な要素に左右されるが、基本は政治的状況下の事柄に関する個人の理解能力である。もし何らかの事柄とその進行がある人間にとっては瑣末で全く無意味だったりすれば、それはその人間と全く関係がなくなり、それ以上の関心は期待できなくなる（van Deth, 1990：277-81）。

以下、直接参加の四つの型、すなわち投票参加、政党のメンバーシップ、利益団体のメンバーシップ、そして政治家（あるいは他の政策決定者）との接触主導とそれに伴う心理的要因について検証する。

投票参加　民主政治においては投票が最もわかりやすい、当然の参加行動であろう（Conway, 1991：1）。これは最も一般的で、かつ自我関与の最も低い、しかし誰にでも可能な最小限の政治参加である。投票とは「市民の政治体制に対する要求行動というよりも、むしろ体制に対する市民自身の誠実さを再確認するための」行動とも解釈される（Milbrath & Goel, 1977：12）。政治の意思決定者がどれほど選挙を重視しているかによって投票の重要性は異なり、必ずしも投票率が実際の重要性を反映しているとは限らない。ベルリンの壁崩壊の一九八九年以前、共産圏諸国の一部、例えばかつてのアルバニアでは投票率が一〇〇％といわれていたし、典型的な共産主義国家における投票率は、常に九五％以上とされていた。投票率は一九四五年から二〇〇〇年までの間、全世界で確実に上昇していた。投票率の平均値は一九四五年から一九五〇年までは六一％、一九五〇年代では六二％、一九六〇年代では六五％、一九七〇年代では六七％、一九八〇年代には六八％になった。しかし一九九〇年代には新たに民主化された国々の影響で、六四％に戻っている。

選挙の際に人々の行動の対象となっているのは、自分自身と政権との二つである。投票の理由にはいろいろあるが、ほとんどの場合は道具としての［instrumental］、あるいは表現としての［expressive］目的のためといえる。道具としての投票は、投票者が何か実体のある利益について明確にしたいことがある時に行われる。つまり、道具としての投票を通じて要求が表されるということだ。一部の大衆にとっては政治活動への参加は限られているため、一般的には投票が政治リーダーや政権とのコミュニケーション手段となる。また、投票が道具というより表現、実質的［substantive］というより象徴的［symbolic］なものとなる場合もある。つまり自分が投票しても何も違わないし実質的な政策の変化は生じないだろうと感じながら、それでも体制支持の是非を表明するために投票をする人間は、表現的な投票者ということになる。表現的参加は行為者の気分を高め、体制に対する支持の是非のはけ口ともなる。また自尊心のための道具として投票が行われる場合も多い。このような投票は政策自体に影響を与えるためというより、個人の満足のための手段として使われている。

投票行動には、人種、年令、社会的階層、性、教育など、たくさんの社会的、デモグラフィック（人口統計学）的な特徴が関係してくる。アメリカの例を挙げると、伝統的に黒人の投票率は白人よりもかなり低い。教育は投票と密接な関係があり、あらゆる人種や集団に共通して教育レベルが高いほど投票への参加意向は高い。ということはおそらく政治的学習・社会化と政治参加との間には強い共通点があると考えられる。教育レベルが高まるほど、体制の動きやその中での自分たちの役割を知る機会が多くなり、同様に参加も強く促されるのだ。またライフサイクルの項（前項）で述べたように、年長者ほどより参加傾向が強まる。

性別と選挙との関係も無視できない。世界中のどこでも女性に与えられる社会化は伝統的に政治参加への関心を削ぐようなものであるし、さらに女性が選挙権を獲得したのは二〇世紀になってから、例えばアメリカでは一九二〇年、イギリスでは一九二八年、フランスでは一九四四年、イタリア、日本では一九四六年である。つまり女性は男性に比べると政治参加について学ぶ機会が少なかった。現在この状況はどんどん変化しており、女性の投票率は急速に男性に近づいている。新しい政治的学習のアプローチや、家庭の外に出る機会が増えたことがこのような変化をもたらしたと考えられる。しかしながら投票は政治参加の一形態でしかなく、選挙への立候補や政治キャンペーンへの参加において、女性は未だに男性よりもはるかに遅れている。

これらの投票行動に関する特徴は、何であれ文化や地域によってある程度は異なる。そのうえ投票にはある特定の人格的要因も強く関係する。例えば有効性感覚、自尊心、主体的能力［subjective competence］や参加の義務に対する感覚が高ければ投票を行う。こういう人間は特に最も多く情報に触れ、最も政治に対して刺激を受けた人間ということになる。マス・メディアの情報も投票に際しては強い刺激となる（後述参照）が、それればかりでなく、人間どうしのコミュニケーションも同様で、特に投票の傾向を強める。すなわちマス・メディアと人間の両面で政治的コミュニケーションのネットワークをもつ人は、情報の受け手ばかりでなく、投票を通じて政治的メッセージの伝達役割をするともいえる。

投票参加については、法的な、あるいは管理行政的な要因が投票率の低さの一因である場合もある。現在の選挙制度では投票をしたい有権者すら参加しにくい場合もある。転居してきたばかりでは選挙人名簿に登録されず、前居住地で投票するのに余分な出費や時間を割かなければならないが、投票権行使のために、誰もが時間的・金銭的に十分な余裕があるとは限らない。同様に学生や出張中のサラリーマン、休暇中の人々などにとっても現行の制度では投票しにくい。加えて投票所での手続きが不便だと、長く待たされたり苛立ちを感じたりすることになるし、病人や身体障害者は投票しにくいという現状もある。もちろん、天気が悪いとか、ある候補者や政党の勝敗があらかじめわかっていることも投票棄権につながる場合があるだろう。

政党加入

民主的かつ競争的な政治体制では、政党が候補者を選び、政府に参加しかつ支配する基本的な集団となっている。政党にはこの主たる機能のほかに、競合する不満や要求のバランスを取るブローカー、仲介者、折衝者として、集団どうしの抗争を平和的に組織立てて解決し、政治的な目的達成のための役割もある。また選挙のために世論を簡潔にまとめ、政府の決定に影響を与え、リーダーを選択して任命し、党員に福利的なサービスを与え、公共の問題について市民を教化し情報を与えることなども、その役割に含まれている。

人々が政党に加入する理由は様々だが、最も頻繁に言及されるものとしては、政党が一部の人々のために特定の政策や主義を推し進め、経済的利益を保証するということがあるだろう。しかし政党自体やその政策的方針が身近で明らかだというだけでは理由にならない。例えば権力を手にしたい、大衆に影響を与えたい、服従を受けたいなどといった欲望も、動機としてはあるだろう。ラズウェル（Lasswell, 1948：57）は「政治的人間」を、権力を重視し、要求し、自分自身の経験をより権力へ近づけようとする人間、つまりすべての行為を権力への到達に向けて働かせる人間、としている。権力に対する欲求は、すなわち支配欲求ということになる（第７章を参照）。しかし一方でレーン（Lane, 1959：127）は、民主主義的政治体制のもとでは、権力への飽くなき欲望だけでは小規模の政権獲得しかできない場合が多いとした。民主主義下で政治家として成功するためには対人関係の技術が必要だが、権力欲だけに支配されている人間はそれをもたない。成人にとっての権力の目標は、政界の代わりに、財界やマスコミ、あるいは産業界に向けられる場合が多いという。

政党加入の動機は他にもいくつかあるが、その中で最も重要な最初のものは、社会的適応や社会的相互作用を目的とした、つまり社会的環境と調和のとれた関係を確立し、社会や地域に適合するために必要な行動パターンを学習し、既にある習慣を改変するといったものだ。一部の人間にとっては私利私欲も政党加入を促すものとなり得る。当然ながら、何を知っているかだけでなく誰を知っているかも政治的には重要な意味をもつ。政界では財界や労働界の有力者、あるいは党員どうしと重要な接触をもつ機会があるので、そういう時は経済的利益を得る機会もあるのだ。

レーン（Lane, 1959：112-20）は、さらに好奇心を政党加入の理由として挙げている。好奇心は、環境を把握し理解しようとする欲求の実現であり、ある人間にとってみれば、その中に政党加入や、政界やその活動についての理解を深めることも含まれる。レーンは、意味の探究とは、渇き、飢え、性欲、安全などの根本的な必要条件の次に位置する「基本的」な動因であると述べている。したがって強い好奇心をもつ人々が政界に興味をもち、場合によっては活発な党員になる可能性もある。また無意識的な欲求が、政党加入につながることもある。これはそう頻繁ではないが、実際内面的な緊張緩和のために政党に加入する場合、右翼政党や左翼政党だけでなく中道派政党にも、無節操かつ情熱的で常軌を逸しながら、ただ党の目的には大変熱心という党員がいる。こういう人間は、自分たちの頑なな価値体系や非合理的（概ね神経症的）な献身意識が強まると、ほんの少し意見が違うだけの人間の動機や信頼性をも憎悪するようになる。

利益団体と圧力団体への加入　利益団体［interest groups］とはメンバーの利益を助けるために組織されたものであり、メンバーは共通の特徴や態度、理念、目標を分かち合い、そのための利益を組織立てて進め、保護するなどの社会的活動を行う。利益を生むであろう事項を要求として政治的決定の場に持ちこんだり、政策決定者や大衆に情報提供したりもする。政府の決定に影響を与え、候補者を支援したりはするが、政府レベルの政治意思決定に参加するために実際に候補者を出したりはしないという点で政党とは区別される。さらに政党は公共政策を全体的に国内かつ国際的に捉えているのに対し、通常ほとんどの利益団体は最低賃金、銃砲所持、公害からの環境保全などの狭い関心に限られる。組織だった利益団体はメンバーに対する正式な規約があり、年次会合をもって役員を選出したりする。また、情報や他のサービスをメンバーに供給したりもするが、それは組織の目的やその達成のための活動についての情報や説明をニューズレター（会報、ＰＲ誌）などを通じて流すことによって、メンバーどうしに常に新しい情報交換がなされるようにしているのだ。

圧力団体［pressure groups］とは、特定の目的、例えば増税反対、輸入品目の拡大反対、核装備の縮小などの問題について、公共の権威に対してじっくりと影響を与えるために組織されている。平和運動などはよい例で、これは第二次世界大戦後に盛んになったが、実際に運動が実ったのはヨーロッパで一九七〇年代の後半、アメリカでは一九八〇年代に入ってからであった。何千何百という人々が、平和や軍縮、核の凍結を求めてデモに連なったのだった。

ではどうして人々は利益団体や圧力団体の活動に加入したり参加したりするのであろうか。様々な理由があろうが、団体に属することにはまず具体的に三つの利益が考えられる。第一は物質的なもの、つまり個人にとっての実利的な報酬である。例えば労働者にとっての賃金、農家にとっての米価上昇、あるいは税金の削減などが挙げられよう。第二は団結の価値［solidarity values］、つまり心理的な眼に見えない欲求が現実化したものである。その中には親和、社会的相互作用、集団同一視、所属、楽しみ、相性などが含まれる。第三は個人を越えた目的を遂行しようとするための利益である。例えば環境保全、表現の自由や市民の権利の促進、防衛費の増加に対する反対などが挙げられよう。これらの意見に対する表明や支持が個人的な満足につながることもある。そうして最終的にこれらの利益は団体（この場合は、特定の利益団体・圧力団体）の非加入者や、その存在や活動を知らなかった他の多くの人々にまでもたらされるのだ。

市民側主導の接触

もう一つの参加方法は市民側で主導する政治家との接触である。市民はいろいろな問題に対する意見を表明し、要求を出すために政治家に電話をしたり、手紙を出したり、時には個人的に事務所を訪問したり、秘書あるいはスタッフを通じてある問題に対する支持や不支持、関心や欲求の表明、あるいは陳情などもする。最近ではインターネット、特にEメールのやり取りを通じて、特定の争点についての要求や不満を表すことも増えてきている。もちろん政治家側が主体となった接触もあるが、こういう場合は問題が提示されず、めったに政策を変更させたりすることはできない。

集団として接触する場合は少し違う。特定の要求をもつ集団や個人が参加の代償を減らし、成功の確率が高まると信じて利益団体やロビイストの形をとって団結するのだ。このような集団は内部の階層組織や交流関係は発達しているが、時折、現実の問題よりも集団内での駆け引きのほうにより力を入れてしまうことがある。しかし全体として、集団の場合は個人よりも要求は強く、同様に意思決定の場で他の利益団体と競合する場合もある。市民側主導の接触、あるいはロビイングの鍵となるものは二つある。つまり意思決定者に近づくこと、それが成功したら注目を奪うということだ。少なくとも建前上、民主制の下での意思決定者は有権者の欲求や希望に対して注目し、かつ応ずることになっている。

しかし政治家自身が他の日常業務での忙殺、有権者との物理的な距離などにより、相互に交流する頻度は限られている。一部の代議士は自分の選挙区を頻繁に訪問する場合もあるが、ほとんどの代議士は時間と場所の問題からそれは不可能だ。それでも一部の市民は何とかして政治家（あるいはスタッフ）とコミュニケートしようとするのだ。

3　政治活動のレベルと内容——間接参加

マス・メディアへの接触

このカテゴリーには政治に関する会話や、政治関係の情報をマス・メディア（「マスコミ」と同義、つまり新聞、雑誌、書籍、映画、ラジオ、テレビ、最近ではインターネットなど）を通して見聞きしたり読んだりすることなど、直接政治過程や政治制度には関わらない個人的な活動が含まれる。政治について新聞を読み、テレビを見、インターネットを検索することは、間接的な参加と考えられているが、政治活動や様々な政治的素因が個人レベルで形成される過程とメディアの使用とは関連をもつとされるので、間接的といえども最終的には政治活動に影響する。またマス・メディアからの情報をもとに、有権者が政治に興味をもったり、選挙に参加したり、あるいは特定の候補者や政党に投票したりすることが認められている（具体的な効果については後述）。

ここでは特にマス・メディアを中心とするが、政治に限らず、デニス・マッケイル（McQuail, 1994：73）はメディア利用に共通した理由について全般的に、第一に情報、第二に個人的なアイデンティティ、第三に統合と社会的相互作用、第四に娯楽という四つの類型を提示している。特に一般市民は政治問題や制度、その動きと変化など、例えば新税制、次の選挙、新内閣の組閣、戦争の勃発に関する情報などをマス・メディアに依存しているが、それはどれも個人的に得られるものではないからだ。特定の政治報道、例えば選挙キャンペーンなどを追うような人間は、他よりも明らかにメディアに対する動機づけが強いわけだが、動機づけの程度は様々な社会的・心理的・政治的要因によって異なる。しかしマス・メディアで報道される政治情報にすべての人間が接触しているわけではない。世間の出来事や政治行動、あるいは自分の身の周りについてほとんど興味のない「世捨て人」といわれるような人間もいる。こういう人間は情報を得ない状態を続けるが、それは単に彼らが世間についての情報を求めていないか、あるいは積極的に避けているからにすぎない。このような人間が政治関連の情報を得るとすれば他人と話す時だけに限られる。

政治情報への要求と利用

ではなぜ人間はマス・メディアで政治情報に接触しようとするのだろうか。まず、人間のマス・メディアに対する関心は、情報を得るためだけと考えられている。そういう点から見ると、人間はコミュニケーションの過程において主体的に目標に向かっているということになろう。加えて各人は新聞で政治記事を読み、テレビで政治のニュースを見るために自分なりの理由を持っているであろう。ある人は知識を求めているのかもしれないし、他の人は「暇つぶし」のためかもしれない。一方、新聞やテレビの政治報道に触れる時、すべての人間が政治的情報のみを集中的に探しているわけではない。例えばアメリカでは多くの人々が、選挙キャンペーン、とりわけ大統領選挙をゲームと見なしているといわれる。人々はそのゲームを、ゲームがゲームとして行われるエキサイティングなドラマとして見ている。したがって、二人の候補者間で行われるテレビ討論（ディベート［debate］）などが多くの視聴者を獲得するのは、それが本来娯楽を提供しているからであり、視聴者が候補者についての情報を得ようとしているわけではないのだ（Kelley, 1962）。

情報取得に対する目的は、このように多くの心理的・社会的な要因によって変化する。数年前まで人間は、ふるいにかけられた特定の情報に一定の場合にだけ接触すると考えられていた。その場合とは、情報がある重要な決定を助ける、あるいは認知的不調和を減らすと感じられる時である。つまり人間は自分の正しさや自分のいる状況を最上と考え、自分の環境の強い正当化を求めているわけだ。しかし最近では、人間は自分に最も関係のある情報を求めるという指摘もある。つまり自分のために提供されたコミュニケーションに実益があるからこそ、人々は情報を求めるのだという（McQuail, 1994：73）。また対面的コミュニケーションの可能性、つまり話の種にするために情報を求めるという説もある。そのため政治キャンペーンに関する話題は雑誌によるキャンペーン、テレビによる政治報道、また、テレビの政治や公共の番組などとの接触と重要な関係があるという。メディアと接触した後に他人と接触する可能性があれば、それらの人々にもメディアに対する注意を促すかもしれないということだ。したがって、ニュースの内容に関する日常的な話題も、マス・メディアの使用における重要な部分と見なすことができる。

ジェイ・ブラムラーとデニス・マッケイル（Blumler & McQuail, 1969）は、メディアの政治情報の使用を決定する八つの動機を示したが、そこでは使用する理由として、⑴投票のための参考、⑵既決事項の強化、⑶政治環境についての監査、⑷興奮、⑸将来予期される他人とのコミュニケーションの可能性に役立てる、などがあり、また避ける理由として、⑹疎外感、⑺パルチザンシップ（特定政党への帰属意識）、⑻政治的なものはリラックスできない、などが挙げられている。さらにリー・ベッカー（Becker, 1979）によると、人々の政治的情報取得への動機は一貫して三つに大別でき、それは⑴情報の必要性によるもの、⑵気晴らしのためのもの、⑶より個人的な欲求に関したものとされている。

政治的情報を得るために、大衆がどういうメディアを使うかといったことについても研究が行われた。六〇年前にラザースフェルドら（Lazarsfeld et al., 1944）は、人間は同じ情報を得るためにいくつかの異なるメディアを使うと指摘した。政治キャンペーン期間中、一つのメディアを使った人間は同時に他のメディアも使う傾向がある。つまり、各種のメディアの使用パターンは互いに重なり合っているということになる。一つの目的のためにあるメディアが使用されるということは、同じかあるいは別の目的のためにいずれ別のメディアも使われるようになるということを示している。したがって、情報探しは「雪ダルマ」現象を招き、人はより情報化されることになる。

一九五〇年代以降のアメリカでは、政治、特に全国レベルの選挙やイベントにおいてはテレビが最も重要なメディアとなった。テレビの優秀さは簡単に多くの情報が得られるというだけでなく、同様に「良い」情報を提供する能力があるとされていることである。政治問題の情報源としては、多くの研究により、テレビが新聞よりも偏向が少なく、個人に合わせた動きと精彩のある完全なものと思われていることがわかっている。しかし一九七〇年代以降の大統領選挙のキャンペーンにおいては、テレビは候補者の個性を知るのに最も良いが、評価自体は新聞が最も高いことが指摘された。テレビの視聴者は同様に新聞のニュースも追っているが、熱心なニュース読者は情報源として新聞をより好んでいるとされており（Patterson, 1980）。全国ネットのニュース番組を毎日必ず見ているのは成人の四分の一以下であるというのが実情である。

特定のメディアとの接触と、デモグラフィック的な、あるいは政治的態度を示す要素との間には何らかの関連性があるとされている。例えば政治情報を新聞よりもテレビに依存する人々は教育、収入のレベルが低く、政治的関与が最も低い傾向にあるとされる。さらに政治に対する信頼や、政治の有効性を感じる度合いも他より低く、かつ政治的知識も少ないという。またテレビへの依存は国の政府に対してではなく、地方自治体政府に対する不信と関係がある（第9章で詳解）。

マス・メディアの認知効果

以上マス・メディアとの接触について述べてきたことから、政治参加には、場合によってメディアの影響が伴うことがわかった。人間のメディアからの知識獲得が認められ、まず「認知」があり、それが「態度」を形成して、さらに「行動」へとつながるというメディアの効果形成過程について、認知レベルにおける政治的メッセージの関連と効果を調べる研究が進んだ。

マス・メディアには様々な認知的効果があるが、最も重要でよく引用されるのは、第一に政治における人々にとっての重要な点の決定（議題設定効果［Agenda-Setting Effect］）、第二に政治が設定する選択肢に対する人々の評価（プライミング効果［Priming Effect］）、そして第三が人々の政治に対する理解（フレーミング効果［Framing Effect］）である。これら三つの影響過程ははっきりしないことも多いが、別々に明確に詳解していこう。さらにアナウンスメント効果［Announcement Effect］についても解説する。

⑴議題設定機能　議題設定効果は一九七〇年代初頭にマクスウェル・マコームズとドナルド・ショーによって提起された「ある話題や争点がマス・メディアで強調されるにつれて、公衆の認知におけるそれらの話題や争点の重要度・目立ちやすさも増大する」というものである（McCombs & Shaw, 1993）。マス・メディアは「今、何が問題なのか」という議題（争点）の設定について強い影響力を持ち、マス・メディアが強調するレベルが問題の重要性を人々に認知させることになる。

これは、一九六八年ノースカロライナ州チャペルヒルにおけるアメリカ大統領選挙の秋季キャンペーンの最中、投票意図が未決定な有権者一〇〇人に対して行われた、今政府が取り組むべき主要な問題についての意識調査と、同時に行われた調査地域で全国レベルの政治情報を提供している新聞・週刊誌・テレビのニュースの内容分析をもとに、ニュースの出現頻度による公共の争点のランクづけがもとになっている。そして意識調査の結果とメディアへの出現頻度の高かった争点が高い相関を示したことから、マス・メディアが公共の争点の優先順位に関する有権者の判断に強い影響を与えたという推論が導かれた。

この理論は、マス・メディアが、個人が直接接触できない政治的な世界から情報を集めて伝えることにより、受け手が社会全体の現実、つまり今何が起きているか、重要な問題は何かということを知る際に、大きな影響力をもつことを示す。マス・メディアの独自でかつ強力な機能は、「どう考えるべきか」ではなくて「何を考えるべきか」に影響する。

⑵プライミング効果　プライミング効果（「争点への点火」あるいは「マスコミ・プライミング」［Media Priming］とも呼ばれる）とは、特定争点がマス・メディアで強調されることで、有権者がその争点を政治指導者の評価基準とし

て重視するようになるということである。これはマス・メディアから頻繁に見聞した情報が記憶に残ることにより、とりあえずの判断を行う際にその情報が用いられると想定されるからだ。議題設定の研究からきた「プライミング」仮説によれば「他のことは無視し、評価が複雑ではなく簡単な争点に関心を集めることにより、テレビニュースは政府、大統領、政策、候補者についての判断基準について大衆に影響を及ぼす」とされる（Iyenger & Kinder, 1987）。

「プライミング効果」という概念は議題設定効果を越えた相当大きなもので、夕刻のテレビニュースが政策の形成と大衆の政治についての感覚や態度に与える影響を扱い、アメリカではテレビのニュースが政治について最も重要な単一の情報源となったとする研究もある。「プライミング」と公共の議題への影響力を通じ、夕刻のニュース番組は、⑴一般市民の関心と目的の形成における重要な役割を果たし、それが最終的には政府の政策へつながるようにし、⑵現職大統領の統治能力に影響を与え、強調する争点によって、選挙で誰が勝ち得るかを決定する要因をつくる、とされる。

マス・メディアには大衆の国家的問題や出来事についての考えを変更する力があり、さらにある政治家の争点に対する大衆の見方や関心について「メディア・プライミング」を通して決定する力がある。政治家はマスコミが自分の性格や能力をどう描写するかをたいへん気にかけるため、結果として政治家も議題や政策決定問題への関心についてはマス・メディアの影響を受ける場合もあるという。

またマス・メディアは、ある決まった争点に焦点を当てず、代わりに別の争点に大衆の関心を引きつけることで、選挙キャンペーンの基盤にも影響を与えることができる。例えば大統領選挙期間の最後の段階で、マス・メディアがイランのアメリカ大使館占拠事件の際のジミー・カーター大統領の態度を中心的に扱ったことから、危機解決に対する彼の無能さが明らかとなり、それが選挙敗戦の重要な要因になったことなどがある。（議題設定仮説およびプ

ライミング効果についてはさらに第9章で詳解）

(3)**フレーミング効果**　一般に、マス・メディアあるいはジャーナリストが、様々な出来事や問題を解釈し、一定の意味づけを与えるために用いる認知的フレームを「メディアフレーム」という。トッド・ギトリン（Gitlin, 1980 : 7）は、フレームが「多くは言及、認知されないままに、レポートするジャーナリストにとっても、またそのレポートに依存する我々視聴者に対しても、世界を組織化するように作用する」特性をもつとしている。マス・メディアがどのようなパースペクティブあるいはフレームに基づく問題提示をするかによって受け手の認知に影響が及ぶ時、その影響を「フレーミング効果」と呼ぶ。

これは、テレビの視聴者がマス・メディアによって整理・要約されたニュース映像に見る二次的現実を、どのような「認知的フレーム」を使って自分にとっての現実として再構成しているかという分析的研究から提案された。シャント・イエンガー（Iyengar, 1991）は、テレビニュースは様々な問題を「エピソード的フレーム」あるいは「テーマ的フレーム」のいずれかに基づいて報道する傾向が見られるとした。「エピソード的フレーム」は、公共問題を具体的な事例や特定の出来事（ホームレスの人間、失業者、殺人事件、人種差別の被害者、ハイジャック事件など）に即して提示し、視覚的な訴求力が高い。これに対し「テーマ的フレーム」は経済状況を示す統計や政府の政策など、より一般的、抽象的な文脈に基づく報道を指す。そしてニュースにおいて人間が重要な働きを示す「エピソード的フレーム」では、責任の帰属は特定の個人や集団の行為に向かいやすく、政治的課題を抽象的に扱う「テーマ的フレーム」では、社会や官僚機構の責任や一般的な社会要因が意識されやすかったという。つまり、マス・メディアの作成するフレームが非難の矛先を決定しているのだ。

以上の研究から示唆されるように、テレビニュースは公共問題を報道する際に特定のフレームをかなり偏った比率で用いる傾向が見られる。また、受け手は現実を再構成する際、ある程度メディアと共通のフレームを利用し、またある程度メディアによるフレーミングの影響を受けながらも、受け手自身の能動的な情報処理過程の中で独自の現実を構成すると考えられる。

ラッセル・ニューマンら（Neuman et al., 1992）はテレビの報道番組を分析し、映像制作側は主に五つの認知的フレーム、つまり「経済的フレーム」「対立抗争のフレーム」「無力さのフレーム（巨大な権力が難問に接したときの無力さを強調する）」「ヒューマン・インパクトのフレーム（当該問題で最も利益を得る人に焦点を当てる）」「道徳性のフレーム（道徳的観点から批判的なコメントを盛り込む）」に依拠しているとした。またニュースの内容分析に加えて、視聴者に対する深層面接調査を行った結果、様々な公共問題を解釈する際、メディアだけではなく受け手もまたこれら五つのフレームに大きく依拠していることがわかった。ただしこれら五つのフレームのうち、メディアが「対立抗争フレーム」を多用するのに対し、受け手は「ヒューマン・インパクトのフレーム」をもっとも頻繁に活用するという違いがあった。これは、受け手が政治的問題を解釈する場合、メディアの支配的なフレームをそのまま受け入れるのではなく、無視したり、再解釈したり、特定の側面を選択的に重視したりといった能動的な意味づけを行っていることを示す。

以上三つの効果は非常に関係が深いが、そこには主に二つの見方がある。一つは、プライミングは議題設定の後に続く効果で、フレーミングは議題設定が拡張された効果とする見方である。つまりプライミングはマス・メディアがある争点を重視することによって利用者側もそう認識し、その争点を政治家などの評価基準として用いるようになるし、フレーミングは、マス・メディアがある争点を議題設定の仮説として強調することで人々の注意が喚起されるという意味だ。もう一つの見方は、議題設定効果とプライミング効果、それからフレーミング効果は原理的に異なるという見方である。ここでは前の二つは接触の可能性の高い情報が半ば自動的に判断や決定に用いられるという効果であり、後者はより能動的な意識の働きを伴うものと仮定されている。

(4)アナウンスメント効果（あるいはアナウンス効果）　アナウンスメント効果とは、選挙キャンペーンの際にマス・メディアが行う予測や情勢の報道によって、候補者の当落や政党の議席の増減が左右される（といわれる）心理的な効果である。ある候補者に投票しようと考えていた人が、予測報道でその候補者の勝利が確実とされると投票に行かなかったり、別の候補者に投票してしまうことがあるが、このように選挙予測が投票行動に影響を与える場合にアナウンスメント効果が働くと考えられる。

アナウンスメント効果は、(1)「バンドワゴン効果」（「勝ち馬効果」[Bandwagon Effect]）と、(2)「アンダードッグ効果」（「負け犬効果」[Underdog Effect]）の二つに分けられる。バンドワゴン効果は、音楽隊の行進の周りにどんどん聴衆が集まってくる様子にたとえられたもので、優勢な政党や候補者に支持者が集まる現象を指す。人間には、ある意見や候補者が大多数の人に支持されているというそれだけの理由で、その意見や候補者を支持する傾向がある。それは社会的是認という見えない報酬、つまり少数意見を支持するよりも大多数の意見を支持する方が、周囲からは肯定的に受けとめられるということがあるからだ。

これに対してアンダードッグ効果とは、劣勢の候補者や政党に味方して投票するというような、判官びいき的な行動をとることだ。特に支持してもいないのに野党の議席が増える方が良いと思って野党に投票したり、ある政党や候補者が苦戦だとする報道があれば、あまり積極的でなかった支持者が投票に行ってしまったりして、結果として予測では負けるはずの政党や候補者が逆転勝ちすることもあり得る。このように、選挙予測の報道によるアナウンスメント効果には、ある政党や候補者にとってプラスとマイナス両面の効果があるということは重要である。

4　疎外と政治的行為

疎外という概念

疎外［alienation］とは人間にとってたいへん重要な側面であり、悲観主義、シニシズム、失望、効力の欠落、不信、孤立、他の様々なことと重なった意味を持つという指摘が多い。疎外感とは自分が周りの世界から切り離されているような感覚とされ、同様に疎外された人間とは、社会的な組織や、特にそれらと自分との関係が理解できない人々とされる。このような人間は、適切な文化的価値観による手引が欠けていると思い、自分には周りの環境に影響を及ぼす能力が無いと信じ、ついには世界から落ちこぼれてしまったような感覚ももつ。結果としてこれらの人間は自分は社会に無関係だと思い込むので、社会的活動に関わるたびに、欲求不満と懸念を感じるようになる。そして疎外された人間は自分自身を環境から切り離し、環境に対してはシニカルに、仲間に対しては不信感をもつようになりがちなのである。

マルクス（Marx, 1844/1964：124-5）は、労働における疎外の成立要因について触れ、第一に労働は労働者の外部にあるもので、本来もっているものではない。したがって労働者は自分自身を労働によって満たそうとはせず、かえって自分自身を否定してしまう。そして適応しようとするよりは自分を惨めだと感じ、精神的・肉体的なエネルギーを自由に発揮しようとせず、肉体的に疲れ、精神的には後退してしまうと述べた。つまり労働者は余暇の時だけゆとりを感じ、仕事中は宿無しのように感じるとしたのである。

またフロム（Fromm, 1955：120）も疎外について述べている。彼は、外部の力よりも個人の経験に焦点を当てたが、彼の見方もマルクスにかなり近い。彼の「疎外」とは、自分が自分自身から離反［estranged］しているような人間のことで、そういう人間は自分のことを、自己世界の中心にあって行動をつくり出す主体とは感じられず、逆に自分自身が自分の行動とその結果に従って操作される客体となってしまう。

マルクスとフロムによって提示された二つの定義では，疎外は主に悪い制度のもとでつくられる悪いものとされた。しかし，この二つの定義を現実に応用する場合，まず個人が離反の感覚を持つためには，初めに帰属の感覚が必要であることを忘れてはならない。例えば政治的に疎外されている人間は，以前は受け入れられていた政治機構や政治過程から離反していると感じているわけだ。さらに，すべての集団との関係を断ち切っている人間はわずかしかいない。既存の政党からは疎外されていても，スポーツクラブや地域活動には加入している人間もいるかもしれない。政治的に疎外されている人間が抗議［protest］運動に参加することさえある。だから疎外について論じる時は，必ず特定の構造や価値観を考慮し，個人の行為が様々であることを念頭に置くべきであろう。

政治的疎外とその構造

具体的に政治的疎外［political alienation］とは何かといえば，大衆社会における社会成員の政治システムからの疎外意識であろう。このような意識は，一般的に政治不信［political cynicism］と呼ばれるが，この不信感には無力感や嫌悪感などの多岐にわたる感情が含まれている。また政治的無関心［political apathy］という言葉もよく用いられるが，無関心の中にも無力感や諦観など，質的に異なる意識が含まれる。これら政治に対するネガティヴな意識の総称が政治的疎外といえる。レーン（Lane, 1962）の定義によれば，政治的疎外とは，第一に人間が自分自身を政治的生活の主体ではなく客体と考える時，第二に政治体制が自分の利益にならず帰属意識が感じられない時，第三に政治的意思決定が認められず何らかの不公平を感じる時，以上三つの場合に起こり得る症候群とされる。

政治的疎外意識，なかでも政治的無関心という概念については特別な関心が払われてきた。政治的無関心とは，自分の所属する社会や集団の政治状況に対する関心や参加の程度が低く，また政治過程に対して積極的な反応を示さない状態を指し，政治不信とともに政治的疎外意識の中核的概念の構成要素である。近代以降の市民社会では政治参加が一つの権利とされたが、政治の巨大化と複雑化は逆に政治の専門家と素人を分離することになり、個人の無力感を生み出した。結果としてある程度の政治的知識がありながらも政治と関わらない個人が増加したのである。リースマン（Riesman, 1965）のいう「政治というものをかなりよく知りながらもそれを拒否する、という無関心であり、また自分たちの政治的責任というものを知りながらもそれを果たさない無関心」というものだ。

政治的無関心については、多くの研究者によって様々な類型化の試みがなされてきた。たとえばラズウェルとアブラハム・カプラン（Lasswell & Kaplan, 1950）は、現代の政治的無関心を三つのタイプに分け、第一を脱政治的［Depolitical］、つまり権力の行使による自己の要求充足に失敗し、権力に幻滅して引退する、第二を無政治的［Apolitical］、つまり芸術など政治以外の価値に極端に傾倒して政治に関心をもたない、そして第三に反政治的［Antipolitical］、つまりアナーキストや宗教的原理主義者など自己の持つ価値が本質的に政治と衝突する状態、とした。

さらに政治的疎外の構成要素については、アーモンドとヴァーバ（Almond & Verba, 1963）が政治システム論の視点から、政治的無力感と不信感をそれぞれ政治システムに対するインプット（欲求、支持）とアウトプット（政策、執行）に区別した。また、マーヴィン・オルセン（Olsen, 1969）は疎外の尺度として、その人間の生育環境が従属的で混乱したものであるために発生する無能な態度［Attitudes of Incapability］と、日常では無能を感じなくても、社会的序列による他人への従属状態に不満を感じている人間に見られる不満の態度［Attitudes of Discontent］とに分類した。

アダ・フィニフター（Finifter, 1970）は、政治的疎外について四つの次元を示している。第一に無力感［Powerlessness］、つまり自分がつくるもの、求めるものを自身の力では決定できないのではないかと思うこと。第二に無意味［Meaninglessness］、つまり政治決定は予測できないと感じること。第三に無規範［Normlessness］、つまり政治的関係を統制すべき規範は壊れたと思うこと。そして第四に政治的孤立［Political Isolation］、つまり社会で広く共有されている政治的規範や目標を否定することである。これらの要因の中でも、無力感については政治的知識や他の特定の知識の欠落や、社会活動や政治活動への関与の少なさとの関係がかなり明確である。

疎外された人間は政治活動には参加しないという主張もあるが、特定の政治行動をとることも知られている。一般的にそういう人間は政治をあまり気にせず、政治活動を話題にせず、また多くの政治情報を得ようとはしない。つまり疎外された人間はシニシズムや不信感、離反などによって、自分たちの関与など無駄だと思っており、したがって積極的な政治参加理由が乏しいとされる（Milbrath & Goel, 1977 : 78-81）。マーレイ・レヴィン（Levin, 1960）は、政治的疎外意識をもつ人間が、現行制度への敵意の表明として行う政治参加について「疎外された投票者モデル」を用いて解説した。

一方、政治的疎外と各種の政治参加とが様々な意味で関係することも指摘されている。例えば前述のオルセン（Olsen, 1969）は、無能の態度は低い社会経済的地位や、少ない政治活動と、逆に不満の態度は高い社会経済的地位や活発な政治活動と、それぞれ明らかな関係があるとしている。また、ウィリアム・エルベ（Erbe, 1964）によれば、疎外は政治活動とはあまり関係がなく、消極的な政治参加と関係しているという。さらにフレデリック・テンプルトン（Templeton, 1966）は、疎外された人間は国の政治からは退いてしまうが、地域政治についてはそうしないと述べている。地域的レベルでなら行い得ることに限られるが、もともと不満の意思を表明するための経路が整っていれば、疎外された人間でも政治参加を行うのである。

政治的疎外意識は、時に投票棄権などの制度的な行動を超えて、暴動やデモといった非合法的行動に至る場合もあり、それらは政治的逸脱［political deviation］と呼ばれる（次節参照）。このような行動を起こす人々は通常よりも高い逸脱レベルにあり、現実に不満で新たな改革を望む革新的逸脱と、過去の状況への回帰を望む反動的逸脱とに分けられる。しかしミュラー（Muller, 1979）は、疎外された人間が攻撃的な行動に加わることで政治的に積極的な態度をもつようになり、後に民主的な活動をも行うようになると指摘した。実際、一九六〇年代に欧米を席捲した若者を中心とする抗議行動が、平和運動や女性解放運動へと変貌を遂げた例がある。

政治的疎外意識の形成については、まず政治的社会化の過程における何らかの影響が考えられる。また、社会における価値意識の変動も重要な要因であろう。ある程度生活が安定している限りは、あえて現状の変革を望まないといった生活保守主義や、ロナルド・イングルハート（Inglehart, 1997）のいう脱物質主義など、政治的疎外感との関連が指摘されている。大衆は自らの生活に忙殺され、かつ政治は複雑化して、その過程は日常から大きく離れつつある。このような民主主義の唱える理想と現実とのギャップが政治的疎外意識を生み出しているともいえよう。

5　政治的逸脱の意味と結果

政治的逸脱とは

現代社会における政治的疎外の影響については、政治的逸脱について知ることで最もよく理解できる。では政治的逸脱とは何か。政治的逸脱の意味は多くの研究によっても明確には定義されていない。研究者の一部は自分なりの定義をつくり出しているが、他は曖昧なままにされている。最もよく知られているのはジュゼッペ・ディパルマとハーバート・マクロスキー（DiPalma & McClosky, 1970）による「全体の七〇％が賛同する声明について反対を示す人間」という、ある調査をもとにした定義である。つまり多数を占める回答者に反対する人間ということだ。彼らは主に政治的価値観についてのものと、政治的問題ではないものからなる一連の質問に対する回答をまとめ、逸脱の尺度を作成したところ、逸脱率の上昇によって疎外率も確実に上昇することが判明した。

政治的逸脱に関する様々な研究によると、その原因は平均よりも高い疎外レベルにあるという結果が一部にある。

革新的な逸脱者とは、新しい世界への希望を進めたいと思う人間であり、こういう人間は、満足した経験をもたず、現実への改善策も思いつかないうちに野心が突然沸き上がり、変化を継続させようと欲するのだ。反動的な逸脱者とは、現実でも想像上でも自分や仲間が良い暮らしをし、現在の収入や影響力を脅かされることが少ない昔の世界に戻りたいと思う人間である。この種の行為は極端な体制だけではなく民主制においても起こり得る。

例えば民主制においても、右翼や左翼は既存の政治過程に対してその合法性を認めたがらないと定義されている。極右派は自分たちが豊かだった社会はなくなりつつあり、現在の体制の中にそれを復興させる方法はないと考えている。かたや極左派は自分たちが新しい社会に寄せる希望が袋小路にはまっていて、現在の体制にはそれを達成させる方法がないと考えているのである。

政治的な右派と左派との逸脱状況の間には環境や疎外の点で多くの共通点がある。両方とも自分たちを永遠の少数派だと思い、活動のための指針が不確定なままに環境が急激に変化しつつあると考えている。そして自分たちはこの世界から切り離されていると感じて、政治体制を変化させるための極端な戦略を推し進めようとしているのだ。これらの政治的産物は、左翼でも右翼でも客観的状況、特に政治体制の中の個人の位置の状況における相互関係の結果といえようし、彼らが環境を解釈する態度は既に特定されている。こういう人々はどこに生活しようとも、社会的環境に対して異なる経験をしながら無意味さや無力感を乗り越えるために新しい規範のシステムを求める反応をするのである。

それではほんとうに政治から逸脱している人々とはどういう人間なのか。まず、合法的な政治的論争を越える立場や行動をとる人間が逸脱と考えられよう。しかしストレスと変化の時代においては、様々な少数派の人々が合法的政治過程を通じて問題解決の権利を要求し、逸脱が政治の形をとることもままある。特に抗議行動がそうであり、例えば騒音や汚染を問題にしたり生活様式の変化を要求したりする人々が、政府や意思決定者に対し、問題の調停や、少なくとも自分たちの計画や要求を申し立てたりし、それが受け入れられなければ行動はさらに激化する。近代国家における抗議行動については、社会の秩序を破壊し社会とのコミュニケーションをもとうとしない一連の個人的な犯罪行動とする考え方もあるし、逆に多かれ少なかれ合法的なコミュニケーションだという解釈もある。

現代社会と逸脱行動

民主主義の体制では抗議もデモも特定の目的をもって行われる。それは意思決定者の関心を抗議者の苦情や要求に向けるための通常の経路が塞がれていたり、存在しない場合に起きる。直接選挙制度などがなく、意思決定者との直接の接触がない場合は、要求を通す手段は大衆のデモに限られてしまう。直接行動は、大衆が合法的要求と考えることを明確に申し立てるためにとられるものだ。大衆の目的は、参加を除外された集団や、考慮されなかった問題を意思決定機関や国家が取り上げることなのである。このような要求は体制内の人々にとっては革命的と捉えられるかもしれないが、いったん応じられれば基本的な体制が変化したり、状況が緩和されたりする。また抗議にはその集団の政界における影響力をはっきりと可視化するというもう一つの目的がある。

抗議者の数がごくわずかでも、通常の慣例を壊すことで注目を集めることができる。例えばブルドーザーの前に座り込んで道路や建物の建設を止めたり、線路に自分の体を縛りつけて電車の運行を妨害したり、公共の建物に体をつないで多くの人々を邪魔することなどだ。このような抗議行動は様々な要求の象徴的な表現といえよう。集団や個人が政治的意思決定者から認知されたり、接触されたりすることは稀で、彼らは強制的な対面を通してやっと要求を聞いてもらえることになる。つまり抗議とは、接触不可能な時に用いるコミュニケーションの方法ともいえる。

民主主義国家における抗議行動についてはいくつか注目すべきものがある。サミュエル・バーネスら（Barnes et al., 1979）は、一九六〇年代後半に広く勃発した政治的抗議行動を、アメリカ、イギリス、西ドイツ、オーストリア、オランダの五カ国に関して比較文化的な視点から研究した。それによると、西側の政治社会には潜在的な革新的政治活動が多く、かつ広く分散しており、さらに実際に動いている中心的な活動家集団は、四〇歳以下であることがわかった。抗議行動に出やすい政治活動家は概ね若いが、必ずしも若者ではない。彼らは高い教育レベルによって抗議の意志を強化されている。一般的に男性のほうが女性よりも動かされやすいが、しかし若い女性も、抗議という方法を使う可能性をもつ。一九六〇年代の平和運動以来、政治的不平等を是正するために多くの政治勢力が発生したが、女性解放運動はその中で可能かつ合法的であることを強調されたうちの一つであった。

この問題に関して、ミュラー（Muller, 1982）によると、疎外された人間や左翼的なイデオロギーをもつ人間、あるいは何となく剝奪感を感じている人間は、攻撃的な行動への参加によって政治的に活発になることがあり、そのうち民主的な活動も行うようになる。また、個人的には政治的有効性をあまり感じていないが、政治に対して精神的関与をもつ人間についても同じことがあてはまる。また一方、政治に関わることを重要と考えたり、個人的に政治的有効性を強く感じている人間は民主的な政治活動に参加することが多いが、こういう行動は民主的な範疇に収まってしまう傾向にある。

かつて非民主的な参加制度を定めた政治体制のもとでは、一般人の政治参加、要求、支持表明のためには、抗議やデモが唯一の方法であった。抗議やデモには数多くの理由があるが、最も重要なのは全体主義体制の中で要求や支持を明らかに提示するための唯一有効な経路だったということがあろう。リーダーが大衆の要求する方向へ自分たちの行動を向けざるを得ないとしても、このような体制のもとでは大衆の要求はさほど変化の要因とはならない。大衆にとっての状況が耐えがたくなった場合には要求が抗議となって現れたが、それは投票などの他の経路が存在しないか、あるいはあっても無意味だったからなのである。

普通、抗議行動は要求の拡大だけでなく現在の政策に対する不支持をも反映している。経路が塞がれていたり、要求の内容が仲介者によってぼかされてしまう場合には、抗議行動が意見表明の機会となる。虐待、逮捕、傷害など、警察や軍隊との対決では死傷者が出る可能性もあり、代償も大きいかもしれない。しかし特に抗議行動が破壊的なものであればあるほど、意思決定者への接近は確実となり、メッセージが伝わる可能性が保証される。抗議行動は政策の支持や不支持を表明する方法の一形態だが、暗に政府の政策に対する不満も表している。

政治意思決定に対する支持を示す大衆の運動は意図的に行われ、政権の支持を高め、安定を強める。例えば、一九七七年にアンワル・サダトがイスラエルを訪問した時には彼の帰還を迎えて彼の主導に共感するデモが行われたし、イラン、あるいはサダム・フセイン政権下のイラクでも、一般的な西側諸国、特に対米政策決定を支持する意味でのデモが頻繁に行われていた。

参加者にとって、抗議のデモは伝統的な参加方法に比べると要求がより広く伝わるなどの有利な点がある。また、マス・メディアにとっても日常的な情報収集の中で、このような非伝統的な参加形態は特に報道しがいのあるものとなる。しかしこれらの理由を抜きにしても、抗議者は必要以上にニュースに取り上げられるので、政治家がこれに反撃する場合は偏見をもたれる場合が多い。

ここまでは政治的逸脱行動の一つとしての抗議行動について論じてきた。さらに他の通常の政治参加の域を脱した行動については、次章で詳しく述べることにする。

第6章　政治的暴力と攻撃

1　テロリズムの時代

二〇世紀は抗争の時代であり、それについては多くの言及がなされてきた。何百万もの人間が殺された大規模な暴動の世紀であり、特に世紀の後半に起きた暴動の多くは、国内で民族、宗教、政治的イデオロギーと主張、権力や特権を異にする集団によるものであった。今も世界中のどこかで暴力、革命、戦争、暗殺、テロなどの発生しない日は一日たりともない。

特にテロリズムがそうであり、これは今日の世界で多くの国々を悩ます主要な要因の一つである。暴力に訴え、目標を遂げるためには武装闘争しかないと誤解しているテロリスト集団が多くの人々を殺傷している。テロリズムとは恐怖感を広めることによって影響力を持つことを基本的な戦略とし、自分たちの願望を平和に合理的に遂げようとする代わりに暴力に訴える。しかし結局そのためいっそう効果は遠のくのだが、彼らによればテロリズムが暴力的で破壊的であればあるほど恐怖感も強まり、言い換えれば目標に近づくということになるのだ。テロリズムの最も残虐な側面は道徳的価値観を欠き、規則を無視するということで、そこに関わる人々はすべての愛、情、思いやり、寛容さを失い、憎しみ、怒り、復讐の感覚だけに支配される。このような人々は無意識のうち、自分たちの行動の結果については考えず、ただ怒りを発散して復讐を遂げたいと思い、その基本的思考は良心を揺るがすことは少しもない。何万もの人々がテロリズムの犠牲になることによって、テロリズムに対する戦いは現代文明社会の最も重要な課題となった。

この章は政治的暴力を中心にして、まず一般的な暴力、特に政治的暴力の本質について触れ、さらにいろいろな政治的暴力、なかでもテロリズムと革命について焦点を絞りながら最後に人間の攻撃性に関するいくつかの説について論じる。ここでの暴力とは政治的問題を越えて人間の最も基本的な倫理、宗教、道徳的理念に関わるものであり、そのため暴力行為やその特徴および本質について、哲学、社会学、経済学、そして心理学の面から見ていく。しかしどの分野からの見解であってもそれ一つだけでは適切ではない。暴力行動やその原因の説明や分析のためには、場合によって社会学に哲学的な見方を合わせたり、経済学や心理学的な知識も応用しなければならない場合もある。

すべての政治行為と同様、暴力はその政治的かつ社会的な一連の関連事項から切り離して考えることはできない。暴力の分析には心理学的要因（経験や、社会化、または幼児期からの心理的特徴によって生まれたもの）と外的要因（主に環境や時代に関わるもの）の両方が関係している。この相互関係は後述するテロリストや革命家などにおいてはさらに複雑だが、それはこれらの「暴力集団」の目的が環境に反発するものだからである。

2　暴力と政治的暴力

暴力とは何か

まず暴力といえば何を意味すると考えるだろうか。人に対して嫌悪的刺激を故意に与える行動を一般的に攻撃［aggression］（危害を避けようとしている他者に対して危害を加えようと意図してなされる行動）というが、その中で肉体的・物理的損傷のみならず、精神的な不快感を与えることまで含むものが暴力

[violence/aggression] である。また故意に行うという意図性、および被害者が嫌がるだろうという予測性の二つの認知的要素が含まれる。言い換えれば暴力の最も正確な意味とは物理的な力や攻撃性によって人や物を消滅させたり、痛みを与えたり、傷つけたり、あるいは他人の行為を混乱させたりすることといえる。さらに人間は非肉体的攻撃や心理的操作によって能力を失うことも多い。

この点から見ると暴力は肉体に直接強いることだけではなく、人間の心理的環境に対する操作とも考えられる。このような行動は、人間の他人に対する安定した期待を失わせてしまう。逆に言えば人間が他人の行動を予測できるかどうかによって、社会的・政治的な安定度は決まるのだ。例えば人間は警察官、友人、教師あるいは街中の見知らぬ人間に対してすら自分を脅かさず、むしろ常識的な枠内での行動規範に沿って行動することを期待している。ところが暴力はまず力を基盤とし、かつ普通の行動の形を変えようとするので、人間の、他人の行動に対する期待を不可能にしてしまうのである。

暴力的行為 [aggressive behavior] の対象はいろいろあるが、それは主に他人の操作、剝奪、罰則、略奪、また権力を得ることを目的としている。サディズムや非合理的行為は例外として、こういった暴力には善悪にかかわらず何らかの目的がある。したがって暴力は力と強制を用いた目的の達成を意味するともいえ、殺人のような個人対個人の次元に始まり、集団対集団、さらに国家間の抗争といったいわゆる政治的暴力 [political aggression] にまで発展することもある。そこには暗殺（[assassination] 政治的な権力を求めてなされる殺人行為）、民族間抗争（[ethnic conflict] つまり言語、宗教、風俗、習慣を同じくする／異なる集団の間に発生する摩擦、および政治的な抗争）、戦争（[war] 政治的、経済的、社会的な安全性に対する「不安」をもとにした他集団への暴力的衝突のうち、少なくとも片方が国家である場合）なども含まれる。ルワンダ、旧ユーゴスラヴィア、スリランカ、アンゴラ、シエラレオネなどのアフリカ諸国、中近東、北アイルランド、トルコ、カシュミールなどでは近年までこうした暴力が起こっている。

政治的暴力は暴力的行為の中でも特別なもので、概ね定まった目的のある形をとる。政治的暴力という場合、力と強制の行使（抑制、脅迫、剝奪、痛みを加えること、傷つけること）によって他に影響を与えて意志を変更させ、特に政府などといった社会の意思決定機構に影響を及ぼしたりそれを引き継ぐことを意味する。これらの影響や継承はその対象となる集団に対して政治的、社会的、経済的な利益をもたらす場合もある。

政治的暴力とは何か

政治的暴力は、敵を罰するなど単に不快や不満を表すためにのみ使われることもあるが、より高い目的、例えば社会の改革などに関わることもある。つまり政治的暴力とはピケを張ることから、デモ、暴動、脅迫、テロ、そしてある意思決定機構を直接変革する革命までの意味を含む。戦争も、致命的な戦闘の中で二つの大きな社会が互いに反目し合う、協調と統合による戦いという意味では、政治的暴力の特別な形態といえるだろう。

第二次世界大戦の終了以後、世界では何百ものクーデターや革命［revolution］（後述にて詳解）、あるいはクーデター未遂や革命的行動、および暴動が起きている。ピーター・カルバート（Calvert, 1970：189-94）は、一九四六年から六九年までに起きた暗殺や暴力による政体の移行の例を一七九も挙げているが、この数字には失敗や未遂に終わった暴動は含まれていない。また一九七〇年以降にはサダト暗殺、中南米における数々のクーデター、イランやフィリピンの革命、そして韓国の朴政権崩壊などが起きており、第二次大戦後の世界における政治的暴力の数は三〇〇を越えると考えられる。

政治的暴力が政権を握るための重要かつ主要な手段である国もある。政治的暴力はたいてい政府か軍隊に対抗するものだが、学校や宗教、財界、あるいは私的組織などの小規模なものを相手にすることもある。つまり政治的暴力は非合理的かつたいへん残酷で認めがたいような部分をもつが、本質的に目的の絞られたものといえる。一般的に相手に苦痛を与えることはそれ自体が最終目的ではなく、手段にしかすぎないことが多いが、しかしナチの収容所はユダヤ人の滅亡を目的としたものであった。

政治的暴力は人間に影響を与えるための一つの方法ではあるが，もちろんその達成のためには，説得，増収賄，誘導などの他の方法もある。しかし政治的暴力がこれらの行動と違っているのは，欲求，政策，計画を提示するのに力や強制を用いる点である。

3　政治的暴力のタイプ

各種の政治的暴力

政治的暴力は様々な形態を含み，それぞれ区別された形をとる。最も広く受け入れられているストライキにはじまり，緩やかな形の暴力的行為，テロや革命的暴力，そして内乱ともいうべき規模の大衆革命に至るまでがその範疇にある。これらの形態はそれぞれの方法や思想によって区別されている。

一例として，カルバート（1970：21-24）は大衆のデモ，暴動［riot］，テロ活動に区別している。大衆のデモや暴動は革命の始まりか，あるいは革命的戦略の一つとして使われる場合もあるかもしれないが，必ずしも革命行動とはいえない。しかし，大衆のデモは，その行動を暴力に変える可能性を常に持っており，それは特に要求が呑まれなかった場合や，逆に暴力的な抑圧が返ってきたりした場合，さらに激化しやすくなる。

デモと暴動の境界識別は難しいが，大規模で非組織的，かつ抑制されていないデモであれば暴動と見なせるであろう。弱い政治体制のもとでは暴動によって政府を転覆させることも可能である。これはラテンアメリカで数多く起こったことであり，一九六〇年に日本で日米安保条約が改正されようとした時は，中立路線と平和主義という考えを受けて多くのデモが行われ，これらのデモは従来の日本の反体制勢力（労働組合や学生運動など）のみならず，主婦などの普通の人々も署名運動や国会前の座り込みなどに参加した。警察や自衛隊は政府に対して忠誠を保っていたものの、この後、岸総理大臣は辞任に追い込まれたのである。

テロリズム　政治的暴力として引き合いに出されるのはテロリズムであろう。これは政府の権威に挑戦し、政治的変化を引き起こす政治的暴力の一つである。

一九六〇年代の終わり頃、西ヨーロッパではテロリズムが社会の安定を劇的かつ暴力的に破壊し、突発的に大衆を乱すものとして暴動や反抗のデモと入れ替わってしまったように見えた。当時も一九七二年五月にイスラエル、テル・アビブ近くのロッド空港で起きた日本赤軍の乱射事件、同年のミュンヘン・オリンピックにおけるイスラエル選手の虐殺、インドシナにおけるテロと反テロ、東南アジアでの日本赤軍によるテロ行為、この他にも多くのテロ事件が起きた。他にもＩＲＡ（アイルランド共和国軍）は、イギリスの北アイルランドに対する統治を終結させ、圧倒的なカトリック優勢のアイルランド共和国の中に社会主義的な統治の基盤としたプロテスタント系領地を併合させるため、イギリスおよびアイルランドにおいて闘争を続けている。ＰＬＯ（パレスチナ解放機構）はイスラエル国家の破壊を目的とし、世界中でイスラエル大使館やユダヤ人のシナゴーグ（ユダヤ教の礼拝堂）を壊そうとしていた。そしてこれらの組織以外も、ハイジャックや誘拐、要人の暗殺などは絶え間なく起こしていた。日本でも一九九五年三月、オウム真理教による地下鉄サリン事件が起こり、無差別テロとして多くの被害者を出した。

近年最も世界に衝撃を与えたのがイスラム原理主義者のテロ集団アル＝カイダによるテロ行為であろう。二〇〇一年九月一一日、アメリカ合衆国ニューヨークの世界貿易センタービルとワシントンＤＣのペンタゴンへの突撃、旅客機の襲撃（九・一一同時多発テロ）は、全世界をテロへの恐怖で制圧した。それ以前からこの集団は世界各地のイスラム系民族主義集団とつながりをもち、各地のテロ行為に関与してきたとされている。例えばケニア、タンザニアにおけるアメリカ大使館爆破事件（一九九八年七月）がある。

その後もモロッコのカサブランカでの爆撃事件（二〇〇三年五月）、トルコのイスタンブールにおけるシナゴーグやイギリス総領事館の爆破事件（同年一一月）、マドリードの列車同時爆破事件（二〇〇四年三月）、サウジアラビアのアルホバルでの外国人居住区襲撃（同年五月）など、いずれも多大な被害をもたらした。その他にロシアにおいてもチェチェン共和国の独立を求めるグループが、モスクワでの劇場占拠（二〇〇二年一〇月）、モスクワの地下鉄自爆（二〇〇四年二、八月）、旅客機二機の同時爆破（同年八月）、そして北オセチア、ベスランでの小学校占拠（同年九月）など、多くの犠牲者を生んでいる。またウズベキスタンではイスラム過激派が首都タシケント、古都ブハラなどで爆撃を行い（二〇〇四年三、七月）、さらにインドネシアでもイスラム過激派によるバリ島での爆破事件（二〇

9・11同時多発テロ
炎上する世界貿易センタービル（©REUTERS·SUN）

逃げまどう人々（*The Washington Post*）

〇二年一〇月)、ホテルの爆破（二〇〇三年八月)、オーストラリア大使館の爆破（二〇〇四年九月）などといった様々なテロ被害が生じている。

　ではテロリズムの具体的な定義とは何か。最も一般的に採用されているのは「国内での戦闘状況において尋常ならざる手段で政治的行為に影響を与え、必然的に脅迫や暴力を伴う象徴的な行為」(Thornton, 1964 : 73) というものである。テロリズムの暴力はその非常識ぶり（社会的に受容できる暴力を越えている）と、本質的な象徴性（国家や社会的規範と構造の象徴を狙う）などによって、他のタイプの政治的暴力とは区別される（Thornton, 1964 : 73-8)。

　テロリズムは組織的でかつ目的のある暴力を基本とし、障害や倒壊だけでなく他者の政治的選択に影響を与えようと計画されたものである。この点から見るとテロリズムは無差別攻撃につながる。全部とはいわないまでも、ほとんどのテロ活動では無実と有罪、兵士と市民、大人と子どもを区別してはいない。テロリストへの支持を明らかにしない人間はすべて潜在的な敵なのである。

　政治的暴力の一形態として、テロリズムの活動はそれぞれ異なった側面を帯びている。例えばテロリストはイデオロギー的な最終目標を動機とするといわれるが、それは社会革命や国家の自決権から現状への反動や維持までもが含まれる。そしてそれぞれがかなり異なる政治的、社会的、文化的環境の中で発生するのだ。テロリスト機構の構造は、極端な階層制や中央集権から反中央集権的または非組織的なものまである。またその戦略はターゲットの選択や実行の方法などでいろいろ異なり、直接的な効果だけを狙った方法をとるものもあれば、人質を取ってじっくりと政府との交渉を図るようなものもある。さらにＩＲＡのようにイギリスやアイルランドといった国内周辺でのみ活動している組織もある一方、前述したアル＝カイダやパレスチナの反イスラエルテロリスト達のように国際的に活動している場合もある。したがって暴力現象としてのテロリズムは相当に複雑で、集団や組織および個人、権力構造、機能、活動範囲、方法によって違う形をとっている。

しかし一般的にこの現象は上からのテロと下からのテロの二つに分けられる。上からのテロリズムは政府によって実行され、その過程、効果、過失の特徴のいくつかは煽動や反政府テロと似たところがある。このような上からのテロリズムは大衆への対抗手段や圧制手段として使われる。アドルフ・ヒットラーのドイツやスターリンのソ連では、国民の恐怖をわざと助長し、結束を弱めて操作しやすくした。これが全体主義政権である。突発的に発生する暴力、夜間の急襲、拷問、監獄や収容所、不安定な仕事、そして秘密警察などは、すべて人民の結束を弱め、友人や組織から人々を引き離して不信感の固まりにしてしまう。したがって対立勢力や反体制組織の存在は不可能ではないまでも難しくなる。一方、政権は支持者に対しては報酬をもって応え、イデオロギー、大きなパレード、スポーツの祭典、将来の保証、家、仲間、価値、目的、信頼などを提供し、その代わり人々は政府へのいっそうの支持を期待されるのである。

アドルフ・ヒットラー

これに対して下からのテロリズムは現実社会で人間が生きていくための要因、例えば安全などがテロ組織の意向次第で操作できることを強調し、現在の政府を支持しないように人々を脅かすという目的がある。この種のテロリズムにおける第一の政治目的は、人々の現政府や組織に対する忠誠や価値観をひき剝がし、テロリストのやり方に沿った新しい構造をつくり出すために政府の基盤を揺るがす準備をすることである。本章で主に取り扱うのはこの下からのテロリズムである。

テロリズムには、革命以前の行動であれ政府の政策の一部であれ、また革命戦略の一環であれ、一般的にある特定の意味をもった何らかのイデオロギーがある。例えばイデオロギーはラテンアメリカや中東のテロリスト達にとって，政権に対する反抗の動機となってきた。中東では宗教的原理運動が世俗の反抗と結びつき，暴力の原因となっている。

いずれにせよ，すべてのテロリズムには政治目的，少なくとも間接的に政治的であり，テロリストにとっての利益になるような影響を政治に対して与え，主に人々の政治に対する方向性を失わせるという目的がある。とにかく政治的影響を及ぼすことは，中立的な人々や支持者，および対立勢力をも含んだ一般大衆の感情を盛り上げることにかかっている。したがってテロリズムに対する人の感情的反応は恐怖や懸念に始まり，熱狂的かつ大規模な支持にまで至ることもある。

革命的暴力

革命的暴力はテロリズムと同様，多様な側面と行動の混合である。革命については混乱した汚い事件といったイメージが即座に浮かぶかもしれないが，歴史上の革命からは良いことも数多く生まれた。例えば一八世紀のアメリカ独立革命は自由かつ民主的な社会の創立ということで合法・正当化されたし，また，中国，旧ソ連（ロシア），トルコ，フランス，アルジェリア，メキシコでも，革命は人々にとって同じことを意味した。

この革命という現象については多くの概念がつくり出されてきた。ハンナ・アレント（Arendt, 1965）は革命という用語は自由に対する探求と，新しい社会，新しい万物の理法をつくり出すという意味を含むとしたが，この考えからすると一八世紀以前には本当の革命は無かったことになろう。一般的に革命の概念は社会の権力構造を実際の暴力を用いて実質的に変えることと思われがちである。さらに広義には，革命とは暴力を用いるか暴力で脅す行動であり，それをもって現政権を動かすか，引き継ごうとすることなのである。この定義は革命の政治的本質を中心に考えられたものといえる。

現実の革命には百姓一揆から内乱までの様々な行動が含まれるが，すべての革命の目的はほぼ同じで，様々な形での政権交代といえる。それぞれの特徴について論じる前に、政権交代の手段と目指す最終目標によって革命を区別してみよう。以下、まずクーデター［*coup d'etat*］、宮廷クーデター［palace coup］、革命的クーデター［revolutionary coup］、大衆革命［mass based revolution］の違いについて述べていく。

クーデターとは大衆を巻き込まずに上からの権力を手に入れて政権を引き継ぐためのものである。特徴は突発的で予測不可能かつ強制的な変化であり、権力が一つの集団からもう一つへ入れ替わるということだ。普通、一定の武装集団によって行われるが、通常そのメンバーは既に権力を持ち信頼される地位にあり、社会の中で強制と権力のための手段を取りやすい立場、つまり軍隊の指導者や、現政権の対立勢力の主要人物、統治者の一族などの人間である。大衆の支持はほとんどないが、もし大衆の不満が広がっていればそれが首謀者の活動を促すことになり、こういった人々は主に秘密と力に頼っている。

宮廷クーデターはこれとは異なり、謀略的で、暴力を伴うこともあるリーダーの交代であり、主に小規模なエリート集団に権力が集中した国で起きる。こういう国では大衆の多くは政治の場から外れているか、無関心なため、現行権力は交代するものの一般的に政策は変化しない。一九世紀には、ルイ・ナポレオンのフランスなど、既に権力の中核にいる人々が起こす宮廷クーデターが一般的な政権交代であったが、ほとんどのラテンアメリカ諸国、ガーナ、ベトナム、カンボジア、シリアなど、今日のアジアやアフリカの諸国でもそれは発生している。宮廷クーデターの場合、政治的な報酬の再分配が徹底的になされることもあるが、変化による利益は首謀者集団やその支持者以外の人々にはほとんどない。クーデターに成功した人々は、自分たちの目的を良い政府の成立や憲法の保護だとするが、大抵は個人的動機や小規模な変化、既に合意を得た政策の成就などを目的とし、政策や主義についての基本的な変更は行われない。ただこのような宮廷クーデターでは、暴力も最小限で済むのが普通である。

もう一つの革命の形態として革命的クーデターがある。この目的は社会の政治的、社会的、経済的機構の、大規模な、または全体的な再編成を行うために権力を握ろうとすることである。この場合は最初に権力を把握した後にも暴力や対立、内乱が起こることも珍しくない。過去においてこのような革命に成功を収めた首謀者たちの多くは、他の集団が反抗だけを唱える一方でそれよりも大きな変革を目指していた。このような革命の例は多く、共産主義やファシストの革命的クーデターでは、イデオロギーがクーデターおよびその後に続く社会の再組織化を正当化するために重要な役割を果たした。他の国、例えばイギリスでは一六四〇年代に清教徒革命が起き、トルコでは二〇世紀初めに改革が行われ、そして一九五二年にはエジプトで将軍たちの革命が起きたが、イデオロギーはこれらの最中も、引き続きその後の社会の再編成に大きく影響した。

最後は大衆革命であり、政府を転覆させるために大衆が関わり参加するという点で他とは違う。意思決定過程の外にいる多くの人々が別の政府をつくるために実際に政府を倒し、暴力に加担するのである。そして通常は大衆を目的に向けて操作できるような献身的なエリートによって指導される。大衆革命は今までの例とは異なるボトム・アップ型の革命といえる。効果を最大にするためには組織化されていなければならないし、また組織化のためにはイデオロギーが必要である。つまり人々に革命に参加する理由を与え、その革命が人々により良い将来を約束できる根拠となるような理想と理念がなければならない。

一七世紀のイギリスでは、近代的自由主義、立憲主義、信教の自由、大規模な自由主義経済などが理念として強調されていた。フランス革命とアメリカの独立革命では、より広い政治参加の要求が自由主義とともに理念として強調されていた。一九世紀になると、ドイツ、フランス、オーストリア、イタリア、ポーランド、そしてロシアにおいて社会経済的な平等に対する要求が増大し、それに伴ったより広い政治参加と協同体や社会主義、あるいは共産主義革命を通じた資本主義の終焉などが要求された。

二〇世紀になるとマルクス主義のいくつかの亜流が国家主義や国体の強化、独立といった要望を伴い、革命的イデオロギーの最も潜在的な源となった。一九一七年から二一年のロシアと一九二七年から四九年の中国では、歴史上最も大規模かつ最も遠大な二つの革命が実現した。一九〇八年からのトルコや一九一〇年から二〇年までのメキシコでは、国家主義とともに、より広い政治参加と社会経済的な富の再分配への要求が強力な革命の可能性をつくり出し、これらの国々の二〇世紀への促進力となった。したがってイデオロギーは大衆革命の中ではたいへん重要で意味のある要因といえるが、それはイデオロギーが古い秩序や型を破壊し、新しい物をつくることを正当化するからなのである。

4　政治的暴力の原因

一般的理論

一般的な人間の暴力と攻撃性の原因、特に革命やテロリズム、戦争などの動機や理由の説明には多くの理論と考え方がある。そしてこれらの理論の多くが政治暴力や攻撃性の原因として広く社会的、政治的、かつ経済的な動きを強調している。

革命の説明としては政治的な原因をその解答とするのが、おそらく最も古いものであろう。アリストテレス（Aristotle, 1958）は、人間の平等や正義、富のための抗争が革命の原因だと述べた。ロック（Locke, 1967）は、革命は、体制が専制的行為、つまり社会契約を破壊し、人民を抑圧することで反抗を買うことが原因で生じるとした。

経済的な要因が政治的暴力の原因であるという指摘もある。例えばマルクス（Marx, 1844/1964）は政治的暴力と革命の根源には経済的状態と経済的変化が存在すると述べた。彼によれば経済こそが歴史の推進力かつ基盤であり、政治的・社会的な上部構造を変化させるというのである。つまり革命は、一つの政治体制が必然的な経済的変化の帰結として別のものに入れ替わる時に起きるということになる。さらに資本主義はプロレタリアートにとって耐えがたい環境をつくり出し，プロレタリアートの状態をもっと悪くするか，少なくともプロレタリアートとブルジョワとの格差をさらに大きくするとも述べた。そしてこの格差は何万もの労働者を一つにしようとする資本主義の動力とともに階級意識を発達させるが，それは最終的にプロレタリアートが資本主義体制を暴力革命によって倒し，被搾取者のために搾取の体制を変えることを推進する力となる。したがって政治的暴力は，経済的な搾取と苦痛をもとにしているとした。

政治的暴力に対する経済的な解説には，ジェームス・デイヴィス（Davies, 1962）による経済的発展と後退の概念をまとめたものもある。彼によれば政治的暴力は実際の経済発展の後に，短くしかし急激な後退や下降が起きた時に最も発生しやすい。普通，人々の期待と実際の達成度の間には格差があるが，この格差が小さければ政治的暴力はめったに起きない。状況が改善されるにつれて人々の期待は大きくなるが，経済発展が突然下降に向かうと実際の状況は悪くなり，人々が期待していたものと実際に手にしたものとの間に『耐えがたい格差』をつくり出す。この格差が欲求不満と懸念を引き出すのだが，それは人々が期待を削がれ，今まで得たものを失うかもしれないという懸念に襲われるからなのである。この懸念，特に経済的損失の恐怖が政府の責任だと思う場合に暴力や革命へとつながる。暴力のタイプはどのような集団が不満を持ち，またその不満の表現にどんな方法が使えるかで決まる。

加えて暴力についてては社会的な解説もある。社会的分析では個人や経済，政治に注目するよりも，社会をその部分，役割，機構，組織，関係などが相互に作用するシステムと考える。この考え方は社会構造，新階級の創造，エリートの腐敗や非妥協的態度，家族構造の変化といった意味から政治的暴力の解説を探るものといえる。

人間性に対する心理学的解説

政治的暴力を政治的，社会的，経済的な見方で解説する場合，それぞれ異なる展開が見られる。しかし歴史を見ると，経済的，政治的な状態だけでは政治的暴力や革命の蔓延には至らない場合も多い。したがって暴力や革命の分析のために他の手法も探られてきた。暴力行動に加担する，しないの決定には、政治的、社会的、経済的条件以上に人間が自分の実際の環境をどう感じ、考えているかということが重要だという仮説がある。この仮説の検証にあたって人間が攻撃的な行為や暴力を示す動機となるものを理解するためには、心理学的な説明が最良の方法であろう。そこで心理学的な分析は、どういう人間が暴力に加担するのか、つまり暴力に向かいやすいパーソナリティ、その性質、またその理由に焦点を当てている。一方、人間性についての一般的な解説も広く行われている。

攻撃的行為の解説として人間性を研究した例としては、まずフロイトが挙げられるだろう。第2章に記したように、フロイト（Freud, 1930）は人間の中に存在する相容れない本能的二元論というものを展開した。彼によると、この本能は人々がめったに気づくことのない力であり、まず一つは生の本能で、人々に性的な生殖をさせながら昇華の際には性的な意味以外での創造をも行わせ、生き続けようとするエネルギーや文化の発展をもたらす。もう一つは死の本能であり、これは生命を破壊しようとし、すべての生命を非生物的な状態に戻そうとする力である。

フロイトの理論における、生と死のエネルギーの抗争を制御するものが自我である。これは合理的な力で、生と死の本能間で起きる抗争のコントロールを時には成功させるが、たいていは失敗してしまう。自我のエネルギーはほとんどが生の本能からくるもので、最終的には破壊、つまり死に至る抗争の中で時に創造的な役割を果たす。彼はこの生と死の本能の二元論により、攻撃性とは人間が生まれつきもっているものとし、人間とは本能的に攻撃的なものであるから、憎しみや破壊に対する欲望を元来もっており、だからリーダーによって蜂起させられて簡単に戦争を起こしてしまうと論じた。言い換えれば人間の中にある基本的な二つの本能の一つは、まず他人を、最終的には本人を殺してしまうものであり、この本能は生活の中で生まれる緊張や欲求不満をすべて相殺し、自分たちや他人の生命をも消そうとするのである。

フロイトに対して、アルバート・バンデュラ（Bandura, 1973）は、行為としての攻撃のパターンは本能的な動機ではなく、むしろ観察や経験による学習から発生するとし、彼の、特にテロリスト集団に関する研究によると、個人は集団での自分の経験からだけではなく、模倣を促すような力のある外的な役割モデルとの接触からも学ぶことがわかったのである。

政治的暴力に関わる人間のタイプや生い立ちについては、テロリスト集団のリーダーやメンバーを研究した多くのデータがある。人はなぜテロリストになるのか、そしてなぜテロリスト集団が結成されるのか、その原因究明のためには動機づけを理解しなければならない。テロリストには共通の特徴がたくさんあるので、そのパーソナリティは一般化しやすいとされている。例えば、ほとんどのテロリストは若く、多くは学生か大学を出たばかりである。そしてほとんどの場合、すでに社会を拒絶し、逸脱したサブカルチャーの中で生きることを選択し、支配的な文化や社会を拒否する少数民族の出身である。

テロリスト集団のメンバーに関する精神分析研究では、発達の危機段階において深刻な精神的外傷を負っており、特にエリクソン（Erikson, 1950）がいうところの信頼、自律、主体などの確立（第2章を参照）に失敗したという結果がある。基本的信頼の要素が欠けていると、過剰な攻撃的性向を統合して社会的関係を保つことがうまくいかない。また自律の発達に失敗すると、結果として破壊的性向、不安定さ、人格分裂に対する恐怖などが生まれる。事実テロリスト集団のメンバーが原始的な攻撃的性向をもち、それはしばしば子ども時代の権威、例えば父親などとの抗争に原因があるという主張は多い。このような攻撃的性向は個人の内面的な不能と劣等の感情に関連した万能の幻想を反映したものである。暴力の魅力とは、父親の人物像の投影としての暴力的行為を通じたアイデンティフィケーションの結果ともいえ、それは一部の人間が実際に暴力を経験したことを証明しているのである。

この点についてはルイス・フューアー（Feuer, 1969）が、エディプス・コンプレックスに根ざす世代現象、つまり息子の父親に対する心理的反抗といったフロイト派のテロリズム解釈をもとにした意見を述べている。テロリズムは学生運動の成り行きとして普遍的あるいは必然的なものであり、政治的かつ社会的な関連からは独立したもののように見える。権威的人物はまるで父親と見なされ、息子のような青年にとっては反抗の対象とならざるを得ない。この考え方でいくと、成熟するに従ってテロリズムは消滅することになる。さらにテロリスト集団とそのメンバーの共通点としては、高い野心をもちながら、自分自身の非現実的な要求のために内面の葛藤が激しく、失敗しやすいということが挙げられている。彼らは間違いに対して自分の現実的能力を受け入れるのではなく、野心を向上させることで反応する。このような神経症的行為は能力を試すような行動を全部拒否し、結果を考えない非合理的な目的に結びつきやすい。失敗で目的を失い、不満が導かれ、そしてテロ組織のアピール、つまり同様に非現実的な目的に影響されやすくなる。このような人間は失敗を他人のせいにし外界に敵意をもつといった外的特質ももちやすい。

テロリスト集団に属するもう一種類の人々は、肉体的危険に魅了され、強烈な感情が盛り上がるような行為を求める人間である。このような人々は自分たちの行動をじっくり計画し、外からの命令よりも内側からの命令に反応し、そして何度も強いストレス状態に戻る一方で、さらにもっと難しい行動をとることを内面的に強制されるのである。

またこういった人間は個人主義者のようにも見え、自己愛的［Narcissistic］なほどの注目や危険を前にした時の自我確認［Self-Affirmation］を求めている。あるいは集団に身を任せたいと望み、集団と一体化し、自分自身を完全に集合的な人格として集団の中に溶け込ませてしまいたいと思っている。この概念はテロリストにおけるリーダーとフォロワーとの間に重要な区別をつけるものであろう。リーダーは暴力的で強圧的、反抗的な行動に魅力を感じるような性質や特徴を、社会化を通じて獲得して潜在的にもつことが多く、また極端な自信［Self-Assurance］をもちつつ良心の咎めに欠けている人間であることも多い。一方フォロワーの方は行動よりも集団に対して魅力を感じており、強い親和要求を見せびらかしたいという気持ちをもっているのだ。

さらにテロリストのリーダーには二つの性格的特徴があるとされている。第一は極端に外向的な性格で、そういう人間の行為は不安定で制限がなく、思いやりがなく、利己的であり、かつ情緒にも欠けている。このような人間は自分の行動に対する責任を受け入れず、退屈や行動せずにいることを嫌う。第二は疑い深く、攻撃的で、防御心が強く、忍耐力が無く、批判を嫌い、外部の敵意に対して極端に敏感というものである。このタイプの人にとってテロ活動は内面的な敵意を投影するものとなるのである。

実在の、あるいは潜在的なテロリストを確認するための特徴として、定まった、かつ明確な「テロリストの人物像」というものを提示した研究者達がいるが、これはテロリズムのパーソナリティ理論、特にテロリズムの精神病理学的な面とかなり関連したものである。例えばリチャード・パールスタイン（Crenshaw, 2000 より引用）は、テロリストを一般人と区別して捉え、「政治的テロリストになり、そうあり続ける人間は一般的に自己愛的なパーソナリティ不安をもとにした心理状況にあてはまる」とした。彼によれば、テロリストは幼児期、少年期に心に傷を受けたことなどで自尊心が低くなり、ラディカルな政治的行為によって、新しい肯定的なアイデンティティを得ることが心理的な力強い報酬になるという。例えばドイツ赤軍の創立者の一人であるウルリケ・マインホフは、人生を通じて多くのトラウマ的な経験をしてきており、それが自尊心を傷つけて所属（集団に入りたい）と承認（他人から自分の存在を認められたい、自分の意見を受け入れ、同意してもらいたい）という妄想を招いた。自己愛に対する深い失望感、つまり自我理想が求める普通の行動ができないということが、彼女にテロリストとしてのアイデンティティをもたらしたのだという。

しかしアンドリュー・シルケ（Crenshaw, 2000 より引用）は、テロリストが自己愛や偏執狂などのパーソナリティ障害によって動機づけられるとする論考について、テロリストが細かな点では異常だという感覚はわかるとしても、ほとんどの場合、「見え透いた」異常さの理論は否定されるとしている。同様にマクスウェル・テイラー（Taylor, 1988）も、テロリストが精神を病んでいるとする理論に対し、たしかにテロによる暴力行為を目の当たりにした場合は、そう考えた方が納得しやすいであろうが、それがテロを理解することにはならないと批判した。

テロリズムに関する分析では、パーソナリティはテロリスト行為の要因ではないとしているものがほとんどである。この分野の基本となる研究では、テロリズムはまず集団行動だとしており、これは概して精神病理学や単一のパーソナリティタイプの結果ではない。個人的な特徴よりもイデオロギー的な関与や集団的結束を分かち合うことのほうがテロリスト行為の決定要因としてはずっと重要なのである。例えばアメリカのある過激派における行為の説明として、若者においては社会的な発達過程の方が個人的な心理的特徴よりも有効であり、いったん集団に加入すると、社会化と学習経験によってテロリストの行動が形成されるという研究がある（Crenshaw, 2000）。

ドナテラ・デラ・ポルタ（Crenshaw, 2000 より引用）は、個人が地下組織に関与し続けようとする理由については、集団への強烈なアイデンティフィケーションがあると考えるのが最もわかりやすいとした。この関与は自我関与［ego-involvement］からも動機づけられる。個人は自尊心や同僚集団からの支持、所属の感覚を維持しようとするが、それはリスクを分かち合うことで強まるのだ。デラ・ポルタの研究によると、個人的動機と構造的条件はともに分析されなければならないし、問題となる個人には暴力を使用するためのしっかりとした政治的アイデンティティが確立されており、社会化の初期段階を経験しているという。こういう人々のテロリズムへの関与は段階的に進んできた結果であり突然の転向ではない。特に彼らは暴力とそれへの参加は非合法的な抗議行動であるというイメージを分かち合っている。

右翼的テロリズムの背景を比較分析したエフド・スプリンザーク（Crenshaw, 2000 より引用）はテロリストの敵に対するイメージについて、敵が違法であり非人間的だと信じることによってテロ集団は組織化され、そして敵の集団からの脅威がテロを誘発させるとした。そして組織が緻密ではなく，単に急進的なだけの集団にあっては，パーソナリティ特性の方が社会的・政治的要因よりも強く作用してリーダーが決定的な要因になるとし，したがってどのようなテロが起きるかということは組織的要因と心理的要因の双方をつなげて思考すべきであるとも論じた。

バンデュラ（Crenshaw, 2000より引用）は，道徳的抑制とテロ行為との関連についても論じ，テロリストといえども突然冷酷な人間に変身するわけではなく，一般的には容認し得ないような行動を自分の中で正当化していくという心理的メカニズムは集団環境の中で徐々に発展するものであり，単に心理的面だけではなく社会的要因も広く考慮する必要があるとした。主流となる社会生活から極度に対人関係の強い集団に隔離されて実際のテロ行為に何度も触れ，経験を積んだテロリストを目の当たりにしていると，人間は次第に心理的な葛藤や道徳的呵責を捨て去ってしまうという。

マーサ・クレンショー（Crenshaw, 2000）は，こういったテロリズムあるいはテロリストについての政治心理学的な見方について多くの例を挙げ，総括して論じた。彼女によるとテロリズムの心理学に関する研究では特別な信条，歪んだ考え方，あるいは非合理的な思考が中心となる場合が多い。しかしテロリズムは普通ではないものの，わかりやすい自立した論理ではある。こういった信条体系は典型的な派生物であってオリジナルではない。テロリストの思考は歪みのひどい場合もあるが，それが彼らがいうところのテロリズムの実行におけるイデオロギーや世界観を理解するための本質であり，普通の感覚からすると「非合理的」に見えるからという理由で分析から外すべきではないのである。

社会的ダーウィニズムと新ダーウィニズム合成理論

人間の攻撃的行為を解説するもう一つの見方は，チャールズ・ダーウィンの思想と著作をもとにして，一般的な人間の暴力に対しさらに深く言及したものである。ダーウィン（Darwin, 1859）が進化の概念に対する自分の考えを発表した頃に流行った思想があった。それは，動物の世界は厳しい連続した生存競争によって特徴づけられており、人間社会も動物世界の直系である以上、同様に抗争と憎しみ、際限のない競争と攻撃を特徴としているという、いわゆる弱肉強食の理論である。しかしながら、ダーウィン本人の進化に対する概念と見解は疑いなくこれとは全く違うものであった。彼（1859：62）は「競争」という言葉を、それぞれの生物（この場合は動物）は、自分とその子孫の存在を守るために「戦う」という意味でのみ用いており、本来この欲望は他の動物との関係やつながり、つまりそれぞれの生物の相互依存によると論じたのであった。しかし、「競争」という用語を用いたため、多くの場合は協力も競争の一形態であり、協同や協力をよりよく行う人々や集団が往々にして生存競争で最も有利に立つという事実は無視され、彼によって概念化された競争や、「生存競争」に対するこのような見方は本来の意味に沿って理解されなかったのである。

チャールズ・ダーウィン

当時の人類学者たちのほとんどは反ダーウィニストであった。人類のルーツは単一であるという考えをモノゲニズム（[*monogenism*] 人類一祖発生説）といい、複数のルーツがあるという考えをポリゲニズム（[*polygenism*] 人類多原発生説）というが、当時の社会状況からすると、白人と黒人を同じレベルで同一のルーツをもつなどとは考えられず、ほとんどの人類学者たちはポリゲニズムを信じていた。したがって理論としての進化論を受容していくようになっても人種それぞれの系列の中での進化を論じるような傾向もあった。つまりダーウィンの理論は当時の社会構造と無関係ではいられなかったのである。

そして後継者達によってダーウィンの考えは誤解されて本来の意味を曲げられてしまった。この傾向に最も影響を与えたのがダーウィンの理論の普及に大変貢献したイギリスの生物学批評家、トーマス・ハックスレー（Huxley, 1888）である。彼は、自然な状況における動物の行為をあたかもローマ帝国の拳闘士［gladiators］の戦いのように描いた。そういった動物は、献身的で念入りな扱いを受け、生死をかけた戦いのために競技場へと送られていき、そして他よりも強く、速く、ずるがしこい者のみが生き残れた。しかしこの展開はダーウィンの意図した内容とは違っていた。ハックスレーの解釈だけでは拳闘士達の戦いがどうやって動物から人間への進化をもたらしたのかを理解するのは難しかった。彼の考えはダーウィン自身の本来の理論と同じ位劇的なものだったので、一般にとってはわかりやすく、かなり短期間で最も有力となりかつ受け入れられ、二つの理論へと発展していった。一つは、自然界における動物どうしの戦いが、これ自体疑わしい概念であるものの、社会における人間どうしの闘争へと拡大解釈されたもので、いわゆる「社会的ダーウィニズム」［Social Darwinism］として知られている。

「社会的ダーウィニズム」は、一九世紀後半にイギリスの哲学者ハーバート・スペンサー（Spencer, 1873）によって唱えられた。この理論は、当時発展、興隆しつつあった産業界の人々から、開かれた組織化されない競争を科学的に容認するものとして間違った類推を呼んでしまったのである。自然界においてはより強く、速く、賢い者がより長く生き残るとされたため、人間社会においても勝利は強い者の上に輝くという、いわゆる「適者生存」の考えが、経済界の主導者達の政策や方向、行動を正当化し、そして同時に個人的な努力、貪欲さ、競争、搾取、人間どうしの運命に対する無関心の始まりとなったともいえる。もし社会が生存のための闘争の場であるならば、それを支配するのは戦争の原理であり、すべては勝者のものとなり敗者には何もなくなる。結果として敗者は劣っており、強くないがために決して成功しない人間と見なされるようになった。これが当時の社会において意味するところは大きく、例えば富に対する酷い貧困、下層階級における寿命の短さ、高い乳幼児死亡率、または上流階級に限られる教育、対する貧困層の昼夜を通した子どもの残酷な労働などが、すべて適者生存という考えの間違った解釈に基づいて正当化されたのである。

ダーウィンの理論に対するもう一つの誤解は、暴力に、より関係が深い。一九五〇年代、つまりダーウィンが彼の理論を発表した約百年後、「新ダーウィニズム」（あるいは新ダーウィニズム合成理論［Neo-Darwinism Synthesis］）と呼ばれる風潮が現れた。この用語は進化に影響を与える基本過程をもとに生物学者がつくり出したものであり、事実これは一九世紀の先駆者達の理論よりもずっと説得力があるので、ここでも特別に取り扱う。

この風潮の中で最も目立ちかつ重要なのは、動物、特に鳥の行動を観察した動物行動学と呼ばれる分野であり、ここでは人間の攻撃性も同様に理解できるとされた。なぜ動物がそれらしく行動するのかという解説や概念は、人間の社会的、政治的行動に対してかなり応用がきくものであったため、多くの関心を呼んだ。

動物行動学による根本的な仮説とは、それぞれの種は進化（基本的には自然淘汰による操作）によって特徴のある行為の型を適応させてきたというものであった。これは特に本能についての言及といえる。すべての有機体のあらゆる行為は本能から引き出され、有機体の行うそれぞれの行動はそれを決定する神経系によってあらかじめ条件づけられている。生物は特定の刺激に対しては一定の方法で反応するのだ。これらの中で最も有名なのが動物行動学の創始者の一人であるコンラート・ローレンツであり、彼は鵞鳥の行動についての観察から人間行動に対しても応用できる事例を見つけ出したのである。ローレンツ（Lorentz, 1966：225）によると、すべての動物は「遺伝子計画」というものを神経系の中にもっている。これらの型は何百万年もかけて発達してきたもので、その種の生存にとっての本質的な機能、例えば巣作り、狩り、防御、交尾、育児、種の中での関係などを統括する方法を形成している。特にローレンツ（1966：104）は、「飢え、愛、恐怖、飛翔の抗えない四大動因」について論じている。遺伝的に伝えられたこれらの「指令」は特定の有機体においては同様に作用するが、行為の影響する程度は種によって異なる。つまり飢えや愛、攻撃に対する反応はライオンと魚とでは違うが、すべてのライオン、またすべての魚は、ある特定の刺激に対して同じ反応を示すのである。

この遺伝子体系はいかなる有機体においても最も支配的でかつ変化しにくいものであるが、反応の種類は環境条件の変化や学習によって増加していく。これが生物の行為において最も重要な役割を果たすと考えられる。

あらゆる動物行動学者が、人類［*homo sapiens*］は他の種と同じ淘汰と進化の過程がつくり出したものであり、他の生命のように同じ生物的法則の支配下にあるとしている。この視点から攻撃的行動についての応用と結論を考えると、人間は本来攻撃的なもので、その攻撃性は自然に発生する動因によって動機づけられてエネルギーのように休みなくたまっていって各人の中に存在し、時折発散することが必要となる。人間は他人を殺そうとする本能をもち、この本能は髪の毛の色と同じく遺伝子の中に組み込まれているということになる。したがって攻撃性とは生まれつきの性質であり、「系統発生的に計画され」、「原生的」な進化と自然淘汰過程の産物であり、そこでは環境の状況しだいで存続能力のある遺伝的な突然変異も現れ得ると考えられている。

ところで、人間の攻撃性は生来のものという理論は、動物行動学者の一人であるデズモンド・モリス（Morris, 1967）や、人類学者、例えばライオネル・タイガーとロビン・フォックス（Tiger & Fox, 1971）などにも支持された。やはり動物行動学者のロバート・アードレー（Ardrey, 1961, 1966）は、人類の祖先は肉を食べる肉食動物であり、事実人肉も食べていたと主張した。しかも人間が同胞を殺して食べ、動物や人間を犠牲に捧げ、頭の皮を剝いだり頭蓋骨を集めたりするという、人肉嗜食の特徴をもった行為をするということは、最も古いシュメール人やエジプト人の残した記述から、第二次世界大戦の恐ろしい事件までを見れば明らかだという。

アードレーは、人間が「なわばり本能」［territory instinct］をもつことを基本とする理論を発表したが、それは人間も動物と同じようになわばりをもち、それを守ろうとする遺伝的な性質があり、攻撃本能はなわばりを獲得してそれを守るための主要な役割であるというものである。なわばり本能は食物や他の基本的欲求以外でまず先頭に来る「生まれつきの力」であり、安全や刺激、アイデンティティなどはすべてなわばりによって満足させられるとした（Ardrey, 1966：170）。さらになわばり本能は性的本能より強く、人々をまとめて男性と女性を結びつけるのはセックスよりもなわばり本能がもとになるとも述べられている。また彼（1961：172）は、アーサー・キース（Keith, 1946）の見解を参照し、動物を別々の集団に分割してなわばりに対する「各集団の権利」や、なわばりを守るための敵愾心コンプレックス［hostility complex］を発達させる状況、つまり戦争や攻撃はすべて人間が現れるずっと前から地上に存在していたと述べている。アードレーによると、人間のなわばりに対する熱情や本能を検証すれば、戦争がなぜ起こるのかという設問に対しての、階級間の闘争、貧しい家庭環境がもたらす敵意、死の衝動による何かといった従来の考え方は、すべていらなくなることになる。ただ一つの動因はなわばりなのである。

脳と攻撃性

攻撃性を生来のものとする理論によって、脳構造の説明や攻撃的行為をもたらす神経要因を探るために神経系の研究が行われだした。そしてこのような実験的神経学の分野において、攻撃的行動を管理する部分の位置を探り当てたという主張がなされた。それが大脳辺縁系で、この脳の側頭葉部分と視床下部にある複合体が、情動と記憶に関係する部分なのである。大脳辺縁系は脳の中間部にある環状のもので、この前方下部にある扁桃と呼ばれる部分が攻撃的態度に関係すると考えられている。一部の神経生理学者の実験によって脳は攻撃のために「プログラム」されており、したがって攻撃は本能的な、あるいは生来の要因だという結果が出ているのである。しかし一九七〇年代から、脳の一部にはそこを刺激することにより環境、状態、経験などに関係なく暴力や攻撃的態度を生み出すものがあるという見方が強まってきた（例：Eleftheriou & Scott, 1971）。この見方は脳のこういった部分が暴力や攻撃性の基盤であり、必要条件だと結論づけている。

さらに動物の行動と人間のそれとを比較する見方への批判に対しては、神経生理学者のポール・マクリーン（MacLean, 1968）が、人間の脳における最も古い二つの部分が動物の脳によく似ているので、動物の観察が人間行動にも応用できると論じた。マクリーン（1968：28）は、人間の脳のこの二つの部分が学習や前の世代からの記憶に基づいた特定行為の固定型を「プログラム」しているとし、脳のこういう部分が人間の機能に対して最も重要な役割を果たしており、それが例えばなわばり、避難所を見つけること、狩猟、帰巣、再生（性交）、階層づくり、リーダーの選択、攻撃といった本能的な行為のもとであるとした。

マクリーン説に基づいた考えを述べたのがアーサー・ケストラーである。彼（Koestler, 1967：295-6）は人間の「生理を引き裂く」という見方をしたが、それは古い大脳皮質と進化の過程で発達した新しい大脳皮質との間に適合機能の欠落があるからだというものである。彼は、この人間の生理の分裂は単なる「進化における間違い」だと述べている。彼によるとこの説明で歴史を特徴づけてきた様々な人間行動、およびその中の攻撃性に対する心理的な理由を見出すことができるという。

ケストラーは、攻撃性は衝動をもとにしているが、その衝動はまず目的やリーダーやイデオロギーなどに献身することに始まり、そして可能な限りそれらに対しては仲間を犠牲にし、必要とあれば自分自身をも犠牲にするといったことから、ここに攻撃性が発生するとしている。これに対する彼の解説は神経生理学的なものであったが、これは理性を管理する部分である前脳には中脳（視床下部と、前脳につながっている構造部分）をコントロールすることはできないということによる。彼は特に脳の感情部分、つまり大脳辺縁系と言われる部分が、理性を管理する部分である前脳を強く支配していると論じている。したがって感情は理性よりも重いのである。目的やリーダー、イデオロギーに対する自己を投げうった献身とは、態度の統合が過剰なことを反映しているのだ。もちろんこの過剰は、人間の前脳が大脳辺縁系をコントロールできなかったことの結果なのである。

欲求不満——攻撃の論点　一般的な暴力、特に政治的暴力の起源を探って説明づけようとする関心が高まるにつれ、人間の欲求や価値などのアプローチを用いた考え方も現れてきたが、これらは、欲求不満や社会における正当な立場や公正な物品の分け前の剝奪、他人との格差の広がり、自己喪失感、目標の喪失などの感情が、いわゆる攻撃性という反社会的な行為を引き出すというものであった。言い換えれば価値と期待が満たされないので、欲求を満たす方法、あるいは緊張を緩和するために人間は暴力に走ると考えられるのである。この考え方に関する初期の理論では、攻撃性は常に欲求不満の結果であり、欲求不満は他の反応をも生み出すにしろ必然的に攻撃性をつくり出すとなっている。欲求不満に対する攻撃的反応は様々であり、自己嫌悪や自己懲罰、脅かす人への屈従なども含まれる（Dollard et al., 1939）。

また、レオナード・バーコビッツ（Berkowitz, 1962）の見解にも興味深い視点がある。まず彼は、攻撃性を何らかを傷つける目的のある行為と定義し、欲求不満そのものの力の強さと、欲求不満を起こさせているものの力、また欲求不満の行為の結果との間にある関係を指摘したのである。そして人間が弱い反応と強い反応のどちらを示すか、また欲求不満の原因そのものに向かう反応とそれを避けようとする反応とでは、どちらが強いかを検証した。そして攻撃的行為が動機を満足させ、内面的な抗争を緩め、自尊心すらも復元することを指摘したのである。バーコビッツは欲求不満が常に攻撃性をつくり出すとは限らず、例えば欲求不満の対象と戦うことができない時、あるいは攻撃したことによる結果のほうがしないよりも悪くなるのではないかと恐れる時、または攻撃の代わりとして昇華や建設的行動と呼ばれるいろいろな他の方法を選択し得る場合、人間は攻撃しようとする気持ちを引っ込めるとしている。すなわち人間は欲求不満によって創造的行動に関わることすらあるが、それは最も弱い意味での他人や物、自分自身に対する攻撃とも考えられるのだ。

同様なもう一つの例として、前述したデイヴィス（Davies, 1962）の研究がある。彼は、ドーアの反乱（[Dorr Rebellion] アメリカ合衆国のロードアイランド州で一八四二年に起こった反乱）からロシア革命に至るまでのいろいろな社会運動に先立って起こった経済や社会の発達について研究し、既に述べたようにある集団の経済と社会の状態が実質的な収穫の時代の後に突然逆転された時、状況は元に戻ってしまうにもかかわらず、期待だけは上昇し続けるということを発見した。その結果生まれた欲求不満は、政治的動乱を起こしやすいのである。そしてＪ-カーブ［J-curve］というモデルを考案したが、それは期待や満足の上昇が続いた後に短く急激な欲求充足の逆転時期がくるというものである。この短期間に人々の欲求と獲得との格差は広がり、革命の可能性は増加する。この理論が成立する心理学的基盤は基本的欲求に対する欲求不満、つまり欲求充足が突然逆転したことによって引き起こされる欲求不満にある。

デイヴィスの用いた基本的欲求のリストは、主にマズロー（Maslow, 1970）の欲求階層説から引用されたもので、「目的、資産、富、地位の異なった」人々の「食物、平等、自由」の「絶対量」の剝奪を意味している。彼（Davies, 1973）はこの理論をさらに明確化し、暴力は期待と満足が上昇し、この二つの格差が耐えがたく広がった時に起きるとした。この理論が強調しているのは、暴力は日常的に充足されている各基本的欲求が突然奪われた時に増大する傾向があるということである。

また別の例として、ライト（Wright, 1964：108）は戦争の原因に、技術的、合法・合理的、社会学的、心理学的の四つのカテゴリーを提案した。これらの原因はある程度まで、自然な過程と環境的な過程の相互作用から発生するものとされた。彼は「一般緊張度」という、戦争に関連した個人の緊張の結果および様々な欲求不満の産物という抽象概念について論じた。これらの欲求不満または「懸念」は、「一次的動因」、すなわち食物、性欲、支配、自己保存、家庭に対する領有、行動、自由、社会であり、すべて、アイデンティフィケーション、合理化、抑圧、置き換え、投影、あるいは犠牲などといった他の一次的な「メカニズム」の満足を求める過程に関わっている。ライトは人間の「生物的本能」の中にある「攻撃性とサディズム」や「攻撃や支配に対する愛着」についても述べ、後に戦争こそが「自然」で、平和は人為的につくられたものだと考えた（Wright, 1968：466）。それは、「戦争が内面的に発生した利益と動機に対する反応である一方、平和はその維持を、維持しようとする一般的な希望や、世界は一つだという当たり前のイメージ、または心理学的、社会学的、政治的、経済的、あるいは技術的な正しい知識による政治的決定と行動に依存しているもの」だからということになる。

暴力、特に政治的暴力についてその経緯や規模、形態についての一般的な仮説を分析し、発展させ、心理学的にまとめた新しい理論を提示したのがテッド・ガー（Gurr, 1970）である。彼は「相対的剝奪」［relative deprivation］という概念についての基本的な命題を確立したが、これは期待される価値と得られる価値の格差を意味している。この相対的剝奪の概念に基づいた理論はアリストテレスにまで遡ることができる。アリストテレスは革命の根本的な原因を、経済的、政治的な平等が欠けた普通の人々にとってはそれを目指すための野心、また寡頭制支配者にとっては不平等をさらに拡大させようとする野心にあると考えた。どちらの場合も基本的なポイントは、人々のもつ政治的、経済的なものと、人々が所有して当然と思うものとの格差にある。

ガーの理論は、ラズウェルとカプラン（1950）をもとにしてつくられた基本的価値への期待（福祉的価値と服従価値）であり、これはマズローの欲求階層説（肉体、安全、愛情、自尊、自己実現）にも関連している。ガー（1970：50［）］は求めるものと得られるものとの格差がある社会的条件の不均衡を三つのパターンに分類した。第一は減少性剝奪［Decremental Deprivation］で、これはある集団の価値に対する期待が比較的変わらないのに価値そのものは減少していくように感じられる場合である。第二の向上的剝奪［Aspirational Deprivation］は、価値が比較的変わらないのに期待が上昇するか、または強烈な場合である。第三の進行的剝奪［Progressive Deprivation］は、実質的かつ同時進行的な期待の上昇と価値の減少が見られる場合となる。これら三つのパターンはすべて政治的暴力の原因となるか、またはそれを引き起こす要因と考えられる。

加えてガー（Gurr, 1971）は、心理的要因としての相対的剝奪がどんな場合でも市民抗争の前提条件となるかどうか、また剥奪の程度が市民全体に対して広くかつ強いほど、それぞれの抗争の規模も大きくなるかどうかを調べた。その結論は心理的な証拠から引き出した基本的な原因のメカニズムをもとにし、特に人が剥奪を感じた時は不満かまたは怒りで反応し、またその怒りは本来満足を求める反応として攻撃を生み出す動機になるというものであった。ここでは、不満と抗争への参加との関係は、その間に介在する多くの社会的状況によってつなげられるとされた。さらに彼は欲求不満と攻撃とを関連づけるのは不適切だと強調し、革命は社会の実質的な部分が相対的に剥奪されている時に発生すると論じた。そういう人々は自分の環境において「期待する価値」と「得られる価値」との格差を感じた時、剥奪されたと思うのである。さらに単純にいえば、欲しいものと手にしたものとに格差がある時に人々は剥奪されたと感じるのだ。

最後に、攻撃の原因について総合的な心理学的見解をまとめたのがローロ・メイ（May, 1972）である。彼の攻撃の原因に対する分析は、欲求不満を感じている時に敵対者に対する襲撃のきっかけとなる様々な要求についてのものであり、自尊心を確立し、社会におけるアイデンティティと活力に何らかの価値を見出し、自己実現を実行したいなどとする欲望は、すべて人間を他人に対する行動へ駆り立てる要求となるとした。

環境の人間に対する影響　暴力に対する研究や理論化の中で、歴史的、社会的、経済的、生理学的、あるいは心理学的な説明によって革命や戦争の原因を適切に明確化したものは未だにない。しかし前述の通り、すべての行為は有機体と環境の相互関係の産物、または機能である。この点から見ると、暴力を導き出す有機的かつ環境的事象の結果については心理学的な見方をすることができる。これはデイヴィス（Davies, 1973：253-4）による見解である。

この連続事象の第一段階は、生来人間が内部に持っている欲求の一部を活性化することである。緊張がある場合、それは環境によって、あるいは環境の中で解放され、要求を満足させる。喉が乾いている時は環境が水を供給し、疲れた時は環境が休息を与え、孤独を感じれば（人間という）環境が仲間を与えることもできる。第二段階は人間の、一つあるいはそれ以上の要求に対する欲求不満である。これは喉が乾いているのに水を与えられないとか、休みたいと思っているのに静かで、暗く、そして心地好い環境を与えられないというものだ。

第三（前行動）段階は個人の要求と充足との間にある、環境による欲求不満をどう乗り越えるかという探求と決定の精神的な過程である。この段階において緊張がつくられ、それが極端な肉体的力として使えるようになる。もし要求が実際に解決されれば緊張は解けてその人はリラックスできるが、精神力やそれに続く肉体的力が実際の要求を満たすのに足りなかった時、緊張はほとんど緩和されない。考えや行動においても実際に基本的要求が満足させられなければ、要求が活発になった後につくられる緊張をほぐすことはもちろんできない。この精神的過程は、妨害に対して抜け道を探す努力とか、最初に欲しかったものの代わりを見つけようとする（昇華としての）努力、要求を否定し抑圧しようとする（置き換えとしての）努力、あるいは妨害を壊そうとする努力など、いろいろな形をとる。

第四段階は個人的行動に含まれるもので、欲求不満を乗り越えようと決心すること、つまり第三段階に続く行動といえる。行動の段階で力は精神から肉体へと移り、人がその目的を基本的な目標の成就、基本的要求の満足とする時に行動が始まると考えられる。

例えばある人が水を求めているとした時のこれらの全段階は次のようになる。喉の乾いた人にとって、妨害に対する抜け道は泉を探そうと決めることだが、それは自分に水をくれることを断らない人の所有するものでなければならない。その代わりとしてはウイスキーを探すことなどがあるだろう。要求を否定したり抑圧するためには泡立つ流れを想像したりすることが考えられる。そして妨害を破壊する努力としては、水をくれない人に力を行使する決心をすることになる。

実際にこれらの四段階の指標となる、あるいは支持となるような生理学的な研究がある。実験用のネズミに対し、身体的な危険、例えば電気ショックなどから逃れようとする欲求に妨害が生じた時、ネズミはどうするかというもので、一九六〇年代に行われた。まずネズミは電気仕掛けのあるかごの中に一匹か二匹入れられる。一匹の時、ネズミはショックから逃げようとして休み無く強烈に動いたが、壁やかご、あるいは自分自身に対する攻撃は行わなかった。二匹の時は、ショックを与えると互いに攻撃し合った。この実験は、フロイトが置き換えと呼んだ古典的かつ基本的な例といえる。代わりの物、例えば人形がかごの中にあれば、ショックを受けた動物はもう一匹のネズミに対するのと同様、それほど躊躇無くそれを攻撃するであろう。いずれにせよこの実験は、環境や欲求不満、搾取や暴力行動による危害から逃げようとする肉体的欲求の発生過程を示したのである。

5　政治的暴力の受容についての政治心理学的考察

政治的暴力に関する三理論

最後に人間の暴力的行為、とりわけ政治的暴力の説明として主に三つの理論を挙げておこう。

第一に本能説［Instinct Theory］、これは人間は生来暴力的であり、社会がその暴力的本能を発散させる機能をもつというもので、フロイト（Freud, 1913）のいう「死の本能」説のように、人間には本来攻撃や破壊を求める内的な衝動があると仮定するものや、ローレンツ（Lorenz, 1966）のように動物は生得的に攻撃機構をもつとする説がある。このようにフロイトやローレンツ、アードレー（Ardrey, 1966）らによって、人間は生来もつ原始的な力によって暴力に駆り立てられるとされ、暴力的行為は自己の欲望を合理的に処理するという行動を超えた、より動物的な衝動として現れるとされた。さらに恐怖という感情的な要因もある。ローレンツは、興奮が神経系の本能的な部分へと組み入れられ、暴力が本能的な行動として実行される時にそれが発散されるとした。動物の間では、暴力的行為は支配、食物、なわばり、性的行動などにおける競合の結果として起こる。これが動物行動学者のいう動物の暴力的本能の理由である。つまり暴力的行為は自分にとっての目的を達成する途中で何らかの障害を感知した場合の反応として起こるのだ。このような攻撃エネルギーは自然に個体に蓄えられ、その総量と環境における誘発要因の関係によって行動が規定される。しかしほとんどの動物が同胞に対しては攻撃を禁止するような力を持つのに対し、人間ではそのような力が弱いとされた。

今日では、戦争など人間の暴力的行為に動物行動学的な解説を応用する社会科学の研究者はわずかであり、むしろ社会文化―心理学的な解明がなされている。攻撃、暴力、戦争などは競合の激しい社会でより頻繁に生まれることが多く、そういった暴力や競合は幼児の砂場や公園から始まる。暴力的な人間は暴力的な家庭で育ち、好戦的な国家には野心の強い利己的な人間が多いということなどが多くの研究で指摘されている。しかし最も暴力的な人間が最も「原始的」な人間というわけではない。フロム（Fromm, 1941, 1955）は最も「文明化」された人間が最も好戦的であり、文明こそが暴力を培養すると指摘した。抗争は社会的行為として学習され、同様に他の行為を通じて獲得され、社会、状況、環境的な要因からも影響を受けるといえるのである。

第二は動因説［Drive Theory］であり、これにはダラードら（Dollard et al., 1939）のいう、怒りなどの不快な内的衝動が満たされないと攻撃的行動が起きるという「フラストレーション―攻撃」仮説、つまり攻撃には常に欲求不満の存在が前提にあり、攻撃の強さは欲求不満の量に比例するというものなどがある。さらにバーコビッツ（Berkowitz, 1962）は、欲求不満はそれ自体攻撃や暴力行為の十分条件ではなく、それが怒りを生み、怒りが攻撃の準備状態をつくり出すという「衝動的攻撃説」を唱えている。

第三は社会学習説［Social Learning Theory］という、バンデュラ（Bandura, 1973）の、暴力的行為は社会の中で学習し、身につけ、維持される社会行動であるとする説である。彼によると、特に子どもは他人やメディアを通じて攻撃的行動を学習し、習得されたものは自己の誇りや社会的報酬を通じて強化され、維持されるという。

暴力を抑止する要因

ローレンツが示したように人間には動物のように暴力に対する自動的抑制装置がないとすれば、人間は根源的な暴力に直面した場合、それを抑止するために文化や制度をつくり出したともいえる。理性という精神行為は暴力を遠ざけ、非暴力的な意思を交わすための制度であり、文化と制度は不完全ながらも暴力を回避し抑制するための努力の表出ともいえるのだ。ただし文化や制度には暴力をなくすためにやはり暴力を使わざるを得ないというジレンマが常に伴っている。例えば政治権力にはいつでも軍隊や警察などが付随し、物理的暴力装置をもって過剰な暴力を行使する。イデオロギーやそれを基本とした教育などがそれを支持する場合もある。

あるいは何らかの秩序の形成によって暴力を抑止する場合もある。無秩序の状態では各個人が互いに攻撃的で、それに対する抑制力がないために暴力は互いに伝染し相互に暴力をふるい合う状態となる。このような暴力を互いにではなく、ある一つの対象、すなわちスケープゴートに向けられれば、相互暴力状態は停止してスケープゴート以外のメンバー間には秩序が生まれる。しかしこのような過程の後には秩序、制度、文化によって新しい別の形での排除が生まれる。文明は発達することでより大規模な排除を生んできた。つまり少数の集団もしくは一つないし複数の民族、あるいは特定の国家や体制までもが、何らかの形でスケープゴート化されて秩序を保っている、つまりスケープゴートの規模が大きくなったのが現代社会といえるのだ。

そして戦争についてはどのような心理的要因が働くのか。戦争に対する意思決定を含んだ危機的状況管理には、複数の心理的要因が影響する。このような状況に直面した人間が環境から孤立しているわけはなく、危機的状況自体の特徴、情報の有効性、時間的制約などが、明らかにその人間の行動に影響する。組織固有の文化、基本的学説や過程、集団力学などの外的要因のすべてが危機的状況の操作、決定に何らかの役割を果たす。また訓練や経験などのより個人的な要因も同様である。しかし類似した経験、訓練、組織、集団のもとに行動する人間であっても、類似の状況に直面した際の行動は異なる。これは、危機的状況の操作決定には人間の心理的な要因が重要な役割を持つことを示している。

ピーター・スードフェルド（Suedfeld, 2000）によると、人間の情報処理の複雑性がまず危機的状況の打開につながるという。情報を複雑な過程で処理するためには、高レベルの処理の可能な能力が必要となる。この能力（「概念の複雑性」［Integrative Complexity］）は、例えば開かれた心、融通性、非権威主義的、非脅迫的といった性格の傾向に表れる。動機は、それが本来達成、権力、親和を求めるか否かにかかわらず、どのような目標を重視するか、いかに状況の緊張状態から抜け出すかなどに影響する。状況は大なり小なり人の強さ（その状況を挑戦と見るか、問題の解決責任を感じるか、状況操作の可能性を感じるか）によってその緊張が緩和される。人の感じる緊張度は、どういう行動パターン（抗争なしに従う、抗争なしに立場を変える、受動的回避、普通の、あるいは過剰な警戒）をとるかにつながっていくが、それは状況や緊張からくる心理的葛藤を解決するためなのである。

また、リーダーは自分の政策や行動が妥協的なものと見られた場合には、自分に危機が及ぶと考えがちなので、社会全体に危機的状況が広まった後で、改めて和平策などの代替案を出すことは避けようとする。朝鮮戦争やキューバ侵攻におけるアメリカ政府の外交政策を分析したアーヴィング・ジャニス（Janis, 1972）によると、「集団思考」［Group Thinking］プロセスが発生すると、集団はその凝集性を維持するためにその意見に逆らう事柄を排除しようとする。こういった段階になると和平案などの代替案は積極的に提示されず、むしろ危機的な雰囲気がそのまま正当化され、増強されることにより、結果として紛争が長期化、激化することになりやすいという。

第7章　政治的リーダーシップ

リーダーシップは政治心理学において最も重要かつ興味深いテーマであり、学問的なだけでなく、一般的、とりわけジャーナリスティックな関心も集めてきた。リーダーシップの発生と行使、リーダーと一般人との違い、特にリーダーの行動などについて文化的、社会学的、医学的などの面から多くの研究および解説がなされている（例：Feldman & Valenty, 2001）。

例えば最近では、ジェンダーや文化の面から女性の政治家が少ない理由に関心が集まっている。国家のトップリーダー（大統領、首相など）の座にあった女性の数は、二〇世紀を通じてわずか四六人であった。代表的な例としてはシリマヴォ・バンダラナイケ（スリランカ首相、一九六〇～六五、七〇～七七、九四～二〇〇〇年在任）、インディラ・ガンジー（インド首相、一九六六～七七、八〇～八四年在任）、ゴルダ・メイア（イスラエル首相、一九六九～七四年在任）、イザベル・ペロン（アルゼンチン大統領、一九七四～七六年在任）、マーガレット・サッチャー（英国首相、一九七九～九〇年在任）、コラソン・アキノ（フィリピン大統領、一九八六～九二年在任）、ベナジル・ブット（パキスタン首相、一九八八～九〇、九三～九六年在任）、などが挙げられる。（このように女性の政治家の数は圧倒的に少ないので、本章で政治リーダー、政治家という言葉を用いる際は「彼」と表記することを前もってご了解いただきたい。）

本章の中心となるのは、心理学的・社会心理学的な側面から見た政治的リーダーシップ、および政治リーダー（政治家を含む）である。まずリーダーシップの定義、それからリーダーシップのタイプと特徴について解説し、リーダーと政治的行為、リーダーとフォロワー（一般大衆、有権者、支持者など）との関係、とりわけフォロワーの意識などについても詳しく論じていく。

1　リーダーシップと政治的リーダーシップ

リーダーシップの概念

リーダーシップとは、集団の目標達成、あるいは機能の実行にあたる際、集団内のあるメンバーが他のメンバーに対して積極的な影響力を及ぼし、支配する過程であり、広い意味では集団力学や特性すべてに対する影響を含む場合もある。リーダーシップ能力については、リーダーの個人的特性との関連が示され、ラルフ・ストグディル（Stogdill, 1974）は、(1)能力（知能や判断力）、(2)素養（体力、経験）、(3)責任性（信頼性、忍耐力）、(4)参加態度（活動性、社交性）、(5)地位（人気、社会的威光）、の五つを挙げたが、同時にこれらの中には相互に矛盾する要素も含まれ、状況によって必要とされる要素が異なるということも指摘した。

公式集団の中では、その「長」となるメンバーに対してリーダーとしての職務や権限、責任が割り当てられてリーダーとなる。しかし非公式集団の場合は社会制度的な拘束はなく、状況、規模、各メンバーの能力などに応じて特定の人間がリーダーとなる。リーダーの権限を認め、その支持や命令を受け入れて行動するのがフォロワー（一般市民、大衆、支持者）である。

それでは政治的リーダーシップは、他のリーダーシップ、例えばビジネスや教育、宗教などのリーダーシップとはどう違うのだろうか。もちろん、政党や政府といった特定の環境で発生するリーダーシップは他と明らかに異なっている。最も異なる点は、リーダーが与える影響のターゲットにあり、それは基本的に二つある。一つは集団の最終目標を公式化、あるいは変更、その変更に対する抵抗、現状維持などの場合であり、もう一つは資源や報酬などの諸価値を分配することである。政治とは単純にいえば政策によって資源の分配を決定することであるから、当然政治的リーダーシップはこれらの決定に関わる。したがって政治リーダーとは、ある政治単位（政党、派閥など）において資源を委託され、最終目的を選択し、さらに政策を左右する権威をもった人間と定義できる。このような人間は地方から国家に至るまでの政府のあらゆるレベルに存在し、選挙や任命のみならず革命やクーデターなどの手段によってリーダーの座につく。

政治的リーダーシップの特徴

以上のようなターゲットと影響という点から、他のリーダーシップと比べると、政治的リーダーシップには明らかな二つの特徴が存在する。第一の特徴は、政治的リーダーは、(1)党派心の強い者［partisan］：集団が目的を遂行するための特権、権力を求めようとし、またフォロワーの利益になるように状況を操作したり、互いの利益の妥協点を探したりする、(2)イデオロジスト：改革や変革を求め、その妥当性を力説する、(3)政治家：政策を系統化する、の三つのいずれかに属するという点である。

第二の特徴は、フォロワー間、集団間に発生する社会的相互関係の中で代表として関わる点である。リーダーは譲歩を得るための説得を繰り返し、この相互関係の中で自己の利益を追求することもある。リーダーには機会あるごとに効果的に使えるような権力が必要で、相互関係の結果の一部は権力となって返ってくる。そしてフォロワーは、自分たちのために行動するという名目のもとにリーダーの自由を認める。したがって集団間、リーダーとフォロワー間、そしてリーダー間といった三つの社会的相互関係が生じることになる。フォロワーとの関係では、リーダーはフォロワーの好意を得、そして譲歩を行う。しかしながらフォロワーの支持は不安定であるため、リーダーは別の人間を支持しないように絶えず現在の力を拡大して、より多くのフォロワーを獲得しようとする。リーダーには社会構造のあらゆる面から多くの義務が課されるが、その一方でリーダーは、報酬や拘束力をコントロールする力を強めて多くの人々を従わせようとするのだ。

2　リーダーシップの型と理論

リーダーシップ、とりわけ政治的リーダーシップとフォロワーとの接触には、対面的［face-to-face］リーダーシップ、遠隔的［remote］リーダーシップの二つの型がある。

対面的リーダーシップ

対面的リーダーシップはリーダーとフォロワーが直接接触をもつような、例えば研究グループや近所の集会、あるいは国会の委員会といった小集団で見られる。常にリーダーと対面的な接触ができ、人々は希望や欲求、考え方などを直接伝えられ、このような経験からリーダーに対する印象やイメージがつくられる。このように政治的には対面的な関係も重要だが、政治的リーダーシップの多くは遠隔的リーダーシップである。この場合、大衆がリーダーに直接対面する機会はごく少ないので、スタッフやメディアを通じてしかリーダーを知ったり欲求を伝えたりする手段はない。そういった間接的接触からリーダーに対する期待とイメージは解釈され、次第に明瞭な形をもっていく。つまり、大衆がリーダーを知り、リーダーが大衆の希望を知るためには、双方とも他人やメディアに依存せざるを得ない。またリーダーには、常に対面的と遠隔的の両方のリーダーシップが必要で、首相や国会議員の場合、地元の支持者や一般市民に対しては遠隔的リーダーシップをとるが、側近や内閣の他の大臣などに対しては対面的リーダーシップで接触することになる（遠隔的リーダーシップについては後に詳述）。

対面的リーダーシップについてさらに細かく見ていくが、まず、ある集団の中で他のメンバーからの指名によるのではなく、相互関係の中でリーダーとなる場合について考えてみたい。例えば五人から一〇人位の集団で討論の課題を与えられ、共通の決定や解決を行うようにされたとしよう。リーダーが最初から全く指名されなかった場合は、発生してくるリーダーシップについていろいろな指標が考えられる。それは各メンバーの話す時間、アイディアの質、さらに各々が提案したり賛成したりした回数などである。こうして何回かの会合を重ねた後に集団内では明確なリーダーシップが形成される。

このような指標に基づき、小集団内では仕事機能［Task Function］と社会・情動機能［Social-Emotional Function］という機能が発生することになり、これらがリーダーシップの代表的な二つの機能となるのである。仕事機能は問題の解決や進行を進めるものであり、課題達成志向行動とも呼ばれる。具体的には集団の最終目標に対して情報やアイディア、提案などを提供することで、最も貢献したメンバーが最も仕事能力［task ability］に優れていることになる。一方集団内で最も好かれるのは、より人間的な側面、つまり他のメンバーの感情やライバル関係、敵対関係などによく気を配る人間であろう。そういう人物は、人間関係や他のメンバーの感情に対して敏感で、社会・情動機能を十分満たす存在であるが、このような行動は集団過程維持志向行動と呼ばれる。

しかし、仕事機能中心のリーダーの場合は「職務を遂行すること」にほとんど忙殺されているため、集団の人間的な面は無視しがちになる。こういう場合小集団の中に二人のリーダーが現れることもよくある。一人は仕事専門家［task specialist］で、他のメンバーから必ずしも特に好かれているとは限らないが最終目標に向けて集団をリードしていこうと奮闘するタイプである。もう一人が社会・情動リーダーで、主にメンバーから最も好かれている人物がなる。これら二つの機能は、長期的には互いに補完する関係になるが、短期的にはむしろ対立する傾向になるため、同じ人間が両方の機能を十分に果たすことは難しいとされており、課題達成志向行動と集団過程維持志向行動は一人のリーダーによって行われるのではなく、それぞれ別の人間が集団の中に現れて各役割を果たす場合が多いとされる。

ＰＭ指導類型論

三隅二不二（一九八四：六一～七二）のＰＭ指導類型論はこのような理論の中でも代表的なものである。まず今まで論じてきたように、リーダーシップとは集団における目標達成を志向する機能と、集団を保存、維持、強化しようとする機能の二つに分かれる。三隅は前者を［performance function of group］（Ｐ）と呼び、後者を［maintenance function of group］（Ｍ）と呼んだ。では、具体的なＰ的行動、Ｍ的行動について細かく見ていこう。Ｐ的行動とは、いうまでもなく集団の目標や課題の達成を志向したリーダーシップ行動であり、目標に際して企画・調整を行い、時に応じて指示・命令を与えたりすることで、Ｍ的行動とは集団や組織の中で生じた人間関係の過大な緊張を解消し、対立、抗争を和らげて少数者に発言の機会を与え、自主性を刺激しながらメンバーの相互依存性を増大していくリーダーシップ行動である。

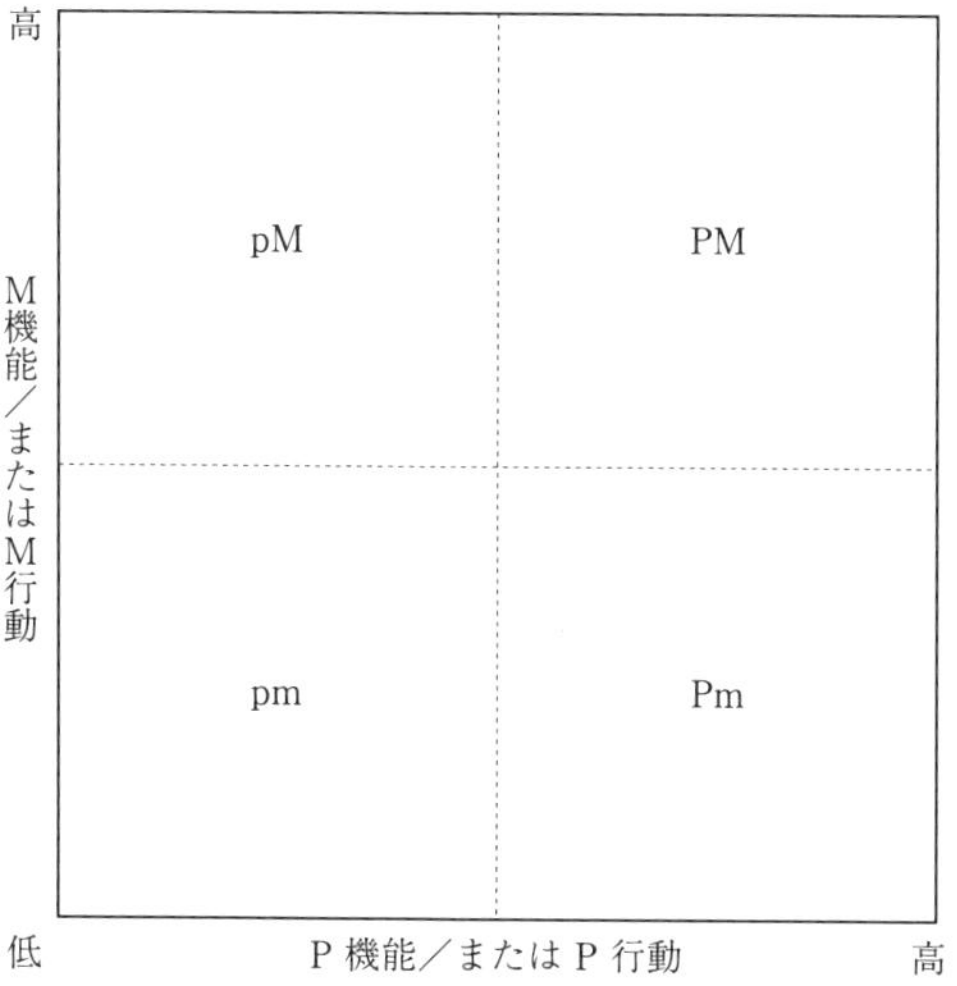

図7-1　PM式リーダーシップの類型

出所：三隅，1984。

しかしＰＭ類型論の特徴は、ＰとＭとを以上のように区別するだけではない。リーダーシップ行動の中には、程度こそ違え必ずこの2つの要素が含まれているわけだから、ＰとＭとをレベルの高低それぞれの次元に分割し、ＰＭ型、Ｐｍ型、ｐＭ型、ｐｍ型という四つの基本類型を設定したのである。これら四つの類型は、それぞれＰもＭもともに高レベルであるＰＭ型、Ｐは高でもＭが低であるＰｍ型、Ｍは高であるがｐは低のｐＭ型、両方とも低であるｐｍ型と呼ばれる（図7-1参照）。そして、最も望ましいとされるのが両方の面を兼ね備えたＰＭ型ということになる。

では、P型とM型における政治リーダーのリーダーシップ・イメージをまとめてみよう。まずP型には、(1)みんなが何かの問題で困っている時自分から解決策を出す、(2)話し合いの場で発言に筋が通っていて説得力がある、(3)話し合いや仕事を進める時など期限を守ることにうるさい、(4)全体の意見をまとめることがうまい、(5)いったん約束したことは守る、(6)反対意見があっても正しいと思うことはやり通そうとする、といった特徴が見られる。

さらにM型には、(1)気軽に話し合える、(2)個人的なことで相談にのってくれる、(3)意見を支持してくれる、(4)意見が食い違った時でも自分の意見を押し通そうとしない、(5)感情的な対立が生まれた時にそれを和らげようとする、(6)他人の面倒をみる、などの特徴がある（三隅、一九八四：二一六）。

日本の具体的な例を挙げると、池田勇人以後、鈴木善行までの首相のリーダーシップは基本的にはM型に分類できよう。それは日本の政治経済にとってはまず政治的安定が課題であり、そのために各首相は野党と妥協して自民党内を融和させ、官僚制的手続きを尊重したからである。このリーダーシップの特徴は、(1)野党との関係は妥協的であること、(2)政策の形成に関して官僚制の決定手続きに多くを委託するボトムアップ型の政治をしてきたこと、(3)自民党内では派閥の均衡を保つこと、などが挙げられる。

このような流儀をとる際には、政治家が自ら問題を設定する必要はなく、利害調整が第一に求められる仕事となる。しかし、中曾根康弘元首相（一九八二〜八七年在任）は官僚に依存せず、諮問機関やブレーンを積極的に用いて政策を自ら提示するというトップダウン型の政治を行った。第二臨調や前川リポートなどを用いた経済摩擦解消等、そのための審議会の運用にあたっても世論を巻き込むオープンな形式をとり、国民の人気を得るとともにそれを効果的に政策に運用した。彼の流儀は従来見られなかった新しいものであり、P的機能を追求した結果と考えられる（村松、一九八七）。それ以降も日本政治のリーダーシップはほとんどM型であったが、小泉純一郎政権は自らの提案した課題が達成できるのであればP型であるといえよう。

いずれにしろリーダーは対面的な相互関係の中でP型とM型双方のリーダーシップを身につけるようになる。そしてメンバーどうしの友情を育む一方、集団の最終目標に対し、それぞれの競争心を煽らなければならない。

遠隔的リーダーシップとカリスマ性

対面的リーダーシップと並ぶもう一つのリーダーシップの型は、遠隔的リーダーシップである。アメリカにおけるジョン・F・ケネディやビル・クリントン、インドにおけるマハトマ・ガンジー、そして英国のウィンストン・チャーチルやマーガレット・サッチャーといったリーダーは皆、個人的には彼らを全く知らないような大衆から喝采のもとに迎えられた。彼らはそれぞれフォロワーを魅了し、奉仕や支持を引き出すような能力に大変恵まれていた。偉大なリーダーが大衆へアピールする原因について、身長や体重、聡明さや誠実さそのものを論じるのは意味がないともされているが（Brown, 1936：346-7）、リーダーシップには知性と性心理的なアピール［psychosexual appeal］の二つが重要であり、またそこには外見的魅力といわゆるセックス・アピールも含まれ得る。リーダーにとって知性と魅力は離れた場所から影響力や問題処理能力があるという印象を与えるのに役立ち、そこにはカリスマ性［charisma］という意味合いも含まれる。

カリスマ的リーダーとは、彼ら自身も同じ人間であることを大衆に近しく感じさせると同時に、大変優れているかのような魔性の魅力をも持ち合わせているような人物である。こういうリーダーはこれらを巧みに組み合わせ、さらに生来備わっている高い潜在能力をもとに、大衆を従属させて彼らの日常的な期待をはるかに飛び超えた業績の達成へと向かおうとする。マックス・ヴェーバー（Weber, 1922/1947）も、カリスマ性について言及しているが、彼はまずリーダーシップの形態について、「支配」という概念には利害関係に基づく市場における独占支配など、および家父長的権力、君主の権力といった権威による支配、の二つの型があり、そして後者の権威的支配は、さらに合法的支配、伝統的支配、カリスマ的支配の三つに分けられるとした。

合法的支配の最も典型的な型としてヴェーバーが挙げたのは官僚制支配である。この場合支配される側の人間は、支配者という人格ではなく、規則つまり形式的で抽象的な規範に服従しているため、従って、支配する側も相手の別なく訓練された専門家が形式的かつ合理的規則に従って支配を遂行する。伝統的支配の最も典型的な型は家父長制的な支配であり、これは昔から存在する秩序と支配権力の神聖さを信じる信念に支えられている。命令するのは「主人」で服従者は「臣民」であり、命令の内容は伝統によって拘束されている。

カリスマ的支配の最も典型的な型としては預言者や軍事的英雄などが挙げられる。これは支配者のもつ生来の能力によって被支配者側が情緒的に服従してしまう時に成立する支配関係と定義されている。しかしその支配能力は客観的に規定されたものではなく、被支配者側の思い込みによって存在するものなので、純粋に見れば個人的な社会関係そのものといえる。前項で解説したＰＭ類型論では、通常のＰ的特性を越えたところでのスーパーＰ型、あるいは逆にスーパーＭ型といった分類もできるが、カリスマ的指導類型はこのようなリーダーシップ類型に含まれると考えられる。

リーダーに対するこのような強い思い込みや過度の信頼をもたらす理由について、ダニエル・カッツ（Katz, 1973）は、リーダーとフォロワーとの距離を重要な条件としている。つまり、毎日顔を突き合わせているとロマンチックな恋愛と同じで幻想は醒めてしまう。ある特定の人間と頻繁に会うと、良い点も悪い点もよくわかってしまう。毎日人目に晒されているようなリーダーは強さと同様弱さも持っており、側近や周辺の記者などのような人にとってはカリスマ的な魅力の存在する余地はない。しかし、祝典などの特別な場合かまたは特殊な状況のもとでしか見られないリーダーならば、一般市民に対しては十分にカリスマ性を発揮できる。

とはいってもカリスマ性が存在し、またそれを発揮させるためには心理的な距離以上のものが必要であり、そのためには対人関係における次のような三つの型が考えられる。第一の型はリーダー自身がフォロワー達それぞれの内面的な問題に対する希望通りの解決策を象徴していることである。フォロワーつまり大衆は、彼らの恐怖や幻滅、攻撃性を投影した社会的問題が解決され、そこから彼ら自身が解放されることを求めている。そこでカリスマ的リーダーは大衆が各々の日常生活で感じている問題について理解し、敵愾心を現実の行動に表すことを正当化し、本人の人格や掲げる目的を通じて象徴的な解決を提供するのだ。この解決策の有利な点は、合理的ではなく心理的だというところにある。つまり大衆の精神に対し、一時的に緊張を緩めることができるのである。このようなカリスマ性は、普通、国家のような堅固な社会構造よりも社会運動団体のような集団に見られる。アドルフ・ヒットラーはカリスマ的魅力を示す一例であるが、それは第一次世界大戦で何もかも失ってしまった中流あるいはそれ以下の階層のドイツ人が、ヒットラーの傲慢な雄弁の中に自分たちの渇望していたものを見出したからだといえるだろう。

第二の型は第一のようにイデオロギーを代表するのではなく、父親的印象に強く依存するものである。より正確にいうと、攻撃者との同一視［Identification with the Aggressor］、つまり自分に危険を与える恐れのある者、あるいは攻撃する者と同じ行動をとる、すなわち真似をすることによってその危険から逃れるか、攻撃をかわそうとする心理に基づくものである。この同一視が起きるためには、攻撃する側が圧倒的な力を所有すること、そして個人の側はこのような力の行使から逃げられないという二つの条件が必要になる。したがって全体主義的体制がこのようなカリスマ性を最も育てやすいといえる。支配者は権力を社会構造のトップに集中させ、大衆がその体制を離れることを困難、あるいは不可能にしてしまうもので、例としては旧ソ連や旧東欧共産圏諸国の人々が挙げられる。攻撃者との同一視は権威主義的な家庭や学校においてもよく見られるが、こういった場所では、大人になっても権威をもつリーダーに対する感情的な依存が永久に続くように、あらかじめ教育されるのである。

第三の型は大衆の希望的観測をもとにリーダーの能力が過大視されることである。大衆は自分たちの利益を現実化する何かをリーダーの中に感じとり、そしてリーダーの権力を過大評価する。大衆は必ずしも第一の条件にあるような内面的問題を抱えてはいないかもしれないし、第二の条件のような同一視を求めてはいないかもしれない。しかし有能なリーダーによって自分達が特定の目的に向けて導かれるということ自体、感情的な高揚をもたらすのではないだろうか。人々はリーダーに対する感情的な従属と、リーダーの能力を少しでも過大評価することを少なからず願っているのである。

偉人説と時代精神説

思想、科学、あるいは一般文献で語られるリーダーシップについては、偉人説［Great Man Theory］と時代精神［*Zeitgeist* = 'spirit of the times'］説という二つの原則ないしは類型がよく論じられる。リーダーシップとはこれまでに述べたように、集団のあるメンバーが集団の目標達成のために積極的な影響力を他のメンバーに与える過程とされるが、偉人説とは、そのリーダーになる人間には、他のメンバーとは違う優れた素質や独特な特徴があるとする考え方である。つまりナポレオン・ボナパルトやガンジー、チャーチルといった人々の人間性、つまり彼ら自身が自分の人格や能力によって多くの人々を魅了し、偉大な業績を遂げた、という点を強調したものといえる。つまり、ある能力を持った人間がしかるべき時代にしかるべき場所で存在していなければ、世界の歴史は全く異なるものになったということである。

これに対しては、偉人説はリーダーの人格にばかり注目しすぎており、リーダーの個性や価値観がフォロワーの要求や欲望に叶うべきものであることを無視しているという主張がある。優れたリーダーですら、本人は変わっていないにもかかわらず、支持者を失い政界から消えてしまうことがあるが、それはフォロワーの要求や欲望の型が変わったからなのである。例えばチャーチルは、第二次世界大戦時イギリスのリーダーであったが、大戦終結後第一回の選挙で保守党敗北のために首相の座を失った。それはイギリスの有権者達が戦後の政治経済的、あるいは社会的な問題はチャーチルでは解決できないと判断したからである。つまりリーダーは支持者が要求する問題を解決できる限り、あるいは解決策を提示できる限りにおいてその地位に留まることができるのだ。

これは「時代精神」説と呼ばれており、時代の要求を強調したもので、ある時代を支配している社会的な意識がその時代の人々の直接的な体験の表現として構成され、思想や風俗、芸術、文学、大衆文化などの面に具体的に現れるという考え方だが、このような時代精神は固定的なものではなく、その中に多くの要素を含んだ可変的なものであり、それらが一つの流れとして統一されてはじめてある形式となる。しかしそれはいったん頂点を迎えた後は衰退し、やがて再び新たな潮流が形成される。それを担うのが各々の世代といえる。

世代とは単に生まれた時期を同じくするだけでなく、歴史的、社会的な経験を共有することで似たような思考、感覚の様式を持つ一群の集団を指す。そしてある世代がある種の歴史的、社会的宿命に参与して統合状態が生まれ、社会的現象に影響を及ぼすことになる。そしてこの時代精神説によれば、リーダーは特定の歴史的または文化的な状況のもとにおいて、その時代の緊急事態や人々の間に蔓延する雰囲気に合わせて現れるということになるのだ。

現実の歴史およびリーダー達を見ると、偉人説や時代精神説はどちらも単独では成立し得ない。人間の性質と時代の特徴は、どちらもリーダーをつくる条件なのである。何人もの強力なリーダーが、第二次世界大戦の間に権力を手にし、その後の一〇年間も当座の問題を処理してきた。シャルル・ド・ゴールがアンリ・フィリップ・ペタンの後を継いで一九四〇年に自由フランス軍のリーダーとなったことや、ジョセフ・チトーが占領下においてユーゴスラビアのリーダーとして現れたこと、また毛沢東が中国共産党のリーダーとなったことなどはすべて偶然ではない。偉大なリーダーは大きな変動の際、人々や時代の精神が危機に瀕した時に現れる。偉大さとはリーダーとしての座につく前にその人物自身の中にあるべきものだが、しかし、その時代の人々の要求や期待こそがそれを引き出すものなのだ。すなわちリーダーシップとは「しかるべき時に、しかるべき場所

ウィンストン・チャーチル

に、有能な人間が存在すること」の結果と考えられる。つまりリーダーシップの発生には個人的な資質のみならず、状況的な側面も強調すべきなのだ。

3　リーダーシップの特徴──権力動機と自尊心

政治の「プロ」と一般人

今日政治的リーダーシップは様々な違う名称で呼ばれており、義務や権限の範囲も国によって異なるが、政治リーダーが世襲されることはめったにない。世襲により権力を握ったリーダーとして例を挙げるとすれば、北朝鮮の金正日だろうか。ほとんどの場合、リーダーは基本的に自ら求めてその地位についた人々である。言い換えれば、彼らはリーダーになりたくてなったのである。リーダーがなぜその地位を求めるのか、なぜリーダーになりたがるのかということは政治心理学においても重要なテーマの一つである。なぜある人間は選挙に出馬して政治的な地位につこうとするのか、あるいは自分を首相や大統領の座に相応しいと信じ、国を指導していけると思うのか、そして政治リーダーの座を得るために、時間や財産、エネルギー等を費やそうとするのだろうか。

この問題を解明するためにはまず、リーダーと称される人々と普通の人々との特徴を比較してみよう。政治リーダーと一般大衆、つまり政治家ではない人々との間に人格的特徴の違いはあるのだろうか。政治リーダーと政治家ではない人々の中から、それぞれサンプルをとって、特定の人格的特徴を点数で比較した研究がある。これらの研究によると、職業的政治家、いわゆる「政治的人間」とそうでない一般人は次のような点で違う。

政治家は特定の信念、認識、感情、あるいは他の様々な心理的特徴をもち、それらによって大衆や国家に影響を及ぼすような政治的行動へと駆り立てられ、公共問題に対する知識も豊かで、発言も明瞭、かつ政治的思考をよく理解し、自分でも使いこなし、また教育程度は高く、そのため基本的な認知能力に優れ、政治的な情報の整理能力があり、一貫した意見をもち、曖昧で漠然としたところがなく、政治的な問題について合理的な反応を示す。かつ普通の人々よりも政治に対して強く、確固とした見方をし、より長く働き、より大きな困難に耐え、次から次へと違う人々に会って演説を行うが、にもかかわらずまるでエネルギーを消耗していないかのように見える。政治家は肉体的忍耐力に加えて、各種の欲求、例えば親和欲求、つまり対人的接触に対する欲求をもつ。このような愛情に対する欲求は多くの政治家の行為を裏づける重要な要因である。さらに仕事を完成させたという達成感、目的（自分が採用しようとしている考え方や、解決しようとしている問題など）や義務感、承認欲求［Need for Approval］、他人からの尊敬、地位への挑戦、身分／認知への欲求、個人的問題の代償などもリーダーへの動機となり得る。また「比較的権力欲が深い［power-hungry]」とか、「人並み以上に社交性に富んでいる」あるいは「普通の人よりも実際的で権威的である」といった特徴がある（Burns, 1978 ; Putnam, 1976, Ch. 4）。

ラズウェルの見解　行動と動機を等しく扱った研究の結果、特に動機の面において職業的政治家は普通の人とは異なる動機を持つか、あるいは動機によって動かされやすい人間と考えられている。例えば、ラズウェル（Lasswell, 1930）は銀行家が金融の問題に対して親近感をもつのと同様に、政治家は権力（あるいは勢力）、つまり自分が他者よりも強いと感じることや、命令や説得などを手段として自分の力や評判をもとに他者に影響を与え、人的状況をコントロールしようとする欲求で動機づけられると述べている。事実、多くの政治的リーダーシップ、特にアメリカ大統領の例がこの説を支えている。

第１章、第２章で述べたように、動機はパーソナリティにおける重要かつ複雑な要素で、支配的な動機は人によって飢えや達成、権力などのように異なる。しかし人間の動機は時と場合、状況によって発生や関与のしかたも変化する。いかなる動機が実際の行動を招くのかという問題については、既述の通り、フロイトは個人の行動決定における本人の役割の重要性を強調し、幼児期に根ざした無意識的な動機のもつ力について論じている。彼によれば、人間の人格は意識と無意識、それからいくばくかの意識的欲望と理念によって構成されており、これらの精神過程はイド、自我、超自我という三つの複合体で表される（第2章参照）。

ラズウェル（Lasswell, 1948）は、フロイト理論をアメリカで最初に政治面に応用した人物である。彼は「政治的人間」すなわち「ホモ・ポリティクス」を、個人的な動機を公の生活で現実化しようとする人々であるとした。「政治的人間」がある程度の成功を収めると、結局は政治リーダーとなる。ラズウェルの定義はその単純さゆえに判断を誤りやすいものの、ある人々にとっては公の生活がかなり魅力的であることが解説されており、彼の理論は政治リーダーの理解という面からは不朽の貢献をなしたといえる。

彼の理論をさらに詳解すると、政治リーダーは自らの神経症的な欲求を公の場に投影し、そこで満足を得るために政界入りを志すという。彼は有名な法則の中で、「政治的人間」は低い自尊心の埋め合わせとして政治に没頭する、なぜなら政治は権力や特権を手にする機会を与え、満たされない感情が克服できるからである、と述べた。またここでは自尊、政治行為、立候補の関係が初めて指摘された。ラズウェルは、政治的パーソナリティ（政治家）はもともと独断的なパーソナリティをもち、力の追求を動機として力を基本的なゴールとするとした。彼の分析によれば自尊心の低さが物事の始まりとなり、これを埋め合わせるために機会を狙い、権力を求める闘争や影響力をもつ社会的な地位を望み、最終的に政治的なゴールへ到達するための知識や技術の習得などにつながっていくという。

この理論の裏づけとなったのがアレクサンダー・ジョージら（George & George, 1956）によるウッドロー・ウィルソン大統領に対する研究であった。彼らはラズウェルの「力の追求」、つまり「喪失感の穴埋めのための権力追求」について、実際の政治リーダーに対する応用を試み、ウィルソン大統領の行為がいくつかの面で該当するとした。まず自尊心という概念と権力動機について、また低い自尊心と権力追求についての検証を行い、ラズウェルの公式を裏づける証拠を見出したが、ウィルソンのデータから見る限り、そこにはさらに「心理的な欠落を充足するために努力する中で、権力がそれにどう作用するか、個人的権力欲求が発生する状況はどのようなものか」についての考察も付加すべきとした（George, 1968）。ウィルソンにとっては父親の見下すような態度から生まれた劣等感を克服することが動機となり、「低い自尊心」を「偉大な業績」によって埋め合わせようとしたのである。

このような力の追求を「政治的人間」の明確な特徴とする仮説は他の学者からも出されている。レーン（Lane, 1959：123-24）は政治的行為とは力を追求し、それを価値として楽しみ、得て満足するためのものとした。マーヴィン・リンタラ（Rintala, 1984）によれば、チャーチル首相にとっては力を求め、それを実行することが人生の最大の目的であり、力を愛し必要としていた。さらにディレンゾ（DiRenzo, 1977）は、イタリアとアメリカの政治家は基本的なパーソナリティの部分で一般人より独断的で権威主義的なのが特徴であるとした。また、第3章で述べたようにウィンター（Winter, 1993, 2002）は、政治家とりわけ大統領は主に権力動機、親和動機、達成動機という三つの動機をもつとし、各動機が政治的行為とどう関わったかを調べた。

低い自尊心は政治家の一つの動機として捉えられる。インドの国民運動家スバ・チャンドラ・ボーズは使命感によって政治へと駆り立てられ、政治家としてのキャリアに集中して取り組んだが、それも幼時の低い自尊心に基づくという（Kearney, 1983）。しかし同時に、他には政治への関わりを病的な原因よりもより普遍的な、むしろ「健康的」な政治的野心、自我の強さ、政治的関心、有効性感覚などとの関連を追究した研究もある。例えば低い自尊心の埋め合わせをする政治家も何人かはいるが、政治的に有能な人々の自尊心はほとんど人並み以上であるという。高い自尊心が政治活動につながり、「健康的で自分の有効性を確信し、自信があればあるほど、政治への参加は活発になる」ともいわれている（Barber, 1965：217）。また、平均すると政治家の自尊心は一般のアメリカ市民のサンプルより明らかに高いことも示されている（Sniderman, 1975）。

ジラーらによる政治的パーソナリティの類型

ロバート・ジラーら（Ziller et al., 1977）は別の面から政治活動における自尊心の重要性を論じ、パーソナリティと政治との関係を検証するにあたって、政治家や候補者の他人に対する反応［Self-Other Orientation］を重要な変数と仮定した。自尊心の高い人間は自立度が高く、他者からの承認にそれほど頼らないが、頑固で融通性がなく、他者に合わせることがない。一方自尊心の低い人間は自己評価の基盤も比較的不安定なために他者からの見返りや承認を必要とするので他者への反応が鋭く、他人や集団に合わせて自身を変えようとしがちである。しかし自尊のレベルだけで政治的な成功が決まるとはいえず、ジラーらは、決定的な要因は自己の複雑性［Complexity］によってもたらされると仮定した。

自己の複雑性とは、自分にはどういった特徴がいくつあるかということで示される。これは自分自身のもっている様々な要因について、一一〇個の形容詞のリストから自分にあてはまるものをなるべく多く選び、その結果自分の特徴をチェックするという方法を用いて測定された。この仮説は複雑な人間であるほど他者や他集団の中に自分のアイデンティフィケーションを見出しやすいというものだった。なぜならこのような人間は自分と他者との間に多くの共通点を感じられるため他人に合わせやすいので反応もしやすく、より社交的と考えられるのだ。自己と他者の位置関係理論に従うと、政治的パーソナリティとは時と場合によって自己表現を変え、他人との類似点を認識、強調することによって同調する、異なる状況への対応ということになる。

彼らは人間を自尊心と自己概念の複雑性、それぞれの高低によって分類し、政治的なパーソナリティのタイプを四つに分けたが、それぞれのタイプで他者への反応の程度は違う。

(1) **非政治的**［Apolitical］（自尊心高、複雑性高）　限定的な反応しか示さない。

(2) **現実主義者**［Pragmatist］（自尊心低、複雑性高）　広範な社会的問題や出来事や後援者への反応が比較的鋭く、低い自尊心の代償として政治的活動をするというラズウェルの定説を体現している。

(3)イデオローグ［Ideologue］（自尊心高、複雑性低）　他者の意見を聞かず、立法上の様々な問題についての純粋な関心が政治活動への動機づけとなっている。

(4)不確定者［Indeterminate］（自尊心低、複雑性低）　ごく限られた社会的な問題にのみたいへん鋭く反応する。

この理論により自尊心の低い人間は高い人間よりも政治的な地位を目指す傾向が強く、さらにこの二つの特性（自尊心と複雑性）は個別に見るよりも、組み合わせることによって、アメリカの政界においては選挙での勝利と活躍の決定要因となるとされた。さらに、最も好かれ「成功する」政治家のタイプは、自尊心が低く複雑性の高いタイプと、自尊心が高く複雑性の低いタイプであり、最も成功しにくいのは自尊心と複雑性の両方とも高いタイプだという。

4　リーダーと政治的行為

集団内におけるリーダーの機能や政治的行為を決定するのは何であろうか。もちろんそこには所属政党からの圧力、有権者からの請願、任務、選挙時の公約など、多くの理由が存在する。一般的にリーダーとしてどのような行為をとるかということは、環境や支援者およびフォロワーとの関係によって異なると言えよう。しかし政治リーダーの個性も同様に政治的行為に影響するのである。

第一に、リーダーシップ行為の意味するところに簡単に触れてみよう。リーダーシップ行為とは、ある特定の状況下におけるリーダーとフォロワーとの相互関係の結果に現れた行動のことを指す。フォロワーはリーダーにとって、直接的な支援者である場合もあり、あるいは国会や政府といったような組織、または特定の政治地理的領域

（例えば国家）全体の人々かもしれない。いくつかの行為によって政治的リーダーシップの程度を測ることができるが、例えばそれは各種の行動の優先順位について同意〔consensus〕を得ること、または現状を維持すること、抗争を避けること、有権者の生活を向上させること、そして価値や報酬の分配を行い、その集団の最終目標や戦略を達成することなどである。簡単にいえば、政治的リーダーシップには集団の状況を明確化し、行動のための計画を立て、計画を支援するために有権者を動かすことが重要だといえる。

第二に、これに関連して政治リーダーとはどういう人間なのか、あるいはリーダーが政治的リーダーシップを身につける時に影響を及ぼす個性は何なのか。個性とは、ある個人がその人として存在するすべての要素を指し、それは年齢や出生地などの生物的な意味を示すものから能力や技術、教育、職歴、動機、態度や信条、価値観までをも含む。リーダー個々の行為を検証すると、彼自身の個性が与える影響には自分自身の政治的行動、例えば投票や会合への参加、演説の内容、スタッフの人選などが、重要な要素として考えられる。

第三として、政権を求める動機がリーダーの政治的行為に影響を与えていることは、リーダーシップ全体を理解するために大変重要である。リーダーが政権をとろうとする行為には多くの動機が考えられるということは既に触れたが、これらの動機はそれぞれ政治リーダーがリーダーとして何をするかということに結びついている。一例として、バーバー（Barber, 1965）が行ったコネチカット州議会議員に対する調査結果によって、議員となるための動機はそれぞれ違い、それはまたそれぞれ違った具体的行為と関係していることが示された（後述する政治的リーダーシップのタイプについての項目で詳解）。

第四の要因は政治理念であろう。リーダーはその理念によって政治的環境を解釈し、自分の政治的領域を具体的に把握する。すなわち、理念は彼の最終目的やそのための戦略そのものなのである。また、議員たちの理念も同じく重要であり、これは党の基本政策を維持するため、あるいはリーダーとの関係や議会における提出議案にも影響する。理念そのものに加えてリーダーがそれをどれほど強く信じているかも重要である。理念とはリーダーにとってどれほど重要性をもつのだろうか。それは何の妥協もし得ないほど強い力なのだろうか。あるいは、周囲に対する責任などの方が優先されるものなのだろうか。理念を貫く力が強いほど、それがリーダーシップ行動に与える影響も大きいであろう。強力な政治的理念をもったリーダーは自分の立場を他から認められることを要求し、自分の主張に関連することについて多くを知ろうとする。それほど理念の強固でないリーダーの場合はもっと実際的であろう。つまり、リーダーの理念の強さは政策の意思決定過程において重大な要素といえる。

第五の要因として、リーダーの政治的流儀も彼の率いる集団に大きく影響する。政治的流儀はリーダーシップの型、つまり集団の中で彼がつくり出す関係や、フォロワーからの選択に応える行動などを決定する。具体的には、個人的な駆け引きや対面的な接触と、それに対し仲介者を使うのとではどちらをとるか、また、個人作業と集団作業のどちらを好むかといったようなことである。例として、既に触れたＰＭモデルにおける日本の首相の政治的流儀はすべてＭ型であって、政治家が自ら問題を設定する必要はなく、人間関係の利害調整が第一に求められる仕事となる。

第六の要因は各種の圧力に対するリーダーの反応である。政治リーダーの座にはかなりの圧力が存在するが、それは彼の直面する状況が不確実でかつ大きな利害を伴い、多くの集団や機関の協力に依存し、さらに価値観の抗争にまで関わるものだからである。リーダーの座につくまでに彼は圧力をどう処理するかを学ばなくてはならない。圧力が強まるとリーダーは硬直化し、より結論を急ぎ、行動の先行きを考えなくなる。そうなると、頼れる意見をもち、彼を支持してくれる限られた側近を信頼するようになり、意思決定過程を直接コントロールしたがる傾向が見られるようになる。

第七は経歴要因である。経歴によってもその人間がどのようなリーダーシップをとるかを予測することができる。

パトリシオ・エイルウィン・アソーカル
民主化後のチリで初の大統領（1990～94年）
右側は著者（メキシコ，2008年11月）

最初についたポスト、政治的経験の形成過程、教育における政治的環境などから、これから何をしていくかを判断することができるのである。一つの国家において政治のトップにある人々の生い立ちは様々であり、経験や教育の程度も異なる。発展途上国、とりわけアフリカなどでは多くのリーダーが軍隊出身だが、先進国のトップ・リーダーの多くは職業的政治家である。例えばイギリスや日本の首相、あるいは西ドイツの歴代首相もすべて政権をとる以前から職業的政治家であった。旧共産圏の政治的リーダーも当初はすべて党の公職者かあるいは官僚であった。世界で最も影響力をもつ政治リーダーであるアメリカ大統領の多くは、就任以前は上院議員か州知事であった。

第八の要因として、経験に加えて時代も重要な位置を占める。あるリーダーが成長して社会に出た頃に起きた出来事や、青年から大人へと成長する時期に若者に影響を与えた事件や思想、または教育、社会的地位はいかなるものだったのかということである。例えば欧米諸国やラテンアメリカのリーダーの多くは中流から上流家庭の出身だが、これらの家庭では子ども達に良い大学で適切な教育を受けさせることができる。イギリスの首相は大抵ケンブリッジかオクスフォードの出身だし、日本の首相はほとんどが東京大学、慶應大学、早稲田大学出身である。たいへん貧しい家庭の出身だった西ドイツのウィリー・ブラントのような例外もあるが、一般的に大抵の欧米諸国はこのような傾向にある。旧共産圏諸国の場合はやや違っており、ヴラジーミル・レーニンとスターリンは中流家庭の出身で職業的革命家になる前は神学校の学生だったが、ニキータ・フルシチョフなどは十代の終わり頃まで無学な炭坑夫だったのである。彼は公式の教育というものをすべて党の援助のもとに受けた。このように旧共産圏リーダーの中には肉体労働者から自分で道を切り拓き、それぞれの国でトップの座についた者も何人か存在する。アフリカやアジアにおける発展途上国の場合はリーダーの大多数が上流家庭の出身である。それはサウジアラビア、ヨルダン、そしてモロッコの王族達を見れば一目瞭然であろう。

現代政治は流動的であり、時代の流れ、各国の直面する問題、公共政策の問題はいろいろあるが、政治家の仕事や行動については前述した各要因が決定的な意味をもつと考えられる。

5　政治的リーダーシップのタイプ

ラズウェルの「政治的人間」

リーダーシップの研究では政治家を行動と態度によって分類しようとする。ラズウェル自身は、「政治家のタイプは、行動および望む行動から、それらを部分的または総合的に捉えた結果から判断すべきである」と述べ、政治家を以下の三つのカテゴリーに分けた（Lasswell, 1930：262）。

(1)**政治運動家**［Political Agitators］　旧約聖書の預言者など、公共政策について「大衆の感情的な反応」を煽る。

(2)**官僚**［Administrators］　ハーバート・フーバーを例にとり、「活動を続ける中で協調することに努め」て前進し、一般大衆からの反応を得るよりもむしろ、一緒に働く人々からの反応をスムーズに受け流す人間。

(3)**理論家**［Theorists］　カール・マルクスを例にとっているが、はっきりと定義はされていない。マルクスその人については他者を行動に駆り立てることよりも政治的な考えを進めて広めることに関心がある人間とされた。加えて彼はこれらの複合型もあり、それぞれのタイプには異なる重要な歴史的背景があると指摘したが、この三つのタイプは彼の政治家についての研究をまとめる最も有効なカテゴリーである。

バーバーの「政治的人間」

またバーバー（Barber, 1965）は，アメリカ，コネチカット州の州議会の研究で，なぜ人々が議員となりまたその職を守ろうとするのかということについて，立法過程における活動の程度，および二年間の任期を少なくとも三回は勤めたいとする要望，つまり議会での行動的性格および仕事への関心度の二つを変数として議員達を四タイプに分けた。

(1)**立法者**［Lawmakers］（行動的，高関心）　この人々は立法行為の中心にあり，それに最も強い関心を示し細心の注意を払い，熱意をもって仕事にあたっている。比較的大きなコミュニティから活動的で教育のある人々を代表して選出されている。親や親類が政治的な関心をもち活動に関わっている場合も多く，他のことよりも政治を目標に長期間それに関わってきたといえる。

(2)**宣伝家**［Advertisers］（行動的，低関心）　立法者と同様，立法活動には積極的で大きなコミュニティを代表している。しかし政治的な地位を最終的なものではなく，自分の向上のためと考えている点で立法者とは違い，そのため政界での昇進にはさほど関心がない。自分の立法行為を進め他の仕事を始めたり，将来報酬を受けられるような地位を探したりもする。

(3)**傍観者**［Spectators］（非行動的，高関心）　宣伝家とは対照的に立法活動にはさほどでもないが再選にはたいへん熱心である。こういう人々は人から必要とされ，承認され，愛され，尊敬されることを政治の最たる喜びとしているようだ。小さなコミュニティから選ばれている場合が多く，そういう地域では候補者もめったに出ず，喜んで議員を続けてくれる人間を探すこと自体が主たる問題なのだ。

(4)**抵抗者**［Reluctants］（非行動的，低関心）　活動にも再選にもさほど関心をもたない。やはり候補者を見つけにくい小さなコミュニティから選ばれており，市民の義務といった感覚のみで議会に勤める。年長者で仕事からは引退しており健康も危ういが，議会の仕事をする時間だけはとれる。現役時代の人脈や地域活動のせいで地元ではよく知られている場合が多く、さらに誰もやらないのでしょうがなく自分がやるといった義務感をもっている。

第3章でも触れたが、バーバー（Barber, 1972）は、アメリカの大統領を行動的か否か、および肯定的か否か、という二つの基準を組み合わせて、大統領のタイプ分けも試みた。第一の行動的／消極的という基準は、大統領職にかける人間のエネルギーの程度を示し、行動的な大統領は消極的な大統領よりもエネルギッシュである。第二の肯定的／否定的は大統領が自らの職務をどれほど楽しんでいるかを示す。肯定的な大統領は否定的な大統領よりは自分の仕事に快感を持ち、リーダーシップの型は大統領の性格によるところが大きいとした。

前述したジラーら（Ziller et al., 1977）は、社会的な自尊心と自己概念の複雑さの組み合わせによって、四つの政治的なパーソナリティ、つまり「非政治的」、「現実主義者」、「イデオローグ」、「不確定者」を分類した。この分類は、バーバー（Barber, 1965）のタイプ分けと重なる部分が多い。自尊心が低く複雑性の高い「現実主義者」は承認や自我確認を求めるが、これはバーバーの「宣伝家」と共通している。自尊心が高く複雑性の低い人間「イデオローグ」は人格者であり、政治家としての奉仕の精神を持つバーバーの「立法者」と似ている。自尊心と複雑性の両方が高く、社会的な依存心が低く、立法者としての活動がほとんど見られない「非政治的な」人間とバーバーの「傍観者」との関連も指摘された。最後に、「不確定者」と「抵抗者」とのつながりは、どちらも自尊心と複雑性が低い、という点にある。

日本の「政治的人間」　動機や他のパーソナリティ要因は、政策決定過程、および政治体制の機能、とりわけリーダーシップの選択に少なからず影響をもつが、日本についてはそれらに関する研究がほとんど見られない。また日本の政治家、特に国会議員の価値観とか態度、信念、自己認識と役割といったものが体系的に研究者の関心を引いたことは一度もない。理由としてまず挙げられるのは、議員自身がこのようなテーマにつ

議会内での質疑

いての質問を受けることを嫌がり、心理テストなどへの協力を断わるということがある。さらに文化的影響は個々の議員の態度や行動には意味がないという伝統的な定説があるので、個々の政治家を対象とした学術的なパーソナリティ研究は必要ないと思われているのだ。

しかし私が行った、一〇〇人以上の国会議員を対象とした調査によると、日本でも政治家のパーソナリティは対人関係や政策決定過程などの決定要因となる。この研究では日本の政治家は独断主義的傾向、自尊心の高さ、自己の複雑性という三要因の組み合わせ、および政界を志した動機をもとに四つのタイプに分けられることがわかった（Feldman, 1999）。

⑴**道徳重視型**（自尊心高、複雑性低）　政治にある種の使命感を持ち、行動は道徳的、倫理的で誠実さや高潔さを最も重視する。社会正義や人権、機会均等などの政治的目標を掲げて政界の汚職や大衆の無関心、疎外意識を真面目に憂え、不正や不道徳に対する戦いとして政治を捉えている。

⑵**ゲーム感覚型**（自尊心高、複雑性高）　政治の競合的な部分、技量や能力を誇示する場など、いわばゲーム的な側面に惹かれている。自尊心が高いので自分の考えには絶対の確信をもち、テレビの討論番組などで豊かな知識をひけらかしたがる。また勝利のためなら別の選択肢にさっさと乗り換え、カラ公約や政党を渡り歩く場合も少なくない。いわば状況に応じて自分自身の色を変える政治的カメレオンなのである。

⑶**単一政策型**（自尊心低、複雑性低）　国会議員の中では最も少ないタイプだが、野心もほどほどで現実的、自分を買い被ることもない人格者である。主に環境・福祉関連の特定の政策に関心を持ち、その実現のために官僚

の支持、大衆とメディアの関心、必要な予算を勝ち取るために奔走する。政治は抗争と認識しつつ協力の場であるとも考えており、自分の意見を絶対視せず、決定を行う前には様々な情報源を駆使してチェックを怠らない慎重派でもある。

(4) 地位志向型（自尊心低、複雑性高）　低い自尊心の埋め合わせとして他からの承認と尊敬を切望している。ほとんどが二世議員か地方政界の出身者、つまり典型的な日本型議員であり、子どもの頃から国会議員を志した割合も高い。政治色の強い環境で育ち、幼い頃から否応無く社会問題へ関心が向けられて社会活動への参加が促されたといえる。

重要なのは、日本の政治家はパーソナリティに応じてそれぞれ特定の政党に属する傾向が高いということだ。例えば道徳重視型はほとんどが公明党、社民党、共産党に属し、地位志向型は自分で成り上がるタイプで日本政治の主流である自民党に多い。各党に似たような人間が集まるのは、まず各政党が選別過程で党のニーズにあった人間を選ぶか、または「類は友を呼ぶ」の言葉通り、心理的傾向の似た人間が自然に集まって集団の結束力を強めるからである。これは今後のリーダーシップ研究にとって興味深い現象といえよう。

6　リーダーとフォロワーとの相互関係

リーダーとフォロワーとの接触　リーダーはフォロワー（選挙民、支持者など）あってこその存在である。しかしフォロワーの側からリーダー（政治家を含む）を選ぶ理由は様々である。それらは自分の選挙区に住んでいるから、解決して欲しい問題があるから、あるいはリーダーを理想化していたり、師とか後援者と見なしていることによるのかもしれないし、さらに友人や知り合いの助言や行動に従っているだけかもしれない。これらの様々な理由があるからこそ、違ったタイプのリーダーシップをもったリーダーが存在し、リーダーと有権者や支持者、一般大衆の間にも複雑な関係が生まれるのである。

政治リーダーは自分自身や支持者の抱える問題に対して関心がもたれるよう、そしてさらに政治的配慮を受けられるように公共政策の議題を設定しようとする。つまり、リーダーは常にフォロワーの提示する問題の代弁者となる。したがってリーダーは問題解決の際に特権や権力を行使できるように、特定の分野で活発に行動するようになる。日本でのこの傾向を示す典型例がいわゆる「族政治」というものである。近年、特に多くの自民党の政治家が特定の政治問題に長期的に関わるようになり、結果として多くの知識を蓄え、その問題の専門家となるまでに至った。そしてそこに関わる官僚や利益団体との間に人脈をつくり、活動の利便を図るようになったのである。これらの自民党議員は、いわゆる「族議員」と呼ばれるが、これはつまり利益団体や関連官僚を含む自分の後援者や支持者たちの利益を優先させる目的で、特定の問題について長年の経験を積んだ影響力のある議員のことを意味する。例えば輸送業に関わる利益団体を援助する国会議員は「運輸族」、建設関係の利益団体と利害関係をもつ場合は「建設族」などと呼ばれている。

フォロワーはリーダーとの関係における自分の役割について、それぞれ違う見方をする。ある者は率いられることを、ある者は対等なパートナーとなることを、ある者は逆に率いることを、それぞれ望んでいるのである。あるリーダーの支持者がどの様な人々で、彼らがリーダーに何を要求し期待しているのかを知ることで、そのリーダーのリーダーシップに対する洞察を行うことができる。政治リーダーの支持者について理解できれば、そのリーダーが対応しようとしている相手とその理由がわかり、リーダーが自分の行動に対して誰からどういった支持を得ようとしているのかを確認し、リーダー自身への信頼、権威、評価の程度も決まってくる。

本当の政治リーダーは彼に従う人々のみならず傍観者までをも魅了する。近年においても、熟達した政治的リー

街頭で演説する政治家

ダーシップをもって大衆を動かし、他人はおろか当の本人さえもが不可能だと考えたことを現実化してしまった人々がいた。例えば一九七九年のイランでは、それまでのパーレヴィ王による政権が世界で最も強力かつ冷酷、優秀な警察国家であり、同盟国からも敵国からも一目置かれる存在であったのに、突然、七〇歳を超えたイスラム原理主義者ホメイニ師が率いる熱狂的な信者達によって倒されてしまった。世界はそれを目の前にしながら、何がなぜ起こりつつあるのか理解できなかったのである。

さらに遡ると演壇に立って雄弁をふるうある人物、自らを千年王国の主と称したヒットラーは何百万もの人々によって熱狂的に迎えられた。またアメリカにおいても説得力のあるメッセージを掲げて政治史に名を残したリーダー、マーティン・ルーサー・キングがいる。ほんのわずかな期間で彼の人気は急激に勃興し、暗殺による悲劇的な死によってその幕は降りた。その業績の歴史的な善悪にかかわらず、ある政治リーダーの決然たる行動の巻き起こした時代の波に飲み込まれた経験をもたない国は一つもないだろう。

現代の政治的リーダーシップは複雑な構造をもち、簡単には理解できない。なぜならそれは心理的、社会的、文化的な状況を織り交ぜたものであり、さらにそこにはリーダーとフォロワーとの間に発生する影響、妥協、説得、交渉などの関係までもが含まれるからである。ジェームス・バーンズは、政治的リーダーシップに関する最も重要な議論を呈した人物だが、彼は基本概念としてリーダーとフォロワーとの関係に言及せずしてリーダーシップは理解できないと強調し、「私の定義するリーダーシップとは、リーダーがリーダーとフォロワー双方の価値と動機、すなわち欲求と必要性、向上心と期待を体現したある目標に向け、フォロワーの行動を駆り立てることである」と述べた（Burns, 1978：19）。

現代の政治リーダーは大衆と直接ないしは間接的な接触をもつ。つまり彼は多くの人々の共鳴、愛憎、特権的な社会的存在としての模倣の対象となる立場にあるので、象徴化されたそのライフスタイル、態度、人格を通じて人々を動かすといえる。そしてバーンズはリーダーシップとは権力の一形態であるから、リーダーシップの発生を理解するためには権力の本質を知る必要があるとも述べた。たしかにリーダーシップには権力が分割され、活性化していく過程が含まれている。他者に対する権力は潜在的にそれを行使し得る人間が、ある目標達成のために自分の権力基盤となる経済的、軍事的、組織的、技術的資源をつぎ込むときにはじめて実際に行使されるものだ。その際にはその権力基盤となる資源が他者の動機をも鼓舞するものでなければならない。そしてこの目標は人々の目的に適うかどうかにかかわらず、あくまでも権力の行使者によって実現されるのである。

他者の行為を直接物理的に操作することで自分の権力基盤を動機づけし、その上で影響力の行使を試みる人間もいる。これは時代、文化などの状況、パーソナリティの影響を受けたもので、時には自己破壊的であったり一時的であったりする場合も多い。またリーダーシップというものはある特定の動機や目的をもつ人間が、組織、政治などにおいて他者との競合や抗争に際した時にフォロワーの動機を盛り上げて彼らを引き込もうとする場合に行使されるものでもある（Barns, 1978）。これはリーダーとフォロワーが互いにもつ目標を現実化させようとする場合であり、言い換えれば動機と権力基盤をもったリーダーが相互の目的達成のためにフォロワーを鼓舞するということになる。リーダーとは、フォロワーとの関係の中で常に自分の目標や関心を複数のフォロワーの期待と欲求に合わせていかなければならない。そして様々な人々が様々な理由のもとに特定のリーダーを支持しているのだから、リーダーは各フォロワー集団に対して異なるリーダーシップを発揮しなければならない。そのために用いられるのが説得と交渉である。忠誠、友情、協力、妥協といった訴えかけはすべてフォロワーを説得し、リーダーへの支持を取りつけるための行動なのである。

特に近代の民主国家におけるリーダーとフォロワーとの関係は、制度的事情、文化的環境、リーダーのパーソナリティなどに密接に関係している。リーダーとフォロワーとの関係の基本には相互の利益を合理的に最大化するということがあり、ここにはリーダー、フォロワー、双方を結びつける制度面からの材料という三つの要素が含まれている。そして民主国家における普通選挙は、こういったリーダーとフォロワーとをつなぐ制度の中で第一のものといえよう。

フォロワーの動機と活動　リーダーシップの見返りはフォロワーシップのそれよりもはっきりとしている。つまり権力、名声、金銭など、リーダーを志す積極的な理由として一般的に考えられているものすべてが手に入るのだ。しかしフォロワーはそれほどの見返りもないのにどうしてリーダーの権威を進んで受け入れるのだろうか。

この問いに対しては、大まかに二つの回答が考えられる。つまり、リーダーとはある種の人間の個人的欲求と集団的欲求を満たすものだからだ。どちらの欲求が的確に満たされるかということについては、リーダーの人格、フォロワーの人格、リーダーの仕事、広範な歴史的状況などの条件によって変わるだろう。

例えばフロイト（Freud, 1939）は偉人達がどうして他人に対して権力を行使することができたのかについて論じており、その理由として多くの人々が「崇め」「服従する」対象となる人物を欲していることを挙げた。強力なリーダーというものは父親のような保護を人々に与え、まさにそれこそが人々が「子どもの頃から抱えている父親への願い」を満たし、「偉大なリーダーの神髄」という意味が込められているのだという。さらにフロイト（Freud, 1922）は、もう一つ個人がリーダーに従うのは個人としての欲求ではなく、その個人が属する集団の欲求に根ざすという理由も挙げている。それは集団も必然的に「長によって導かれる」が、それは個人におけると同様に集団も最高の父親像を欲し、望んでいるからだとした。そしてこの最高の父親は集合的な観念をもたらす存在である。なぜなら彼は集団の中心にあり、集団のアイデンティティを体現する人間だからなのだ。つまりリーダーは集団にとって欠くことのできない人間であり、リーダーなしには集団も存在し得ないからである。

フロム（Fromm, 1941）は、人々が権威主義に惹かれるのは権威主義が所属と保護の感覚を与えてくれるからだとした。彼の考えは資本主義の台頭に伴って、人間は歴史的な拘束力を持った一次集団から解放されたものの、逆に孤独感、無力感を感じるようになったというものである。現代社会で成長する人間は、個性の発達段階において誰もが孤独以上に不安を感じる。このような孤独感や不安感は友人との交際や生産的行為における能力開発で乗り越えられるものだが、個性化の段階で自由からの逃走を試みる人間も多い。このような逃走は権威主義や破壊などの心理的メカニズムの現れといえる。フロムは自由からの逃避の心理を「人間が個人的自我の独立を捨てて、その個人には欠けているような力を獲得するために、彼の外側の何ものかと、あるいは何事かと、自分自身を融合させようとする傾向」としている。文明や人間全体の中に精神的危機をつくり出すような社会文化的基盤について、フロムは西洋文明が個性の発達過程で二つの要因の相互関係の結果として生まれる危機に直面していると論じた。それは自己の力の成長と孤独感の増大であり、これらはともに独立と相互依存とのディレンマを生み出す。この個人の心の中に存在するディレンマが、フロムのいうところの「権威主義的パーソナリティ」を生じやすいのだ。

フロム時代のドイツ（一九三〇年代末から四〇年代初期にかけて）では、中の下程度の階級にこのようなパーソナリティが多く見られた。彼らは「無力感、不安感、孤独感」といった感情を強く表明していたが、これらの克服には、個人的自己から逃れ、自分を失い、自由の重荷から逃れて自己の外部のより大きなもの（制度、神、国家など）に没入・服従してその一部となるというマゾヒズム的な努力がいる。一方サディズム的な衝動のもとは他人を完全に支配して無力な対象とし、その絶対的な支配者になることである。フロムはサディズムとマゾヒズムはその基本に孤独や不安や劣等感があり、その弱さから逃れようとする衝動、つまり「力に対する愛情」と「無力さに対する憎しみ」の裏表だと指摘した。一方にサディズムがあって他方にマゾヒズムがあるのではなく、両者はある傾向の能動的な側面と受動的な側面であり、一人の人間の中で振り子のように揺れて表れたり隠れたりしている。このような傾向が増した結果、権威主義者は他人を傷つけ支配することを欲する一方、同時に自分自身が傷つけられたり支配されたりする欲求も持ち、これは劣等感や無力感、自分の重要性を感じられない場合の反応として表れる。

つまりこれをフォロワーの心理と行動として考えると、権威主義的人間の、権力にあこがれ、支配力をもちたいと思うサディズム的な傾向は、自分より力があり優れていると思う個人や制度などの「外的権威」に対してフォロワーとしての服従と賞賛を捧げることにつながる。そうすることで自分もその一部となって権力にあやかろうとするのである。

フロムの理論に触発された実証的研究として有名なのがアドルノら（Adorno et al., 1950）による、ファシズムと反ユダヤ主義に見られる心理的な要因の検証を目的として第二次世界大戦の末期に行われた研究である。これによって、「権威主義的パーソナリティ」の、強い権威に喜んで従う、弱者の上に君臨したがる、固定観念にとらわれやすい、権力や強さに過剰な思い入れをもつ、などといった特徴が仮説として提示された（第3章参照）。また権威主義が政治活動に対して与える影響は、権威的傾向を強く示す人間の人格的欲求、例えばエリクソン（Erikson, 1963）の信頼性への欲求や、マズロー（Maslow, 1968）の安全欲求など、その人間の社会化環境における価値観によって左右される。

ミルグラムの研究　ミルグラム（Milgram, 1964, 1974）はアドルノやフロムと同様の研究をナチスの残虐行為について行った。この実験では、人間は集団の圧力を受けると他人を傷つけることでも実行するということが示されたのである。まず彼は、学習における罰則効果に関する実験の被験者を新聞広告で募った。被験者

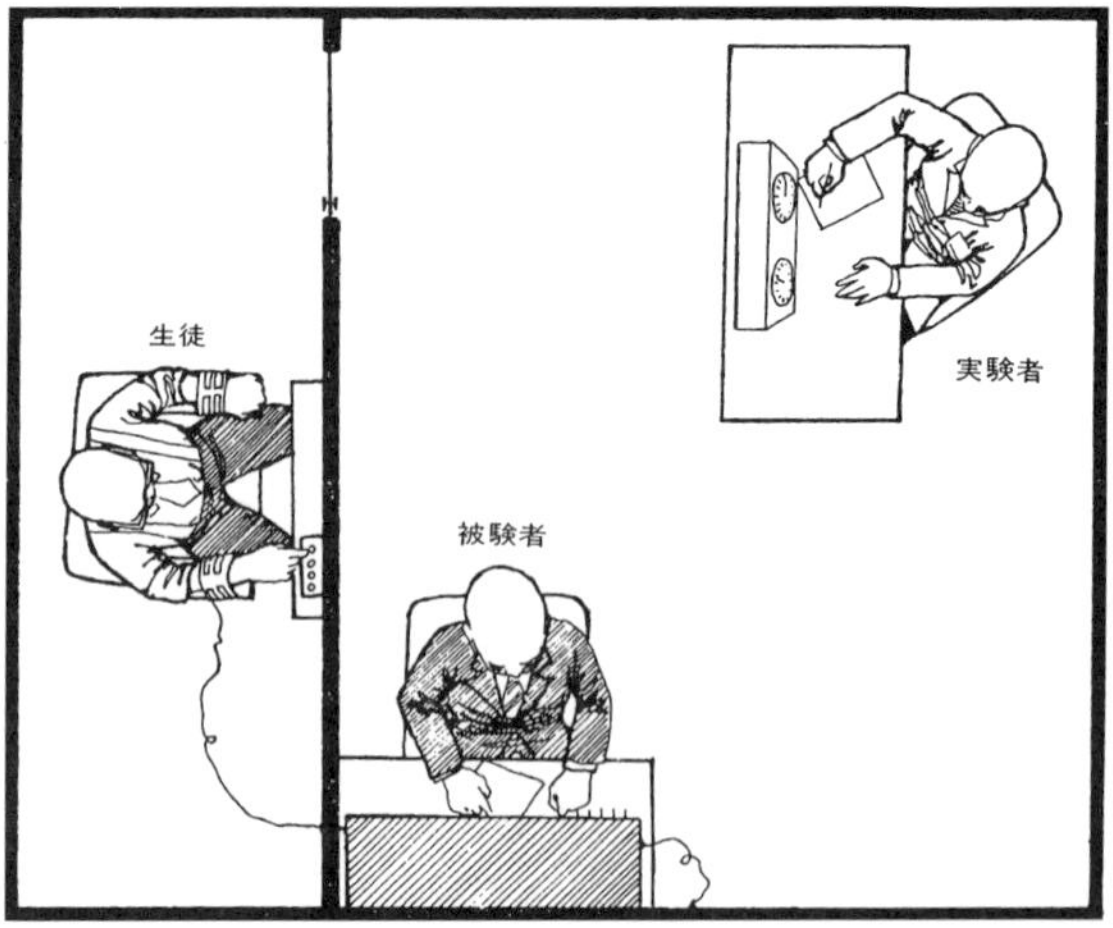

ミルグラムの実験（『服従の心理』より）

が実験室に行くと、そこには他に三人の被験者が待っている。そして実験者によって四人のグループ中一人が学習者、他の三人が教師役を務めることになる。そしてくじ引きで学習者が決められ、その人間は隣の部屋に行って「電気椅子」に縛りつけられる。その後教師役の被験者は学習者に対して一組の言葉を教え、生徒が誤った時には教師は罰を与えるようになっていた。罰は電気ショックであり、教師役には答えを間違えるごとに電圧を少しずつ上げることが指示されていた。電圧は「かすかなショック」「中程度のショック」「強いショック」「非常に強いショック」「はげしいショック」「きわめてはげしいショック」「危険ですごいショック」そして状況から考えて危険を通り越したものと容易に推測できるレベルまであった。

教師役の三人は別の部屋で、学習者に対してインターフォンを通じて言葉を読み上げる役、解答をチェックする役、電気ショックを与えるスイッチを押す役に分かれ、どれほどの罰を与えようと自由だが、電気ショックの程度は三人の提案中最も弱いものにするという指示を受けた。しかし実は、グループの四人のうち三人はサクラであり、スイッチを押す役割の者だけが本当の被験者だったのである。

実験が進むうちに学習者はどんどん間違いを犯すようになり、サクラの教師達はショックの程度をさらに高めていく。ミルグラムの疑問は、このような場合に本来の被験者がサクラの教師に同調していくかどうかということであった。教師役の被験者は時々躊躇して、実験主催者（つまりミルグラムたちに）に続行するかどうかの助言を求める事があった。しかしそういった際には「お続けください」「実験のために、貴方は続けることが必要です」「貴方が続けることが絶対に必要です」「迷うことはありません。続けるべきです」という返答があらかじめ用意されており、さらに被験者が強く躊躇した時のために「ショックは強いかもしれませんが、皮膚組織に損傷が残ることはありません。どうぞ、お続けください」「生徒がどう思っても、彼が単語の組を正しく学習するまでは、続けねばなりません」という言葉も用意されていた。実際、電圧が一八〇ボルトになると生徒は絶叫し続け、二七〇ボルトでは苦悶の金切り声になる。三三〇ボルトになったところで、生徒の反応はなくなってしまう。教師役の被験者は生徒が苦悶の状況を見せる頃から実験者に抗議したりし、特に反応がなくなってしまうと「生徒に何か起こったのではないか、見てください」と実験者に頼んだり、「彼が死んでしまったらどうするのですか」と訴えたりしたが、その度に前期の返答がなされるのみであり、実験は継続された。つまり最終的に本来の被験者は一般的に他に同調するということが示された。

ミルグラムの実験と現実とが大同小異であろうことは想像に難くない。ナチス・ドイツのホロコーストや、ベトナム戦争中の一九六八年、南ベトナムのソンミ村で米軍が約五〇〇名の村民を皆殺しにしたいわゆるソンミ村の大虐殺［My Lai Massacre］などが直ちに脳裏をかすめるであろう。ミルグラム（Milgram, 1963）は別の実験で、実験者の命令によって、普通の健全なアメリカ人が穏和な老人に対して厳しいショックを与えようとした例も報告している。被験者は汗にまみれ、震え、唇を噛み締めて実験者に必死に抗議しながらも、ショックを与えることは止めなかったという。集団あるいは権威者（この場合の実験者）のどちらが与える圧力も、被験者の道徳観に勝っていたのである。

実際、被験者には自分の行為に対する罪悪感や責任感を意識していない者が多かった。彼らの心の中には実際にスイッチを押すのが自分であっても、ショックを与えている主体は自分ではない、自分は単なる道具にすぎない、という意識があったのだ。この態度は第二次世界大戦直後の一九四五～四六年、ナチス・ドイツの戦犯たちを裁くために開かれたニュルンベルク軍事裁判における釈明と同様、「私はただ命令に従っただけだ」という言葉による自分の行動の説明につながる。

ではなぜ人間は明らかに好ましくないことを強いられた場合でも同調してしまうのだろうか。まず考えられるのは、抗議した場合に起こる報復を怖れて同調するということであろう。集団はそのメンバーに対して所属や同調の代償として社会的是認［Social Approval］や他の報酬を与えるが、逸脱者に対しては心理的、肉体的な罰のみならず生命をも奪いかねない。もう一つの理由はやや曖昧ではあるものの、集団が個人に対して流す情報は個人を集団の意図に沿って行動させるために操作されているので、個人は集団が正しいと考えて同調するというものである。このような場合、人間は社会的圧力に屈したからではなく「そうするのが合理的だから」という理由で同調するといえる。

そして、人間は自分が権威だと認める相手から出された指示は合法的だと考える傾向がある。そうなると、その行為の内容や自分の良心にかかわらず指示に従ってしまうのだ。服従の本質とは自分の行動の責任が自分にあるとは思わなくなることだといえる。そして個人がどうふるまうかを決定するのは彼がどんな種類の人間かということよりはむしろ、どんな状況に置かれているかということなのである。

ミルグラムの実験は、人々は信頼するリーダーであれば追従するということを示した。影響力のあるリーダーに強い信頼を寄せる人々は、大抵そのリーダーの選んだ悲惨な運命を被ってしまうのである。

イメージ上のリーダー像

最後にフォロワーにとってのリーダーの受け入れ方、つまりリーダーに対するイメージは、政治リーダーとフォロワーに関する重要なテーマである。事実リーダーとフォロワーとはイメージだけで結びついている場合が多い。つまりリーダーは大衆や支持者をイメージによって動かし、フォロワーは彼の行動や業績をこれらのイメージに基づいて評価しているのだ。イメージは重要な要因であるから、リーダーは自分を極力良く見せるような、またリーダーシップを強調できるような機会を逃さないように努める。そのために広報担当者や世論についてのエキスパートに依頼して、大衆に好感を持たれるための方法を仰ぐのだ。政治的イメージの構造と役割については。次章で詳解する。

第8章　イメージとその政治的役割

政治リーダーにとってイメージは大変重要である。政治的イメージとは、政治リーダーとエリートが操作してもたらすシンボルの意味を、非エリート、つまり一般大衆が解釈するものといえる。そしてリーダーがフォロワー、つまり大衆の欲求や要求を満たすシンボルを与えることに成功すれば、彼らを動かすことができるのだ。ラズウェル（Lasswell, 1951：311-17）は、政治エリートがシンボルを操作することによって、大衆からの「血と労働と税金、そして喝采」を獲得できると述べた。例えばプロパガンダ、これは権力をもつエリートによるシンボル操作のことだが、これは「攻撃性、罪悪感、弱点の感情」を動かせた時に成功する。リーダーは、潜在的な支持者が自分自身に対してもつイメージや「理想的」なリーダーに対してもつイメージを自覚させることで、支持者の従属を得ると考えられる。同時に、政治リーダーの認識のされ方が、政治体制やその働き方、一般的な政策に対する大衆の反応に影響する。また、大衆のリーダーに対する考え方によって政治的環境全体を信頼するか否かも決まる。

この章ではまず、イメージの定義、その構造と役割、それから具体的な政治的イメージというものについて論じる。以下に述べるように、リーダー（あるいは一般的な政治家）とフォロワー（一般市民、大衆）との関係は、概ねイメージの上に成り立っているので、リーダーは何とかして自分自身を最も良く見せるために努力を惜しまず、力を誇示する機会をもとうとし、そのために有能な広報担当者や、他のアドバイザーを必要とするのである。また、大衆の多くはリーダーについて他人やメディアを通して間接的にしか知らない。したがってマス・メディアのイメージ形成に果たす役割は大きいので、マス・メディアによるイメージの形成と管理などについても取り上げる。

1　イメージとは何か

ボールディングの見解

一般的に「イメージ」とは定義しにくい言葉であり、イメージの様々な側面を取り扱った多くの研究においても、確立された定義とか頻繁に用いられる定義というものは特にない。言葉としての「イメージ」の語源は「idea」であり、そもそもの意味は「to see」である。「イメージとはある特定のしるし［sign］ではなく、歴史の舞台における俳優のようなもの」といわれてきた。つまり、何かを意味してはいるものの、受け取る側は「このイメージで表されるものは、いったい何に似ているのか」について常に考えなくてはならず、必然的にイメージによって認知されるものには受け取る側の生活や環境が関係してくることになる（Mitchell, 1986 : 9）。

最もよく知られ引用されるイメージの定義はケネス・ボールディング（Boulding, 1956 : 5-7）による、「主に人間の行為をつかさどる主観的な知識の集積」というものである。それは経験からつくられた、人間の精神的認知世界を表したものであり、現実に対する明確な知識というよりは、現実の単なる反映と考えられる。ボールディングによると、ある対象へのイメージはその受け手が過去、現在、未来を通じて持っている考えに関連したものとなる。言い換えれば、人間のあるものに対する連想は、特定の思い出や期待、あるいは一般的な信念や意見ということになる。

他の研究者の見解

他にも多くの人々がイメージの具体化や定義を試みてきた。例えばウィリアム・スコット（Scott, 1965）は、国家に対するイメージについて研究し、イメージとは人間のある対象についての認識や想像の特性が総合されたものを表すと定義した。またカール・ドイッチとリチャード・メリット（Deutsch & Merrit, 1965）は、イメージの構造は複雑で目に見える経験と類似したものとした。さらにダン・ニモとロバート・サヴェージ（Nimmo & Savage, 1976：8）は「イメージ」の定義については明らかに一致する見解など存在しないと述べている。つまり、イメージとは人間が現実を自分なりに表現し直すことを通じてできる知的構造だといえるだろう。一般的な概念として、イメージは、人間の認知と評価の心理的過程の中にあるという定義もある。

ボールディングに競合する第二の見解として、「イメージとは、そのもとになる対象によって異なる、つまり対象の客観的な特徴や性質によって決まる」というものもある（Sigel, 1964）。そして第三の見解は、イメージを「イメージ対象と受け手との相互のつながり」としている。これは前述のニモとサヴェージによるものだが、これによれば、イメージとは「人間があるものや事柄、人物によって投影された特性を認知し、それを配列することによって構築されたものであるが、ただしある特定のイメージは、(1)主観的かつ精神的に構築され、(2)物事の認知のされ方に影響し、(3)投影されたメッセージに影響されるもの」ということになる（Nimmo & Savage, 1976：8）。一方、アレックス・エーデルスタイン（Edelstein, 1982：78）は、特に国家のイメージについては精神形成に対する「画像」［picture］という概念が付加されているとした。つまり個人の認知、あるいはそれに対する感情や評価は、精神構造の形態と必然的に関わっているということである。

以上、イメージという言葉に関する見解をまとめてみると、現在のところイメージとは「個人の認知システムにおいてある対象の表現を組織したもの」といえるだろう。その核となるのは個人に認知された一つの対象の特徴であり、これがその個人にとってこの対象が示す概念となる。イメージとは、もとになる対象が人間の経験の中にくっきりと示されているというより、むしろ曖昧で形のない構築物といえる。ある対象に対する概念は、個人がその対象を様々な描写や評価のレベルにおいてどこに位置づけるかということで大部分が決まるのである。

2　イメージの構造と機能

本節ではイメージの構造とその重要性について、つまりイメージは何からでき、どんな機能を果たしているかという問題を取り上げる。

イメージの構成要素

まずイメージの構造については、再度ボールディングに触れておくべきであろう。彼はイメージに関する様々な見解を分析し、「人間の抱くイメージ」を七つの構成要素に分けた（Boulding, 1956：47-8）。

(1)個人が周囲の空間における自分の位置を画像化した空間的イメージ［Spatial Image］、
(2)時間の流れにおける自分の位置を画像化した時間的イメージ［Temporal Image］、
(3)自分の周りの世界を調和のシステムとして画像化した関係性のイメージ［Relational Image］、
(4)自分を人間、役割、機構的に見て世界の中心に位置づけたイメージ［Personal Image］、
(5)イメージ全体の中の各部分をより良いもの、
(6)あるいは悪いものというスケールによって測定した価値のイメージ［Value Image］、
(7)感情や愛情によって影響された愛情のイメージ［Affectional Image］や情動のイメージ［Emotional Image］。

イメージは個人の態度と密接な関係がある。第1章で述べたように態度とはある環境での事象やものに対する思考、感情、行動に関する傾向から成立し、社会的な刺激に対して後天的な評価や反応として表れるものとされている。これによれば、人間は他人（隣人、同僚など）、物事（映画、車など）、思考（共産主義、宗教など）について常に感情を伴った反応を示すと考えられ、つまり何に対しても好き嫌いを示し、評価を加えるわけだが、この意味からすると、態度とは評価の反応ともいえる。

このように態度とは、ある対象を善し悪しや好き嫌いといった単純な次元で評価する傾向を意味するが、社会心理学ではさらに三つの構成要素を設定している。第一は愛情［affective］の要素で、怒りや愛など情動的な反応から発生する。第二は認知的［cognitive］要素で、ある対象の特徴に対する信念をもとに生まれる。第三は動能的［conative］要素で、ある対象に向ける行為が好意的か非好意的かを示す態度のことである。簡潔にまとめると、態度とは社会的刺激に対する情動的反応、信念、かつ行為の傾向といえる。

イメージも態度と同様に捉えられているが、やはり認知、愛情、動能といった三つの際立った側面、あるいは構成要素があると考えられる。第一の認知的特性は、イメージの示すものについて思考し、その意味を改めて頭の中で理解するためのものであり、周辺環境に対する情報量や知識に大きく関わりがある。第二にイメージの対象となる物事や人物に対する感情を表す愛情の要素だが、具体的にはイメージの対象についての好悪、愛憎などの感情のことである。ドイッチとメリットは「認知的内容はすべてのイメージ対象に含まれるが、対象の善し悪しを暗示するような明確な評価のための構成要素を含むのはいくつかのみである」としている（Deutsch & Merrit, 1965：132）。したがって彼らによれば、対象についての評価を決めるのは、概ね愛情の要素ということになる。第三は動能的な要素であり、人間がその対象から認知した特性を考慮し、相応しいと思えた行動を選ぶということだ。特定の合図が与えられた場合に引き起こされる行動のことを動員的要素というが、イメージにおいてもこのような構成要素が存在するのである（Scott, 1965）。しかし、これら三つの要素はあくまでも理論的に導き出されたものであり、実際に識別されることはほとんどない。ある対象についての構成要素はイメージ構造の中で密接に絡まり合っているのが現実である。

一般的にイメージの特徴は対象に向ける愛情の方向性で示される。簡単にいえば、その対象に対する好悪や是非の感情が、通常態度と同じ意味に解されているのだ。あるイメージに伴う態度には、通常肯定的なものと否定的なものが含まれ、イメージはそこに含まれる要素の数によって違う形をとり、特に詳細な部分やニュアンスの数だけ違ったものになり得る。それらのニュアンスは大なり小なり豊富で、複雑、分化されたものとなる。ある対象へのイメージが複雑でありながらも、その構成を分化して捉え得るものであれば、そうした上で理解することがその対象への的確な態度の決定には有効であろう。

イメージの機能

では次にイメージの機能について、すなわちイメージとは何のためのものなのかという疑問に移ろう。一般的にイメージは情報を翻訳し、行動の指針となり、人間の行動や信念、知識をつくる際に参考となる枠組みとなって実生活で重要な役割をもち、人間の成長の基礎となり、情動的な安全の感覚すら与えることがある。これらはイメージの機能と考えることができよう。ドイッチとメリット（Deutsch & Merrit, 1965：134）によれば、イメージはまず新しい情報を選択し受け取る場合のスクリーンとなってそれらの情報に完全な無視、否定、抑制などが行われない場合にはその感知と理解をコントロールするという。同時に新しい情報が、その人間が既に持っているイメージを変えてしまうことも時としてあり、それは個人に限らず、集団における共通の文化やコミュニケーション・システムにおいても起こり得る。

また外部だけでなく個人内部の情報もイメージを変化させることがある。このような情報はイメージが個人の記憶から分離することで生じ、元のイメージの構成要素をばらばらにする。そしてこれらが記憶の中で再度組み替えられることによって、新しいパターンや別のイメージの構成要素と組み合わさりイメージは変わっていく。あるいは古い記憶とイメージとの間の様々な内部のフィードバック・システム、新しい組み替えと現在の情報によってもイメージは変化する。したがって、内部的な組み合わせの過程やフィードバックの過程を通じてイメージは自立的に変化させることができる。ということは、イメージとは人間が成長する際に取り込む情報からの産物というより、人間内部の情報のフィードバック・プログラムが発達する際の要素やステージだと考えると最も理解しやすい

(Deutsch & Merrit, 1965：134)。

イメージとは最終的に、人間が経験する環境から受けた影響すべてを網羅した世界図をつくりだすものである。さらに人間の周辺を考慮し、それに対して容易に反応できるような方向づけを補佐する道具でもある。また同時に現実と非現実、可能と不可能、達成の可能性などを見極め、目標を明らかにし、そこへの到達を補佐する。加えてものの善悪、必要性の有無、好悪についての判断を支え、環境に対する評価基準ともなる。

次節では焦点を特別なイメージ、すなわち政治的なイメージに移し、現代社会におけるその役割と重要性について解説しよう。

3　政治体制とイメージ

イメージは政治的には情報公開過程の「結果」としての社会・政治的な過程と考えられる。この観点からすると、イメージは常に本物よりも多くを示唆することになり、例えば政治家のイメージは、その人物とその人間の個性以上のものを意味することになる。

イメージは長期あるいは短期的政治過程の総合的な結果として発生する。この中には人物（性格、自己表現、行為の特徴など）、考え方（政治的背景、個人的な意見）、行動（政治的地位、組織内の役割など）、履歴（教育、職業、家族など）などが含まれている。そしてイメージを構成する政治的現実を理解できてはじめて、それは「政治」となる。ここでイメージとは社会的な力と目標への動輪となり、その役割はリーダーとフォロワーの「交流」といえる（Nimmo & Savage, 1976：89-102)。

政治的イメージは政治体制と直接関係をもつが、政治体制はその内部の合法的な序列、組織、問題解決の方法などから成立している。どんな体制もイメージに影響されることが大きく、たとえイメージの動能的要因が影響しなくとも認知的要因、愛情的要因の影響は受ける。特に政治体制はどれほどの人々に知られ、またどう感じられているかによって大きく左右される。どんな体制においても、国民が継続的に国家的アイデンティフィケーションや愛国心、誇りなどを通じて体制への支持を表明するか否かということが体制の合法性、例えば統治の適合性などを決定する重要な要素となる。国民全体にこういう状態が広まるかどうかは、ある面で政治的シンボルの的確な操作で決定される。

以上のような理由から、国家は大衆が政治的環境を支持するように促し、その支持構築のために多大な金銭とエネルギーを費やす。旗、制服、祝日、儀式などはすべて政治的環境の象徴的な表明であり、これらのものや他のシンボル的なものは、国民が政治的環境のイメージに対し、再度忠誠を誓い、さらにそれを強める役割を果たしている。あらゆる政治体制が、「悪いイメージ」よりも「良いイメージ」、つまり信頼性と実効性があるイメージを要求し、あらゆる政府がその体制における合法性や改革性に対する能力への国民の信頼を求める。政府が人々に対して感じ、理解して欲しいとするものは、政府は個人を重視し、個人は政府を理解し、親近感を持ち、状況改善のための行政能力に満足することなどである。国民の間にこのような好意的なイメージを創造することが、すべての体制の目標といえる。

4　政治リーダーのイメージ

言葉のつくるイメージ

大衆の政治体制へのイメージは、一般的に警察、官僚、裁判所、政党などの立法／官僚機構などを通じて形成されるが、特に「政府」という存在に関する限りでは、国会議員、大統領、首相といった人物や組織を連想する。アメリカでは大統領が最も象徴的な存在であるから大統領制が国民の政府に対する感情的反応の対象となり、儀式や外交関係も大統領が中心となる。

理論的には、リーダーシップについて語る場合、そのリーダーの性格やフォロワー、統率する集団、周辺の状況のみについて言及すべきではなく、むしろリーダーが自分自身、他人、集団活動と状況をどう認識しているか、また他人からはどう認識されているかを把握しなければならないとされている。政治リーダーが一般大衆にどう認識されているかということは、政治体制や一般的政策に対する大衆の反応、また政治的環境全体への信頼を左右するため、政治リーダーのイメージには重要な意味がある。一方、リーダー側からしてもイメージは大変重要である。リーダーは様々の政治的過程においていろいろな事柄を具体化したシンボルを示し、一般大衆はその意味を、イメージを通じて解釈するが、うまく大衆の欲求や要求を満たすシンボルを提示できればリーダーは大衆を動かすことができるからである。

政治家が自分の活動ぶりをわかりやすく印象づけ、かつ表現するためには、スローガン、キャッチフレーズなどのシンボルがよく使われる。これらを通して国民の支持を得ようとするわけだが、これらの中には響きの良い、インパクトのある言葉があり、それはサウンド・バイト［sound bite］と呼ばれ、メディアを使った選挙戦などで使用される。サウンド・バイトとは、長い演説やインタビューの中において、話し手が言おうとしていることをぴったり捉えている、とても短い言葉や文章のことをいう。記者達やコメンテーターからは、その演説やインタビューを視聴者に印象づけ、その内容を表す、最も重要なものと考えられている。その言葉や文章が、本来どういった流れの中に使われたかはともかく、サウンド・バイトが報道やドキュメンタリーの中に用いられることで、その言葉を操作、あるいは解釈することも自由になる。政治家はアドヴァイザーや演説原稿の作成者から、明確で要点をついたサウンド・バイトを話せるように細かく指導を受ける。それは、これらのサウンド・バイトによって、記者達が

2005年の衆院選で使われたマニフェストやパンフレット

会話のそこここに注目し、全体的なメッセージが伝わりやすくなるためなのだ。

また、これらのシンボルは普通簡潔で、国家の誇りや精神にアピールし、大衆の生活になじみやすい言葉が用いられる。アメリカの例を挙げると、ジミー・カーターのスローガンの一つ「A Government as Good as the People（大衆のように良い内閣）」、ロナルド・レーガンの「Just say No（ただ、『麻薬を』否定するのみ）」、ジョージ・ブッシュの「War on Drugs（対麻薬戦争）」、ビル・クリントンの「Bridge to the 21st Century（二一世紀への架橋）」などがある。最近の例としては、ジョージ・W・ブッシュが二〇〇三年の一般教書演説で用いた「Axis of Evil（悪の枢軸）」という、北朝鮮、イラン、イラクを名指しで非難した言葉がある。それは、特にこれら三カ国が大規模破壊兵器を生産しているという理由による。

ジョージ・W・ブッシュ

日本政府もその理念を大衆に広めるために、長年にわたってキャッチフレーズやサウンド・バイトを用いてきた。それは池田勇人が一九六〇年、新しい首相としての所信表明演説で、自分の哲学をまとめたものとして「所得倍増計画」というスローガンを掲げたことに始まる。また池田内閣は同時に野党との対話を進めようとし、第二のスローガンとして「寛容と忍耐」を掲げた。次いで佐藤栄作の内閣は「寛容と調和」、追って「人間尊重と社会開発」というスローガンを示した。それ以降の代表的なものとしては田中角栄の「決断と実行」と「日本列島改造論」、中曾根康弘の「戦後政治の総決算」と「国際国家日本」、竹下登の「ふるさと創世」、細川護熙の「政治改革政権」、森喜朗の「ＩＴ革命」などが挙げられる。そして小泉純一郎は「聖域なき構造改革」というスローガンとともに、「改革の痛み」や「米百俵」などのキャッチフレーズも掲げている。

リーダーが、潜在的な支持者が彼自身に持っているイメージや「理想的」なイメージを提示できれば支持者の従属が得られる。大衆のリーダーに対する反応はそのイメージに対するものであり、好き嫌いはともかく、大衆はリーダーとの同一化や模倣を目指そうとするのだ。

リーダーが大衆に向けて特定のイメージを提示する場合、多くの要因が関わる。例えば能動的な人物であれば注目を集めるヴィジョン、明瞭な政策などを掲げた上で論争を進めるであろうが、受動的な場合は注意深く、慎重で、曖昧な処理のしかたをとるであろう。そしてもちろんバカという評価をされるよりは英雄に見られたいという願望もある。また、リーダーとして公約は必ず実現させるというアピールもしたいと思うだろう。その逆の例として以下のような事実があった。

中曾根康弘元首相は一九八六年の選挙キャンペーン中、「国民が反対するような大型間接税と称するものはやらない。この私が嘘をついている顔に見えますか？」と述べたのに、選挙で自民党が勝利すると一九八六年の暮れには新税導入のための委員会を組織して五％の「売上税」についての法案を提出した。中曾根は、これは当初の大型間接税とは別種のものだと言い訳したものの、多くの国民はこれを中曾根の選挙公約に対する裏切りと捉え、彼は「嘘つき」と名指しされ、これが原因で自民党は翌年の選挙でしっぺ返しを受けた。

また、宮沢喜一元首相も嘘つき呼ばわりされた人物である。当時リクルートや東京佐川急便に関するスキャンダルなどのせいで、大衆からの政治改革要求は高まっていた。宮沢は一九九三年五月のテレビでの田原総一郎とのインタビューで「精一杯頑張る」と約束し、「政治改革は今国会でやります。私はかつて『嘘』をついたことはございません」と発言した。しかし政治改革について自民党内の合意を得るには至らず、これも「嘘発言」ということになり、それが国民の不信を招いて自民党は衆議院選挙に敗北し、三八年続いた自民党政権は倒れたのである。

また一〇年後の二〇〇三年一月、小泉純一郎は衆議院の予算委員会で民主党代表の菅直人の「三つの公約（八月一五日の靖国神社参拝、ペイオフ解禁、国債発行枠三〇兆円）のうち、どれか守れたものがあるか？」という問いに対し、

「この程度の約束を守れなかったということは大した問題ではない」と回答したことで与野党、国民からもかなりの批判を浴びた。

また、大衆の政府決定に対する不満などに気づいたら、リーダーは立場についての自覚を深めるかもしれない。美徳、信頼性、権力、決定力などをもち、さらに国際的な認知をもつリーダーであることを誇示するために最適な状態を選択しようとするのである。公演や遊園地に顔を出す、ビルの起工式でテープカットをするなどといったことも、大衆の利益や福祉のために働いているというイメージづくりの演出になり得る。

親しみやすさと全能的イメージをつくる

特にリーダーはフォロワーとの間にあたかも愛情のような堅固な信頼関係をつくろうと努めるが、そのためには「家庭的な［familial］方法」と「神聖な［muminous］方法」の二通りがある。

「家庭的な方法」とはリーダーが自分とフォロワーとの間の親密さを表現し、それをもとにフォロワーの献身を求めるというやり方である。自分は「一人の人間」であり、「みんなと同じ感覚」を持ち、「大勢の中の一人」であるという自らの大衆性を強調することで、信頼性のある人物だということを示すのだ。家庭的な雰囲気をアピールするというのはそういった方法の一つである。一般市民は自分と同じような相手、つまり似たような価値観、幸福感、悩みを抱えた人間に好意をもちやすい。そういう人々の間には理解が生まれ、それが信頼に発展し、さらに献身的な愛情の基盤になる。そのために政治家は家族を前面に出し、子育てについての悩み、親としての経験や自慢を語る。そして自分も大衆と同じような悩みを抱え、体調を崩すこともある普通の人間であり、信頼に値するというイメージを売り込む。彼らもまた大衆と同じ「一成人」「一個人」であるかのように。

ジミー・カーターやロナルド・レーガンなどのアメリカ元大統領やマーガレット・サッチャー元英首相などは、このような家庭人としての印象を強調して大衆の信頼を得ようとした。例えば執務室で演説する時など、隣のテーブルに婦人や子どもなどのたくさんの家族の写真が飾られ、このような演出によって、彼は単に大統領というだけでなく、愛すべき夫、父親、祖父として国民に語りかけることになる。日曜に婦人同伴で教会へ出かけるところが映れば、大衆は彼もまた普通の信心深い人間なのだと考えるだろうし、ホワイト・ハウスの周りで犬の散歩をさせたりすれば、彼もまた動物好きな人間と映るのだ。ある時には、たくさんの子ども達と共に時間を過ごし、子どもを抱いたり、頭をなでたりしている様子を写真に撮ったりもする。これはただ単に子ども好きなことを示すばかりではなく、自分が弱者の味方であるということをアピールすることにもなる。また、アメリカ大統領はホワイト・ハウスの大統領執務室内の暖炉の前からの生放送インタビューを行うが、これは見るものにとって、自分もホワイト・ハウスで隣に座り、一緒に話をしているような親密な雰囲気を醸し出す。

選挙ポスターの掲示板

家庭的なイメージを与えるためには呼称やニックネームも使われる。インドのガンジーは「マブ・アブ（「親」の意味）」、イスラエルのメイアは「サフタ（おばあちゃん）」と呼ばれて親しまれた。チャーチルは「ウィニー」、ドワイト・アイゼンハウアーは「アイク」、レーガンは「ロン」というニックネームを持っていた。ニックネームは人と人との垣根を取り払い、親近感を持ちやすくする。中曾根元首相は親しいジャーナリストを介し、日米両国の大衆に向けてことあるごとに「ヤス」というニックネームをアピールしようとし、特に「ロン＝ヤス関係」というレーガン大統領との交遊ぶりを強調しようとしていた。サッチャー英元首相の場合は「鉄の女」と呼ばれた。海部俊樹元首相は「ミスター・クリーン」、小泉首相の場合は気安さをアピールするような「純ちゃん」というニックネームをホームページにも乗せている。

また政治家にとっては、いろいろな友人がいるということ、マス・メディアにもそういう友人がいることをアピールすることも重要である。ホワイト・ハウスでの記者会見などを見ていると、大統領が手を上げて質問しようとしたジャーナリストに対して、「それじゃ、トニー」とか、「リザ、どうぞ」などと応える様子が映ることがある。つまりファーストネームで呼び合うような親しい関係を見せようとしているわけだ（しかし、ジャーナリストはあくまでも「大統領閣下」と呼ぶのだが）。

このような「家庭的な方法」をとっているリーダーは全員の意見の一致を求め、目立つ立場に立つのではなく、あくまでも同僚を代表する人間として見られようとし、自分は大衆の意志を示し、彼らを理解し、彼らが何を欲しているかについてよく知っていると思っているが、それはリーダー自身が自分のことを大衆そのものと見なしているからである。この場合の政治家は、頻繁に自分こそが大衆の期待、要求、関心について最も熟知しているということを示そうとする。つまり自分こそが大衆と同じ目的を分かち合い、そのために邁進する救世主であるかのような行動をとる。通常こういった場合には、明確な目的がある。例えばガンジーならばインドの独立、シャルル・ド・ゴールならばフランスの解放、ジョージ・ブッシュ元大統領ならば湾岸戦争の勝利がそれに当たる。エジプトのアブドゥル・ナセル元大統領は解放を目指し、抑圧された文化と人民、そして汎アラブ主義の僕として生涯を捧げた。また、イスラム原理主義、シオニズム、共産主義などの信条や価値観、中絶、捕鯨禁止、消費税など、理屈や妥協を排除した感情的な事柄を基盤とした問題なども目的となり得る。

一方の「神聖な方法」をとる場合、リーダーは統率能力のイメージを強調する。すなわち、言葉の意味通り、神のようなイメージを大衆に伝えようとするのだ。これは肉体的なデモンストレーションを用いて粗雑につくられる場合も多く、なかにはばかばかしいようなものもある。例えばウガンダの独裁者であったイディ・アミンは側近を相手にボクシングや競泳を行ったが、もちろんすべてアミンが勝つように演出されていた。フランクリン・ルーズベルトは足が不自由だったが、乗馬や水泳をやってみせた。毛沢東も車椅子に乗るような生活になった後にも揚子江を泳いでみせたりしたのである。

またリーダーは決断力に富み、それをもって意思決定を行うというイメージをも与えなければならない。決断力があるということには先行きの読み、目標に向けた周到さなども含んでいる。チャーチル、ド・ゴール、ディヴィッド・ベン・グリオン、アブドゥル・ナセル、ガンジー、すべてのリーダーは自国の自由の正当性について、疑いなくこのような展望をもっていた。展望とはすべてが解決されるような枠組みのことである。

リーダーは大衆の野望の筆頭にあると信じ、そのシンボルであろうとして祭典や儀式を行って劇的効果を狙う。例えば一九六九年、リチャード・ニクソン元大統領は月に降り立った二人の宇宙飛行士に電話をして彼らを讃えたが、それはこの歴史的達成と自分とを一体化させるための演出でもあったのである。

知名度と認知の広さについてのイメージも政治家にとっては重要である。ほとんどの国で、トップの座についた政治家（首相など）は、即座に海外に飛んで各国のリーダーを歴訪する。そして各国のリーダーと会談し、握手を交わす映像が国内のメディアをにぎわす。これは彼が世界的なリーダーにも知られており、今や彼もその一員であることを印象づけるための有効な方法なのである。日本の場合、一九八二年に中曾根元首相が選出された際、彼はまず韓国に飛び、全斗換大統領と会見し、その後すぐにワシントンへ飛んでレーガン大統領と会談を行った。同様に竹下元首相も任命から約一カ月後、ワシントンでレーガン大統領に会見し、次いですぐカナダの首相と会談している。当然その後の首相、宮沢喜一、細川護熙、村山富市、橋本龍太郎、小渕恵三、森喜朗、小泉純一郎なども就任一カ月ほどで必ずアメリカかヨーロッパに飛んで各国の首相と挨拶を交わした。

同様にオリンピックやワールドカップ・サッカーの開会式などの大掛かりなイベントにも必ず顔を出す。その登場の仕方も十分演出されており、何台ものパトロールカーに先導され、仰々しく現れるわけだが、欧米社会ではさらに国家の伴奏や国旗が常に伴い、リーダーのシンボル性をいっそう強めている。二〇〇四年のアテネ・オリンピック開会式には、世界中から一〇〇名以上の首相、野党リーダー、国会議長などが参列したが、彼らにとっては他国のリーダーと一緒にいる場を見せることで、自分の知名度や認知を高める機会となる。

イメージ・トラブル

いずれにしてもいろいろな方法によって、リーダーは大衆に象徴的なイメージを与えることができるが、しかしいつもうまくいくとは限らない。言い間違えたり、口を滑らせたり、妥当な表現を使わなかったがゆえにイメージ・トラブルに巻き込まれてしまった例はいくらでもある。日本でも、まず吉田茂元首相は一九五三年三月、衆議院予算委員会の席上で「バカヤロー」と発言し、そのために国会の不信任を受けるはめになった。これをはじめとして特に日本の指導者の間には多くの例がある（Feldman, 2004）。

最近では森喜朗元首相がたくさんの問題発言を呈している。まず、二〇〇〇年五月に「教育勅語はいいところもあった」に始まり、「教育基本法には大事な愛国心がない」、さらに「日本の国はまさに天皇を中心とする神の国である」などの国粋主義的な発言を行って、大きな問題となった。加えて同年六月の「（民主党は）そういう政党（共産党）と（組んで）どうやって日本の安全を、日本の国体を守ることができるんだろうか」については、いったん失言と認めたようであったが、改めて「失言ではない」としたり、同年の衆議院選挙の際の世論調査で、態度未定の人が四割近くあることに対し、「そのまま関心がないといって寝てしまってくれれば、それでいいんですけども、そうはいかないでしょうね」などと有権者を無視するような発言をしている。

さらに同年一〇月、北朝鮮拉致被害者についてもトニー・ブレア英首相との会見で「（拉致疑惑の北朝鮮側に）『行方不明者ということでいい。北京やバンコクにいたという方法もあるのでは』と言ったが明確な返事はもらっていない」という『第三国で発見案発言』をし、これが外交上の内幕を軽々しく表に出したということで「この問題の解決が難しくなった」「日本の国益を危うくする」などの批判を受けた。そして退任後の二〇〇三年六月においても、あるシンポジウムで「子どもをたくさんつくった女性を、将来国がご苦労様でしたといって、面倒を見るのが本来の福祉です。ところが、子どもを一人もつくらない女性が、好き勝手と言っちゃなんだけど、自由を謳歌して楽しんで、年取って……。税金で面倒見なさいというのは、本当におかしいですよ」などの女性蔑視発言も行っている。

こういった発言は国内のみならず、対外的な問題に発展する場合もある。この意味では中曾根元首相は問題発言の多い人物であった。まず就任直後の日米関係を「浮沈空母発言」に例えて批判されたことに始まり、続いて一九八三年七月、防衛問題についての国会答弁の際、「もし我々が何もしなかったら、まるでフィンランドのようにソ連の慈悲にすがる国家になってしまうだろう」と発言し、フィンランド政府から公式な抗議を受けた。そして最も悪名高からしめたのが、いわゆる「米国知識水準発言」である。一九八六年の自民党セミナーにおいて、彼は「日本はこれだけ高学歴社会になって、相当インテリジェントなソサエティになってきている。アメリカなんかよりはるかにそうです。平均点から見ると。アメリカには黒人とかプエルトリコとかメキシカンとかそういうのが相当おって、平均点みたら非常にまだ低い」などと述べ、黒人を中心に米議会などで大きな反発を招いた。

似たようなものに渡辺美智雄元自民党政調会長の「アッケラカン発言」がある。一九八八年、長野県軽井沢における自民党セミナーで彼は「日本ではやっぱ破産ていうのはちょっとやはりもう重大に考えますからね。日本人てのは。向こうの連中ていうのは黒人だとかいっぱいおりましてね、アーもう家は破産だとか言ってね、もう明日っからもう払わなくていいんだ何も、もうクレジット・カードも使えないと、それだけなんだな。ケラケラケラ、アッケラカンのカーだよ。」と口を滑らせて再びアメリカ黒人の反感を買い、日本国内で黒人のマネキンを作っていた会社が製造中止にまで追い込まれた。その後も一九九〇年には、記者達に対して梶山静六元法務大臣が東京新宿区内の繁華街が外国人の売春地帯となっていると説明した際に「悪貨が良貨を駆逐する。アメリカに黒が入って白が追い出される」というような「人種差別発言」を行っている。

また失言の的はアメリカだけにとどまらず、アジアの国々にも向けられており、こちらの方がむしろ深刻な結末を迎えている。例えば一九八六年、当時の文部大臣藤尾正行は、文藝春秋によせた論文『放言大臣大いに吠える』の中で「日韓併合は韓国にも責任がある」とし、辞任に追い込まれた。さらに一九八八年には衆院決算委員会の答弁で奥野誠亮元国土庁長官が「日中戦争では日本に戦略的意図はなかった」という「日中戦争発言」を行い、中国から大きな反発を買った末、辞任した。

そして一九九二年、年頭からブッシュ大統領が来日して日米首脳会談が持たれたが、その時も櫻内義雄元衆議院議長が地元島根県の講演会の集まりで、「ブッシュ大統領は日本に自動車セールスにやってきた……今や日本の下請けだ……問題の根本は、アメリカの労働者の質が悪いことだ……アメリカの労働者は働かないで高い給料を欲しがる……労働者の三割くらいは文字も読めない……幹部が指令を出しても文章では渡せない」などと発言した。直後に釈明し遺憾の意を表したものの、アメリカのマス・メディアではこの発言が大きく取り上げられ、当時訪米中だった渡辺美智雄元外務大臣が「私の認識は違う。伝えられる櫻内発言は、日本人の一般的な考えを示したものではない。アメリカの労働者の生産性は極めて高く、文字の読める人の割合（識字率）も極めて高いと聞いている」と日本側の釈明に努めるはめになったが、それでもアメリカの反応を抑えるには不十分であった。

さらに宮沢元首相までもがＮＨＫ『総理に聞く』の中で「これから九四年までにどれだけアメリカの部品が確かに買えるかとかですね、どれだけアメリカの車を買ってあげましょうとかいうことは、まあ一種の予想ですよね……市場経済ですから。まあ、その非常に固い意味での約束というよりは、我々の努力をその各社の目標としてそういう風に努力をします、ということであるわけでしょうねえ」と述べた、いわゆる「約束ではなく、目標だ」発言に対し、当時のファーレン商務次官が「日本は輸入目標の一部を後退させるかもしれない」と指摘し、「もし迅速に目標が達成されなければ、アメリカ国内で日本に対する極めて否定的な反応が起きるだろう」と警告したことに始まり、やはりアメリカのマス・メディアで大きく取り扱われたのである。

そしてこういった信頼に対する問題は、一〇年後の二〇〇三年、小泉純一郎首相にも起こった。一月二三日の衆院予算委員会で、野党民主党の菅直人代表が、小泉首相が就任時以降に公約した、(1)八月一五日の靖国神社参拝、(2)国債発行を三〇兆円以下に抑える、(3)予定通りのペイオフ解禁――を書いたパネルを掲げて、「首相は公約を一つも守っていない公約違反だ」と厳しく追及した。これに対し小泉首相は、興奮しながら、「大きな問題を処理するためには、この程度の約束を守らなかったというのは大したことではない」と反論し、これが投げやり、もしくは居直りととられて問題となった。そして同月末に朝日新聞が実施した世論調査において、内閣支持率は五四％から四七％へ下落したのであった。与党公明党の神崎武法代表は当時、「一番影響があったのは（二三日の）衆院予算委員会だ」と述べている。

5　政治リーダーに対する大衆の見方

リーダーへの評価基準

近代国家において大衆は、ごく日常的にマス・メディアを通じて政治リーダーの姿や話題に接し、彼らがいつ、どこで、何を、なぜ行っているのかということを知ることができる。これらの大部分はすぐに忘れ去られてしまうが、何かの理由で記憶に残り、そのリーダーのイメージ受容や変更に関わる場合もある。

政治リーダーに対する大衆の見方についての研究はほとんどがアメリカのものであり、過去四〇年間に大統領や大統領候補に対し、彼らが注目を集める点や評価される基準などに関して多くの研究がなされてきた。以下、それらの基準のうち代表的な五つについて記しておく。

第一は所属政党である。キャンベルら（Campbell et al., 1960）によると政党帰属意識は、政党に対する個人的な愛着の感覚と定義されているが、アメリカ人はこういった意識が強いので、著名な政治家に対する判断はほとんど政党に対する肩入れを反映したものとされてきた。しかし近年の研究では、政党意識は必ずしも政治判断とはつながらず、政府内の活動や新しい候補者の登場時に影響があるとされている。ただ普通のアメリカ人にとっては、やはり大統領の選出にあたっては政党帰属意識が第一条件となっているらしい。

第二はイデオロギーや政策に対する見解である。リーダーはその政策や特定の争点に対する立場によって判断される。またそれらの結果、すなわち業績によっても評価される。外交問題、失業率、物価、賃金などの要因がリーダーへの支持を左右するのだ。特にアメリカの場合は物価と失業率の上昇は大統領の支持率を下げる傾向をもつ（Schlozman & Verba, 1979）。

第三は愛着心［affection］である。バーバー（Barber, 1972）の研究によると、アメリカの大統領は、政治の未来に対する人々の希望や恐怖を左右し体現する人物、という極めて象徴的なリーダーであるという。例えば選挙キャンペーンの期間中、候補者は自分たちが成功するか否かは潜在的投票者の希望や誇りといった肯定的な感情に依存していると強調し、大衆の感情に訴えかけ、恐怖感や怒りなどの悪い感情はなるべく持たれないように努める。

第四は外見である。人間は肉体的に魅力のある人をより聡明かつ有能と見がちであるし、当然そういう人に従うことを好む。もちろん外見の良さとリーダーシップとは何の関係もないのだから、リーダーの笑顔や眼鏡の形、ヘアスタイルが、それだけで選挙結果を左右するなどということはどんな国でもあり得ない。しかし候補者の身長や体重はたいした違いではないものの、大衆の評価の幾分かはリーダーの外見に起因するとする考え方もある。

第五は個性［personality］である。アメリカにおいて大統領候補についての好き嫌いを聞いたところ、多くの人々がその候補者の個性をもとに回答したという。つまり大衆は候補者を評価する際、国内外における政策や業績などよりも、その人物の知性、誠実さ、人間的なぬくもりなどの人格的特徴を重視するといえる（Page, 1978）。

リーダーに対する認知

政治リーダーやその候補者がどのように大衆の認知を得、彼らのイメージが形成されたかについては、過去二〇年間で、より詳細な検証が行われるようになった。社会心理学者によるシェマ理論や認知に関する研究をもとに、投票者が政治リーダーや候補者の性格的な特徴をどう見ているか、またそういったイメージが投票者にどんな影響を与えているかといった、いわゆる投票行動の研究が行われている。こういった研究から、政治リーダーや候補者が認知される場合、その人間の性格的な特徴が認知の中心となって投票者の選択に影響していることがわかっている。さらに、このような投票者にとってのイメージをつくり出す候補者側の性格的な特徴は、ごく中心的なわずかなものだけだという結果も見られる。

有権者にあいさつする候補者

アーサー・ミラーら（Miller et al., 1986）は、大衆のリーダーの認知の次元を次の五種類に分けた。(1)能力：過去の政治的経験、政治家としての能力、政治問題に対する理解、知性、そして特定のリーダーについては以上のような経験や理解、教育や管理能力、理想の高さ、現状の把握度などをもとにした判断、(2)高潔さ：正直さ、誠実さ、理念の高さ、約束を守る、堕落していない、(3)信頼性：注意深さ、慎重さ、責任感、勤勉さ、(4)カリスマ性：リーダーシップ、尊厳、謙虚さ、愛国心、協調性、(5)個人的次元：外見的特徴（年齢、健康、笑い方、話し方）、経歴（軍歴、宗教、資産、前の職業）、など。

これらの次元をもとに投票者はリーダーを認知するのだが、これはアメリカだけではなく日本においても、同じくこれらの次元をもとに一般市民は首相、首相候補者を認知する（Feldman & Kawakami, 1989）。

そういう意味では、政治家にとってイメージの形成と管理は重要な仕事の一つである。性格的側面だけではなく、感情的、外見的な意味でも努力を要する。そのため多くの政治家が専門家に洋服を選んでもらい、演説も専門のスピーチ・ライターに原稿作成を依頼する。この政治的印象［political impression］という分野は、近年政治心理学の中でも注目を集め始めており、政治家がどのように望ましい印象を与えるかについての研究の数も増えてきている。

6　イメージにおけるマス・メディアの役割

テレビからの影響

大衆が政治リーダーや候補者の性格的な特徴を他の要因よりも重視するのはなぜなのかという問題については、多くの関心が持たれているが、これは一般的に彼らに対する認知やイメージの形成過程において影響を与えるものが関係すると思われる。過去三〇年間、様々な議論が交わされてきたが、そこではリーダーの性格が最重視されることには、認知する側の年齢、性別、学歴などの個人的要因がある程度まで影響するのではないかとされた。例えば学歴や年収が低い地方在住者は、それらの高い都市居住者よりも性格を重視する傾向があるという。また政治問題について比較的関心が高く、地域、国政、社会において活躍している人は性格などよりも政策、争点などを重視する傾向にある。

大衆はほとんどの場合リーダーとの直接接触の機会など持たないので、リーダーについての情報を得るにはマス・メディアに頼るしかない。それは逆の場合も同じであり、政治リーダーが直接接触できる人々はごくわずかに限られているため、多くの選挙民に訴えかけて潜在票を掘り起こし、自分の意見や思考を大衆に伝えるためにはどうしてもマス・メディアに頼らざるを得ない。

近年の欧米社会、特にアメリカとイギリスでは、マス・メディアの力がかなり強化され、政治家の仕事、特に選挙運動がかなり変化した。アメリカでは、一九五二年の大統領選挙において、ドワイト・アイゼンハウアーが最初にテレビＣＭを選挙戦に導入して以降、これがあらゆる選挙に用いられるようになり、現在は大統領候補のほとんどがスピン・ドクター［Spin-Doctor］という選挙コンサルタントをおくようになった。スピン・ドクターとは「政治家のメディア担当アドバイザー、政治活動顧問」であり、政治家や政党に対し、マス・メディアにおいてどう効果的に演出を行うかを指導する専門家である。政治家や政党のバックでスピーチやイメージや情報をコントロールし、政治家をよく見せようと画策し、つまり政治的な情報に「スピン」を効かせて方向づける役割の人々のことだ。「スピン」というのは、本来ヘリコプターのスピンとか、紡績機の紡ぎ機とかいう意味なのだが、それが転じて「話をつくり出す」とか、言葉が悪いが「ヨタを飛ばす」などの意味となり、こうしてスピン・ドクターとは「ボールにスピン（回転）を与え、曲がらせる技に優れた広報専門家」、あるいは「情報を操作して人々の心理を操る専門家」を意味する俗語となった。事実を多少誇張するという点では、決して肯定的な意味ではない。

そしてアメリカでは上院や下院の議員候補ですらも、最低数回は選挙民向けのテレビやラジオ演説を行うようになった。現在は上院議員や州知事の選挙となると、テレビでは二〇～三〇本の政権ＣＭが放映され、州によってはコカ・コーラやマクドナルドを凌ぐ本数が流れるという。特にテレビ宣伝にかける費用は惜しみなく使われる。それが選挙民との接触の第一歩である。というのもアメリカ家庭の九九％にはテレビが備わっており、人々はふだんからテレビで政治的なキャンペーンを見ているからである。テレビの宣伝費はもちろんだではなく、相当巨額な出費である。ジョン・ロックフェラー四世上院議員は一九八〇年の再選をかけた選挙で九〇〇万ドルの運動費を自前で出費したが、その四割がテレビのためだったという。さらに次の一九八四年における出費は一三〇〇万ドルにまで跳ね上がった。

テレビが視覚に訴える力は絶大である。だから政治家がテレビに出演する時には、話す内容よりも衣装（例えばスーツ、ネクタイ）のスタイルや色といった外見によりいっそう気を遣う。アメリカの選挙運動ではテレビ出演の前に、専属のアドバイザーと何時間も最適なカメラ・アングルについての打ち合わせを行い、笑顔のための口の開け方、眉の上げ方などを練習する。そして候補者のさわやかな容姿を大衆に「売り込む」ために、時にはメイク・アップの時間の方がテレビＣＭ撮影よりも長くかかることもある。

マス・メディアは政治家（候補者）にとって、イメージをつくり出す（修正する）最適の機会であり、最良の武器でもある。彼らは最も大衆の支持を集められそうな問題を取り上げて強調したり、政界以外で知名度の高い人気のある俳優などの人物と一緒にテレビカメラの前に立ち、その人気をそのまま自分に転用できるようにと考える。そしてＣＭではわずか一〇秒ほどの間に現在までの業績をアピールし、新しい政策案や既存の問題の解決策を詰め込む努力を怠らない。さらにアメリカでは、自分に対するイメージだけではなく、対立候補のイメージを操作するためにすらマス・メディアを用いる。いわゆるネガディヴ・アド［negative advertisement］と呼ばれるもので、これは対立候補の過去の経歴などをもとに弱点を攻撃し、信頼性を失わせようとするものである。

リーダーのメッセージ伝達

政治リーダーや候補者に対する態度を左右し得る要因については二つのことがわかっている。第一は、各種のメディア・チャネルは情報を伝えるだけでなく、チャネルそのものが大衆の見方を左右するということである。特にマス・メディアは特定の事象、人間、現象、イメージの形成と変化の媒介として重要である。ある事象に大衆の注目を集めたり、また逸らしたり、特定の事象から本来あるべき重要なイメージを削ることも、あるいは何らかの事象に対する評価を変えることもできるのだ。

ドイッチとメリット（Deutsch & Merrit, 1965）によれば、ある事象についてのメッセージは、いくつかの条件の下に伝われば、その事象について抱くイメージに多くの影響を与え得るという。その条件とは、(1)伝統的なものでも新しいものでも、既存のメッセージを強化する、(2)外部に変化があってもイメージはさほど変化しない、(3)明確な情報を加える、(4)不確実さを減らし、情報が暗に意味することを補強してイメージを明確化する、(5)イメージを再構成し、より一貫性に富んだものにするか、他の事柄との結びつきを加えてわかりやすくする、(6)イメージの重要性、それに対する他のイメージの依存度を変える、といったことである。

マス・メディアの内容分析では、マス・メディアのチャネル、特に新聞とテレビは、候補者についてかなり似たようなイメージを伝えるが、新聞の方が候補者のイメージに対してはより近い情報を供給しているという。政治リーダーのイメージは新聞が強調する部分と近い関係を持ち、各新聞では似たようなキャンペーンを報道することが多いので、共通して見られる性格の特徴がイメージの形成に影響するという。ただしアメリカ大統領選挙ではテレビが候補者の性格をいっそう際立たせるとされている（Kerbel, 1995）。

第二は非言語的行為（目配せ、ゼスチュア、顔つき、人との距離の取り方）の重要性である。コミュニケーションに伴う非言語的行為は、ある個人の認知決定過程で言語に劣らない影響があるという。政治的なものとしてはショーン・ローゼンバーグとパトリック・マカファティ（Rosenberg & McCafferty, 1987）の研究で、人はある人間の写真を一枚示されただけで、その人の性格の信頼性と公職への適性を判断することがわかっている。政治リーダーの非言語的行為が、それを見る人々の印象、情動、態度にいかに影響を与えるかという観察のためには、テレビが最も頻繁に用いられている。テレビが普及する以前、リーダーのこういった非言語的な行為を直接見ることができたのはオピニオン・リーダー達であった。大衆が政治的な話を聞くには印刷物か伝聞に頼るしかない時代では、感情的な表現は注意を喚起するという効果しか持っていなかった。活字が政治的コミュニケーションの中心である限り、リーダーのメッセージは感情的なものというより言語的な生命としてしか伝わらないというのが現実であったのだ。

欧米諸国の大衆に対しては、テレビがリーダーのクローズ・アップされたイメージをあらわにしてみせる。大衆がリーダーや候補者の性格的な面を重視するようになっている根本にはテレビがあると考えられているが、それは視聴者が毎日のように政治リーダーのクローズ・アップされたイメージなどを見ているからである。さらにこのような状態は、市民が争点や政治的な結果に対して考える際にも影響するとされている。

第9章　政策過程におけるマス・メディアと世論

これまでの章でも論じてきたように、マス・メディア（新聞や雑誌を含む活字媒体、およびラジオ、テレビなどの電波媒体）は、政治において重要な役割をもつ。国内外の政治的な出来事や意思決定者の活動を報じるというだけではなく、子ども達の政治学習過程やその内容、有権者や他の大人達の政治に対するイメージづくりなどにも作用し、その記事や論説も、政界や政治家に対する大衆の見方のみならず、政治組織や政治リーダーに対する大衆の態度や行動にも影響を与える。近年政治心理学分野で書かれたものの多くが、一つないしは複数の国家の国内政治、あるいは複数の国家の国際関係などにおけるマス・メディアの役割と影響についてのものである。同時に意思決定過程におけるマス・メディアの役割と影響力にも注目が集まっている。本章では意思決定［decision-making］というものを、ある目的を達成するために、いくつかの行動の集合からある特定の行動を選択する過程とする。それは、あらゆる組織は存続のために環境への適応能力を問われるものの、環境は常に変動する。したがって常にそれに対応した戦略と戦術を決定する必要が生じるからである。

マス・メディアは、多くの現代民主主義国家における政策決定の曖昧な領域で作用しており、「政府の第四部門」とまで呼ばれている。公式な役割を与えられてはいないが、実際に政策過程に大きく関わっているのだ。出版物も放送も政府の政策や政策立案、および政府外部の意見などをいろいろなレベルで取り上げ、また政策やそのあり方に支持、批判を行う。そして政策過程を明らかにし、独自の政策を提案したりもする。大衆に効果的な政治参加のための情報、公共問題についての議論の場を提供している。読者や視聴者に影響を及ぼし、一般市民の中には、政治家や官僚などと接触して政策に対する自分の見解、期待、不満を伝えようとするものも出てくる。

ジャーナリストは政策立案者［policy-maker］との接触から政策の現状や重要な争点に対する分析などの情報を得て、場合によっては選別、編集、コメントなしに読者や視聴者に伝える。つまりマス・メディアは、政府の公益事業や達成事項などのきわめて重要な情報の流布を補助しているのだ。政策立案者はこういったマス・メディアとの接触を意図的に求め、自分の考え方や計画、行動を、それを通じて伝えることで大衆の注目を集め、自分の担当業務への支持を強化しようとする（Altschull, 1995；石澤、二〇〇一）。政策立案者はまた、政策案をいわゆる「スクープ」として扱いそうなジャーナリストに漏らし、それに対する世論の反応を見るために利用しようとする場合もある。しかし、コミュニケーションは政策立案者からジャーナリストに流れるだけではなく、ジャーナリストから政策立案者へ流れる場合も多くあり、それに伴う効果も見られる（Feldman, 1993, Ch. 8）。

本章では、マス・メディアが民主主義国家の政策決定過程において果たす重要な役割に焦点を当てて論ずる。まず、社会の中でのマス・メディアの主たる位置づけ、情報源としての重要性、国内外の政治の現実、政策や出来事を伝えるにあたっての偏向について詳解する。また、一般的な政策決定過程におけるマス・メディアの機能や影響についても検証するが、この中には意思決定者と大衆、つまり世論の双方における効果も含まれる。

1　マス・メディアによる「意見の風潮」の形成

マス・メディアへの依存

マス・メディアとコミュニケーション過程は、教育、環境、福祉など国内外の諸問題に関する政府の政策決定においてきわめて重要な要因となった（Spitzer, 1993）。理由は二つ考えられる。第一に、社会と地球的な環境の複雑さと重要性が増し、それが大衆の生活にも影響するようになったため、国内外の出来事についての情報の必要性がかなり増したこと。第二に、二〇世紀を通じてコミュニケーションは革命的な発達を遂げ、マス・メディアは情報のやりとりを時と場所を選ばずにできるようになったこと。今日ではいろいろな意味でかつてないほどの取材と報道の規模をもっており、国内外の問題に関する情報がより豊かになり、ジャーナリズムの質も向上し、職業的なものとなった。結果として、一般市民は大衆もエリートも国内外の問題に関する状況の理解のためにマス・メディアに頼ることとなった。情報源としてはいろいろなものが利用できるのは確かだが、ほとんどの人々が、住む地域の有力な新聞、ラジオ、テレビなどから情報を得ている。

自分が独自の情報源をもたない問題（居住地以外の問題から外交問題に至るまで）については、特にマス・メディアに頼らざるを得ない。ごく当たり前で明白なことだ。おそらく、距離感のある問題（あるいは知識の少ない問題）についてはマス・メディアに依存するというだけではなく、影響を受けるということがより重要といえる。マス・メディアへの依存の最たる結果は、世界に対する情報、知識、イメージなどを、個人はほとんどマス・メディアに頼るということだ。そしてマス・メディアは政治の重要な役割を占有し、「政治的議題」への影響力をもつようになる。この力によって情報が政策決定に大きく影響を及ぼす。大統領や首相などの政治リーダーやその側近に様々な出来事、およびその解釈を直接伝え、または政治家や論客、一般大衆の考え方には間接的に影響を与えるなど、ニュースを形成して伝える方法はきわめて重要なのである。

さらに、マス・メディアの報道は「意見の風潮」［climate of opinion］をつくり出すことも多い。言い換えれば、人々がどういう争点を重要と考えるかだけではなく、その争点についてどう考えるべきかまで決定する。マス・メディアはどう考えるべきかを伝えることにはあまり成功していないが、何について考えるべきかを伝えることには驚くほど成功しているとされており、これが最も明らかな（そして最も頻繁に引用される）議題設定仮説［Agenda-

Setting Hypothesis］である。

マス・メディアの議題設定機能とは、個人の認識に変化を与えて思考を構成する効果があるということだ。最も重要な効果とは、おそらく身の周りについての考え方の順序をつくり、個人それぞれの世界観を組織するということにあろう。つまり「どう考えるべきか」ではなくて、「何について考えるべきか」について独自の強力な機能を持ち、大衆の意識や態度に一定の枠をはめてしまうのだ。マス・メディアが特定の争点について大きく取り扱えば、受け手もその重要性をより大きいものとして認知する。また、情報量と争点への関心が比例すれば、さらに議題設定機能も強力になる。この議題設定理論は社会の中でかなり効果的に使われている。何よりも、人が見聞するニュース、またニュースのどの部分が重要なのかを指定するのはマス・メディアの力なのだ。それは積極的に世論を操作することまではできないが、世論をかなり限定した範囲にとどめてしまう。これが政治エリートにも影響を与え、さらに政策決定の議題に影響を与えるため（議題設定は政治的な観点からは大変重要となる）、政治家や候補者がマス・メディアを通じて大衆の注目する争点に焦点を当てようとする。議題設定に関する経験論的な研究では、マス・メディアの内容と大衆の思考との間には様々な問題についてかなり強力なつながりがあることを示している（McCombs & Shaw, 1993）。

最終的に、コミュニケーション過程におけるマス・メディアの役割が強大であるため、政府官僚、政治家、利益集団、およびその他の社会運動グループなどは自らの問題を扱ってもらうためにマス・メディアの注目を競い、世論や政策が自分達に好意的になるように努める。

マス・メディアのバイアス

情報源として主流なマス・メディアに対する依存傾向は増大しているが、常に「現実」が完全に伝えられているわけではなく、取り上げられる出来事とその伝え方についてはかなり選択が行われている。アメリカの場合、ほとんどのマス・メディアは地域と国の事柄を取り上げ、国際ニュースはほんのわずかになる。主流のマス・メディアでは国際的な事件に割かれる割合が一〇％から四〇％であり、毎日それらを扱うのは五件から一五件とするものがほとんどである（Alger, 1989：135）。さらにアメリカのマス・メディアは、経済力も政治力も豊かで文化的にアメリカと近い国々により高い関心を示す傾向がある（Alger, 1989：139-51）。外国に対する報道範囲はアメリカ中心、西欧中心（地球全体ではない）指向といえるもので、政府中心（政府外部の集団は含まれない）指向、政治的かつ国家的安全に焦点を当て（経済や環境問題は含まれない）、そして紛争のような「否定的な」現象を（協力を強調するような「肯定的な」話は含まれない）強調する。そうしてマス・メディアは報道を選んで行うだけではなく、特別な「現実」を強調して描き出すことになる（Alger, 1989, Ch. 6）。似たような状況は他の国にも見られる（Feldman & De Landtsheer, 1998）。

重要なのは、マス・メディアは限られた情報源に頼る傾向があり、それが政策決定や政策案を報道する際のバイアスにつながるということであろう。ジャーナリストは著名な政治家や政府官僚を情報源として頼り過ぎることが多く、「ものごとを探索するジャーナリム」［investigative journalism］ではなく、これに対する「情報を流すジャーナリズム」［source journalism］となりがちな傾向がある。つまり、記者がいろいろと調べ回って書き上げた記事が載る機会はほんのわずかであり、大半は決まった情報源からのもので、その情報源はマス・メディアが選んだものということだ。そういった情報源はアメリカの場合、議会の主要メンバーや大統領、もしくは大統領の側近であり、日本の場合は首相、官房長官、政党の党首数名、それからそのわずかな側近達ということになる（Feldman, 2004）。結果としてアメリカの場合、ニュースに最も影響を与えるのは一般的には政府、とりわけ大統領ということになる。大統領が国内外の政策決定の中心と考えられていることで、全国規模のマス・メディアは政府、特に行政機関に対して強く依存するようになった。マス・メディアと接触する立場としては大統領が圧倒的に有利であり、話と行動は時と場所を選ばず報道の価値があるとされている（Alger, 1989：158-72）。

リチャード・ニクソン（一九六九〜七四年在任）以来、大統領はホワイトハウスの報道操作をどんどん組織化し、拡大してきた。この組織によって、大統領はマス・メディアの政策決定、国内と特に海外問題の報道への影響力を増したが、それは大統領が自分についての報道の価値、および情報源としての高い信頼を通じて、立場を利用したからである（Altschull, 1995, Ch. 9; Kerbel, 1995）。同じことが日本でも首相と内閣官房長官を含む国会の主なメンバーについていえ、彼らがジャーナリストとの接触の上でニュースを操作して次の報道の内容までも決めることになる（Feldman, 2004）。政治家や政府の官僚は、マス・メディアにある種の選び抜いた情報を与えて政治的議題や世論の流れに何らかの影響を及ぼそうとする一方、彼ら自身も同様にマス・メディアに頼っている。報道によって意見が社会に広まり、あれこれの問題についての肯定的、あるいは否定的なコメントが出されると、かなりの政治家が国民に良い印象を与えるため、ジャーナリストに対して好意的な態度を保ち、良い関係を維持しようとするのだ。

マス・メディアの報道範囲の内容と選択については、コミュニケーション過程における政治的環境の影響も忘れてはならない。マス・メディアの報道範囲は二つの意味から政治的環境に大きく左右される。第一にジャーナリスティックな世界の見方はそれが機能する社会の主流である政治的なイデオロギーと文化によって形成されるということ。第二にマス・メディアは民主主義国家の政治を左右する重要なものと思われており、そのために政府の内外にあるいろいろなグループが活発に報道に働きかけを行い、報道の内容に影響を与えようとすることがある。そのために、例えばアメリカでは主流である政治的イデオロギーと文化にそった、単一で中道的な国内外のニュースを報道しようとする。アメリカのジャーナリストがいかに客観的であろうとも、民主主義と資本主義の影響は受けざるを得ない。結果として、マス・メディアは通常政治体制を支える立場になり、基本的な主義に疑問を投げかけることは稀になって基本的な社会や政治の価値の主流から外れたもののみに批判を行うようになる（Alger, 1989:

245-56)。

アメリカのジャーナリズムにおける文化とイデオロギーの傾向は、特に危機的時期に顕著となる。このような時期、アメリカのジャーナリストは極端に愛国的、国家主義的になるのだ。大統領の見解や政策を支持し、その上「国旗のもとに集え」といった状況に貢献する。例えばイラクのクウェート侵攻、対するアメリカのジョージ・ブッシュ政権の反応、さらにそれからの湾岸戦争への展開を見ても、それは明らかであった（Kennedy, 1993）。そしてアメリカで起きた二〇〇一年九月一一日の同時多発テロ後も明らかにこのような状況が発生した。中道主義的な見地からすると、マス・メディアの報道範囲は時たま、よりリベラル、あるいはより保守的なものとなるが、それは事柄の性格、時期、そして政治的な環境に左右される。報道範囲の内容は政治エリートの考え方を反映したものになりがちで、これが特定の時期のアメリカの政治においては優勢であった。こういった考え方を反映したニュースのやりとりがアメリカの外交政策に影響を与えたのである。

アメリカにおけるマス・メディアのバイアスは、すべての国際的な関係が平等に見られないという結果を生んだ。報道するかどうかの決定は、面白さ、地域的な独自の関心、それから経費という三つの要素をもとに決定される。面白さとは、ある出来事がどれほど感情に訴えるかどうかということで、マス・メディアの関心を短期的に集める鮮やかな出来事で、長期のものではない。内乱、デモ、地震などは穀物生産や地域発展計画などの話よりもはるかに読者や視聴者の関心を引く（Alger, 1989）。

地域的な独自の関心とは、アメリカにとってマンネリ化している話題のことだ。典型的なのは、歴史的に経済や文化の面で近い関係をもっていた地域（ラテンアメリカ、イスラエル、西ヨーロッパ）、あるいはアメリカ軍が駐留している地域に関するもので、通常はホワイトハウスによって決められる。

最後には経費、これが国際ニュースの報道範囲の決定的な要因となる。経費抑制のため、例えばＣＮＮでは、衛星の使用について他の国々と合意を行っている。

2　政策決定におけるマス・メディアの効果

既に述べたように、大衆は国内外の問題についての基本的な情報をマス・メディアに依存している。そのためマス・メディアは国の政策、および政治に対する知識や政府のあり方へ潜在的な影響を与えている。例えば税制、政府の規制、資本の増加、労働者の訓練などの経済発展のための政策については、大衆も政策立案者もたいした知識を持たないので、こういう場合はきわめて大きな影響力を持つ（Hawthorne, 1993）。

マス・メディアの影響

マス・メディアの政策への影響は、まず政治家がどれほど競合して権力を手にし、それを保持するか、また政治家自身の政策、あるいは政策案がどれほど報道されたかによって決まる。さらに読者や視聴者、および利益をどれほど必要としているか、報道の範囲が政治家の行動とどれほど関係があるかにもよる。したがってマス・メディアの効果は政策立案者とマス・メディアそのものの両方の行動によって決まるのだ。マス・メディアの政策決定に対する影響についてはいくつかの特徴が見られる（Strömberg, 2001）。その第一は、マス・メディアの規模に対する収穫の増加［Increasing-Returns-to-Scale］的な操作である。例えば、テレビ番組をいったん製作した後なら視聴者をさらに獲得する経費は極めて安い。新聞でいえば、最初の版のためにニュースを集めて編集し、記事におこすための経費は高いが、いったんそれが定まるとより多くの新聞販売の経費は印刷代と配達代のみである。こういった経費の構造は利益につながるので、マス・メディアは有力な団体に関わる事柄を進んで報道するようになり、少数派や特殊な関心などは無視されがちになってしまう。

その結果生まれるニュースのバイアスには政治的な意味合いがあるというのが第二の特徴である。例えばマス・メディアがなければ、貿易政策は各消費者の異なる関心や嗜好を無視し、特別な利益に偏ったものになる。こういった国では、政治家が貿易の障害を減らそうとするのはかなり難しい。貿易の障害から派生すること、またそれについての政治家の立場などの情報を得て、個人的な利益を持てるような消費者の数は限られているからだ。しかし特別な関心を持つ集団があれば、情報は保たれ、政治家に圧力をかけることになる。マス・メディアはこういった政策の偏りを押しとどめ、政治家が大規模な、複数の消費者集団に情報を与えるための手段となる。だとすれば、マス・メディアのない国では、政策は納税者の個々の利益を無視し、代わりに政府の限られた計画から生まれる利益を強調したものとなり得る。しかしマス・メディアは、政府の限定的な計画よりも各党の税金に関する立場を報道する方が利益を生むようなコストの構造になっているため、こういったバイアスに対抗するとも考えられる。

もしこれがニュース報道の一つの側面にすぎないのなら、新聞は読者の関心が薄い問題の報道は決して行わないであろう。しかしこのような報道もきちんと存在する。理由の一つは多くの新聞やテレビ局の主たる収入源は広告だからである。広告主にとっては大きさだけではなく読者や視聴者の特徴も重要だ。マス・メディア産業では、販売実績は伸びたものの広告収入の減少した例が多数あるが、アメリカンテレビの「ガンスモーク」[*Gunsmoke*] という高視聴率の番組の中断は最たる例であろう。この番組の視聴者は広告主が求める層より明らかに高齢で田舎の住人だったのだ。マス・メディアは広告主の関心を示す層に合った事柄を取り上げようとし、こういった集団の好む情報を与えるというマス・メディアのバイアスが、政治的なバイアスへ置き換えられてしまう場合もある。

第三の特徴は、人々を驚かせるような出来事の方が報道の価値があるということだ。政府の政策決定に関するニュースは一般読者にとっては価値がある。それは政策が日常生活に影響し、人々の活動を規制するものとなるからだ。例えば田舎の仕事に関するニュースは、飢えた人々に仕事の機会を与えるかもしれない。同様に、農業生産の落ち込みについてのニュースは、減産に対応した生産物へ変更する機会を農民に与えるかもしれない。つまり意外性を持つニュースはより多くの価値と報道の機会があることになる。政治家にとって、これは計画の拡大を助長し縮小を緩やかにすることになる。理由としては、拡大はマス・メディアの関心を引きやすく政治的に有益であり、同様に縮小は余計な報道の機会を増やし政治的には負担が大きくなるからだ。このような情報の流れを懸念しつつ、政治家は多額な支出を伴う少数の計画を提出し、これについての報道を期待しながら、一方では多くの問題から少しずつ予算を削減し、こちらについてはさほど報道されないように期待することでバランスを保つ。そういう状況の中でマス・メディアは、政治家に対し、関心が持てて頻繁に報道できるような、飢饉、福祉、教育といった政策決定に、よりいっそう時間を割くようにさせる。そうなると恒常的な要求がありながら報道量の少ない、例えば特定地域における食料難の問題などについては政治家の割く時間は少なくなる。

最後の特徴は、報道の範囲はニュースの配給コストによって決まるということだ。主流のマス・メディア、ラジオ、新聞、テレビはそれぞれ配給コストが異なるので、これには重要な意味がある。例えばラジオやテレビの電波は新聞を遠くへ輸送するコストよりも安いので、ラジオやテレビが地方の有権者に対する情報のシェアを増やし、これらの有権者の利益となるような政策が決定されることが多くなることが予測される。

主流のマス・メディアに加え、娯楽のためのマス・メディアについても考えておくべきであろう。この場合、基本は人々を楽しませることにある。例えばアメリカでは、人々は外交政策を含む政策決定について知るよりも娯楽を楽しむほうにずっと関心がある。そして娯楽のマス・メディアはアメリカ人の政治的な信条や行為には間接的な影響しか持っておらず、それはアメリカ政府の政策に対するマス・メディアの意義を強化するという形でのみ表れる。この種のマス・メディアには人々に影響を与えるある特別なパターンがある。例えば、日常テレビでニュースをはさみつつ娯楽番組を見ていれば、国内外の事柄について関心も情報も持たない人々も何か知ることになる。これはアメリカ人がアメリカ以外の国に対してもつイメージに大きく影響を及ぼしている。マスコミの娯楽の内容はその時点の政治的な環境を反映してもいる。例えば第二次世界大戦中、ハリウッドの映画にはきわめて愛国的な性質があった。アメリカ人は戦争映画では暴力の無邪気な犠牲者のように描かれている。湾岸危機の後にもそういった現象は見られ、二〇〇一年の同時多発テロの後も映画界には同様な影響がある。

もう一つ、人々が主流となるいろいろな考えや他の情報源に接触できる方法がインターネットである。パソコンの普及、技術的な可能性の拡大など、特にコミュニケーションの世界においてこの二〇年間は革命的ともいえるものだった。インターネットを通じて人々は膨大な情報源や見解に直接接触でき、そこには公共政策や外交政策も含まれるようになったのである。この新しいマス・メディアが民主主義国家の政策決定過程に与える影響がどのようなものかについては今後の研究が待たれるが、その検証はたいへん興味深いものとなろう。

ジャーナリストの影響

主流派にしろ、娯楽用にしろ、マス・メディアは個人の政策決定嗜好を変えることもあり得る。基本的に公の事柄、特に個人的な経験が有効な情報とはなりにくい海外の事柄について多くの人々に情報を与えながら、大衆と政策立案者とのつながりをつくるものでもあり、政策立案者はマス・メディアの世論に対する報道を追い、大衆にとってマス・メディアは政策立案者の行動や考え方の主たる情報源となる。

政策決定の分析にあたっては、二つの側面、つまり過程（政策決定）とその内容が最も重要だが、マス・メディアは外部の集団として、政策過程の様々な段階において影響を与える。

政策の段階は、(1)問題の確認（意見の表明）、(2)政策の推薦（集成）、(3)政策決定（採用）、(4)政策の実行、(5)政策の評価、(6)政策の分析もしくは変更、といった六つに分けられる（Dunn, 1981：48）。

そして政策決定過程において、これらの段階に応じたマス・メディアの政治的な機能の分析、特にジャーナリストの影響に関しては以下に挙げる一〇の部分からなるとされる（Lambeth, 1978）。⑴政策立案者に先んじた問題の予測、⑵政府の指標に基づく大衆への注意の促進、⑶競合集団が問題解決に与える利害についての情報提供、⑷政策における各集団と大衆との競合立案支援、⑸政策内容への貢献、⑹意思決定の速度の決定、⑺議員の投票援助、⑻政策実行についての大衆への警告、⑼政策効率の評価、⑽政策反応への刺激。

政治家を中心とした研究によれば、マス・メディアは政治家に圧倒的な力を持つわけではなく、せいぜい中～低レベルと指摘されている。議員がジャーナリストをどう利用するかという点については、右の⑷と⑸を、「関わりのある集団に問題の利害を知らせる」と「大衆に立案の内容を知らせる」と置き換えてみるとわかる（Lambeth, 1978）。このような研究では、アメリカのマス・メディアでは現実に、説得という目的よりも情報として発表されるニュースの方が多いことが示されている。意見というよりはニュース、影響を与えるというよりは単に伝達するだけの情報がほとんどなのだ。伝達される情報は、政策の実行、政策への反応、立案者の企画の確認などであり、これらの報道は投票への勧誘、反論の喚起といったいわゆる説得にあたるものより頻繁である。

報道の種類は目的と関係がある。説得するような報道内容とは、例えばどう投票すべきか勧めるようなもので、主に「社説」に出るが、情報を伝える報道内容は主にニュースとなる。説得力のある報道（意見）が情報のみの報道（ニュース）よりも影響力があるというのが事実なら、マス・メディアの政策決定者に対する影響は、伝わる物事の性質や種類によって異なる。ほとんどの報道内容は説得力を持つというより、単なる情報に近いものなので、その政策決定者に対する影響力は考えられるほど強くないことになる。ただしこのような主張は、政策決定者の報道の受け止め方、意見、利益団体や大衆へのマス・メディアの影響（後述）といった要素を無視している。

この点で日本の事情は興味深い。日本社会でもマス・メディアは力のある存在であり、大衆にも政策決定者にも影響を与え得るものである。マス・メディア全体より記者個人が政策決定者に与える影響の方がより決定的とする意見もある。日本ではマス・メディアと政治の関わりが欧米とは異なり、ジャーナリストと情報源との接触はニュースを伝えるという目的を超えたものとなっている。有力な国会議員とジャーナリストは情報交換、相互の関心についての非公式な議論のために会合をもち、友人のような関係をつくる。こういった関係から国会議員はジャーナリスト（取材記者および論説委員）からの助言や提案、諸問題についての個人的なカウンセリングをもらうことができ、その中には政党内での戦略、特定団体での活動方法、自分達の政治的なイメージなどに関するものも含まれる。ジャーナリストは議員に対し、所属政党での昇進方法や知名度を高める方法などの新しい考え方、特に政策決定のための情報や、新法を導入する際の時期や方法についての助言も提供することで、政策決定過程に有益な影響力をもつことになる（Feldman, 2004）。

政治家に取材する記者団（首相官邸にて）

さらに日本の記者（とマス・メディア全般）のこういった役割について考察してみると、ほとんどの民主主義国家でマス・メディアは政策決定過程における公式な役割をもたないが、日本では例外的に公式な政策決定に関わっており、ジャーナリストが政府の審議会に定期的かつ公式に参加し、政策決定や政府の周辺で影響力を発揮している。一九九〇年代初頭からは二〇〇以上の審議会のうち、一一〇にジャーナリストが参加していた。合計すると一五六名のジャーナリストが審議会員（複数の会への参加者も数名）となっている。この数字は一九七〇年代や八〇年代に比べると、マス・メディアの人間の数が審議会の議長を含め増加し、さらにジャーナリストの影響力も強まったということを示している。これらの審議会で、ジャーナリストは批評家あるいは仲介者の立場、情報源、あるいは自分の属する報道機関の代表者として、政府の政策を正当化したり、対立する意見をもつ人々どうしを妥協にもち込もうとしたりする。マス・メディアと政府とのつながりが制度のように構造化されていることは、日本の民主主義の機能にとって重要な意味をもつ。それは主なニュース報道に特別な見解をもたらし、また政策決定過程に対する大衆教育に貢献しながら、政治や政府への皮肉な見方を助長したりもする。さらにマス・メディアをすべての政策が関わる政策のネットワークの中心へ置き換えたとも考えられる（Harari, 1997）。

3　世論と政策決定

優れた政策決定は大衆の支持を得つつ国内外の組織からの挑戦や欲求に応えるものでなければならない。この視点からすると政治的な指導者と大衆との関係が中心的な重要性をもつことになる。大衆の支持を常に獲得するのは難しいし、政策の決定にあたって大衆の声がどう作用するかについては多くの疑問がある。例えば、政策決定において大衆の積極的な参加は必要だろうか。だとしたら大衆の声はどのように表されるべきだろうか。あるいは大衆は消極的になり、国内外の政策設定については政策決定者に大幅に自由な主導権を認めるべきなのだろうか。特に政策決定についての世論の拡大と、世論そのものと政策決定との関連において、マス・メディアはどんな役割をもつのだろうか。

世論の概念

ではマス・メディアと世論について論じる前に、世論とは何なのかということと、その重要性について解説する。まず世論とは何か。世論とは、ある社会的集団の中で、そのメンバーがある問題についてほぼ同じ意見を持ち、結果として多数が標準と認める意見のことを指す。ウォルター・リップマン

（Lippman, 1922/1997）は、狭い意味での世論を「個人が頭の中に思い描く自分自身、他人、自分自身の要求、目的、関係のイメージ」とし、一般的には「集団の名の下に活動する個人が頭の中に思い描くイメージ」と定義づけた。また、ヴァルディメール・キー（Key, 1961）は「政府が慎重に留意すべきであると判断した市民の意見」だとした。ただし、世論は必ずしも全員一致の意見ないしは多数派の意見ではないこともある。というのは、大衆の意見が分裂していたり無関心層が大勢を占める場合は、少数者の意見の影響力が大きくなる可能性もあるからだ。いろいろな問題や争点について、国民全体を包括するような世論はまず存在しない。ある争点について影響があり、利害関係をもつ人間のみが何らかの意見をもつようになるのである。

ある問題についての一般的な世論を把握するために世論調査というものが行われることがある。これは、ある問題についての意見の将来的な重要性を予測するために必要な情報なのだ。これによって支配階層は大衆の世論を把握、理解し、影響力について考察し、大衆の側も他の人々がどう考えているのかを知り、自分の意見や態度形成の資料とすることになる。

人は公私にわたる会話を通じて意見というものを形成していく。そして積極的に候補者、政党、社会的問題についての情報を探ろうとする場合もある。このような情報には、主に三つのタイプがあるとされる。

(1)自分の物質的喪失や不安に対する関心：老人、失業者、納税者、社会的に恵まれない人々などは、こういった問題を彼らにとって最も個人的な影響のあるものとして捉え、これに関する情報を探す。

(2)社会的な集団に対する共感や反感：社会や政治集団に対する基本的な方向性。社会的、宗教的、歴史的、文化的、国家的、政治的な各集団は、世論や政治行動の方向性を定めるのに強い力を持つ。

(3)ヘルスケアや死刑問題、福祉、中絶などの公的な問題の政治的理念や価値観への関わり。

これら三つのカテゴリーによって、人が情報を探そうとする動機を生み出す強力な場がつくり出される。大衆はいったん動機づけられると、環境の中から特定の情報を選んで受け入れ、探そうとし、消極的な受け入れ方はしない（Kinder, 1998）。不必要な政治的情報を受け取ることはさらに頻繁にあり、その情報が受け入れられると、それは大衆によって解釈、評価されて彼らの政治態度や信条に組み込まれていく。これらの「個人的意見」は何らかの政治活動の形、例えば世論調査への回答、家族や友人と政治的な会話を交わす、投票行動、などをとった時に表出される。

世論の形成要因

世論とはそれぞれ異なった心理的、社会的な過程の影響のもとに生じる。人間がどうやってこの巨大な政治の世界を、自分をその中に位置づけられるようなひとまとまりのものとして捉えられるのか、そしてどうやってそれに対する意見をもつのかということをいくつかの側面から触れておこう。究極的に世論は民主主義における国民全体の意見であるから正当性をもつと考えられる。しかし現実には特定の支配階層があらかじめ何らかの目的をもって、メディアなどを利用して提起する「上からの世論」と、大衆の側から自然に起こる願望や政府批判などの「下からの世論」の二つが存在する。そしてマス・メディアが双方の意見をどう取り上げるかによって、どちらの世論が優勢か、つまりどちらの意見が本当の「世論」なのかが決まってくる。また、潜在世論であったはずの意見が、マス・メディアによって刺激を受けて顕在化するということもあり、世論は常にマス・メディアとは切り離せない関係にある。

一般的に世論の形成要因としては主に四つがある。その第一は政府である。「民主的」な政府は国民の意思を反映しようとするが、緊急な、あるいは複雑な問題である場合などは選挙による国民の判断を待てないこともある。そこで政府は政策を説明し、いくつかの段階を経た上で世論形成に影響を及ぼすのだ。国民全体を指導し、必要な場合には「世論を育成する」ということは政府の義務の一つなのである。そのためには政策についての記者会見、新聞発表、テレビでのインタビュー、公開演説、資料配布などが行われる。民主制においては、基本的な政策の選択が大衆にまかされることもあるが、政府が効果的な役割を果たそうとしている時は、政府自身の判断が期待される。こういう時に慎重さを欠くと、政府は次回の選挙に敗北する可能性もあるのだ。

第二の形成要因は政党である。彼らは演説、文書、広報活動を通じて自分たちの政策がベストであることを有権者に訴える。

そして第三は圧力団体で、これは世論を反映し、かつ形成するものといえる。

第四がマス・メディアである。近代社会においてはこの成立が世論形成に大きな役割を果たした。つまりマス・メディアによって、離れた空間にいても同一の情報を伝播することが可能になったため、集団のメンバーが同時に情報・コミュニケーションに接触することができ、そこで共通認識が形成されて世論というものが誕生し得る状況になったのである。そしてこの世論という言葉は国民の声や大衆の声を代弁したものとされ、民主政治の根本にあるもので、政治主導者の政策意図を大衆に伝える一方で、反対に大衆の声を政治に反映させること、それがマス・メディアの政治的役割の一つであると考えられるのである。

欧米の民主主義国家では、マス・メディアが世論と政策決定との関係に決定的な役割を果たしており、特に個人の政策に対する選好には、国内政治でも外交政治でも特にその効果が現れている。例えば湾岸戦争がそうであった(Negrine, 1996, Ch. 5)。政策立案者が世論に反応し、世論はマス・メディアに反応するとしたら、世論に対するマスメディアの影響の性質と程度についての研究は世論と政策決定との関連を理解するために決定的に重要となるであろう。しかしこういった研究では、国、社会、文化によって結果が異なり、決まった一つのパターンは定まらない。

例えば、ヨーロッパの政治体制は様々に異なり、マス・メディア、世論、政府の政策決定それぞれの関係はアメリカよりもわかりにくい。イタリアのような政党中心の国家では、マス・メディアは政府と大衆よりも党首や政界のエリートどうしのつながりを重視する。そのためボスニア危機の際など、イタリアの意思決定者達は「ボスニアで起きていることは世論というよりもマス・メディアの見解だ」とした。同じように、フランスの外交政策に対する世論の影響には限界があり、ほとんどは意思決定者が大衆の嗜好にどれほど追従するかという傾向によって決まるとされる。マスコミが政策決定者は世論に注目していると書いたとしても、実際には政策決定者は報道される世論調査の結果よりも、自分自身の情報源を使って独自に世論を解釈する（Nacos et al., 2000）。

4　争点の顕出性または争点の重要性

特に外交問題や政策に対して大衆の関心を決める場合、マス・メディアが重要な役割を果たさざるを得ない。外交的な事柄は、個人的な経験をはるかに超えた部分で発生するため、こういった事柄について知ることができるとすれば、それはほとんど確実に報道によるものといえる。世論が外交政策に影響を与えられるという事実があると、マス・メディアの大衆に対する効果はとりわけ重要な要素になる。つまり、マス・メディアの報道が大衆の議論を呼び起こし、それが政府の政策を左右することになる。この場合マス・メディアは特定の状況における歴史や政治、経済について言及し、その政策の周辺にある事情を掘り返し、政策の代替案についての議論をつくり出すこともある。また政府の方針に対して疑問を投じ、それらの見方について批判的に検証した上で、政府が単純化し、一般化しようとする問題に対抗した形での論陣を張る。この過程においては膨大な情報源が働きかけ、いろいろな立場からの議論が生まれることになる。

報道内容と世論

マス・メディアの報道する内容が外国の問題に対する大衆の関心を左右するという事実があるのなら、そこで強調される様々な事柄は何を示しているのだろうか。世論、および世論と公共（外交）政策との関連に影響を及ぼし得る争点の顕出性［Issue Salience］には、三つの種類があるという。

第一は世論の強さである。争点の顕出性は世論の強さとつながっている。例えば、アメリカで海外問題を強調した報道が多い時は、かなりの比率の人間が防衛支出について好意的になる。また国家の赤字の重要性を認識している人々は、それについての情報を得たがり、かつ何をすべきなのかという意見ももちたがるという。さらに細かくは、赤字と支出の削減に対する国民の立場の強化とは相関関係があるという。引き続き海外の争点が強調されるようになると、個人が外交政策についてより強い意見をもつことになる。これは争点についての知識が増えた結果ともとれるが、あるいは単純に争点が強調された結果、知識の量は変わらずともそれについて考える機会をもち、いっそう強い嗜好性を発展させたとも考えられる。とにかく世論と外交政策のつながりに関する研究では、世論の勢いが外交政策にも影響を与え得るということ、そしてマス・メディアはこの過程で、争点を強調することで重要な役割をもつということが示されている（Weaver, 1991）。

第二は「争点への点火」あるいは「マス・メディア・プライミング」［Media Priming］である。第5章で説明したように、「プライミング効果」という概念は、マス・メディアがある出来事を他とは違った取り上げ方をすることにより、大衆が候補者を評価する際の基準を変化させる過程のこととされている。マス・メディアには大衆の国家的問題や出来事についての考えを変化させる力があり、さらにある政治家の争点に対する大衆の見方や関心について「メディア・プライミング」を通して決定する力がある。政治家の側でもマス・メディアにおける自分の性格や能力についての描写を気にかけるので、結果として政治家も議題や政策決定問題への関心について影響を受ける場合もあろう。また、報道がある決まった争点には焦点を当てずに、代わりに別の争点について大衆の関心を引きつけることで、選挙キャンペーンの基盤にも影響を与えることができる。

国内外の政策についてのプライミング効果がかなり強いということは、多くの研究によって示されている。アメリカ大統領に対する有権者の評価は、ある争点を強調するかどうかによって決まる（Iyengar & Kinder, 1987）。政府や政治家の評価における争点の重要性は、マス・メディアにおける争点の顕出性によって異なる。個人の大統領への評価において外交問題が重視されるとすれば、マス・メディアにおけるその顕出性が高かったからである。この「議題設定効果」と「プライミング効果」は、政治心理学分野で広く関心を集めてはいるものの、この原因となるような心理学的メカニズムについてはまだ不明の点が多い。しかし一つの原因として、人間は最も思い出しやすい情報に基づいて判断を行う傾向があるとする「認識軽減傾性バイアス［Accessibility Bias］」が挙げられている。

第三に、政策立案者の争点の顕出性の変化に対する反応がある。政府は争点の集中と顕出性に対して反応する。つまり、国外の問題に対する大衆の関心の変化に応じて政府は対応するということだ。政策の嗜好［preference］と争点の注目［attentiveness］は、どちらも政策決定を左右し得る。大衆の嗜好の単純な測定だけでは十分ではなく、こういった嗜好を活性化する状況に対する注目もかなり重要だ。大衆がある特定の問題を意識すると、それについての嗜好が動き始める。民主主義政府は、おそらくこの問題に対する意見よりも、むしろ問題に関する政策への注目の変化に反応する。

また、アメリカの防衛支出に対する注目と嗜好の効果については一九六五年から九〇年までのデータによると、防衛支出の変化には、(1)嗜好よりも注目の方が近い関連をもつ、(2)注目と嗜好との関連にはきわめて強いつながりがある、ことがわかっており、これは世論と外交政策との関連における争点の顕出性の重要な点を強調している。ここではマス・メディアが争点の顕出性を左右し、そしてその結果一般的な世論をも左右するという、政策に対する効果も指摘されている。

「沈黙の螺旋型理論」

最後に世論の形成においては、マス・メディアの持つ影響として、「沈黙の螺旋型理論」［Spiral of Silence］という、エリザベス・ノエレ＝ノイマン（Noelle-Neumann, 1984）によって提唱されたものがある。世論の形成についてはまず個人レベルの意見があり、それがマス・メディアによって集められて拡大され、さらにそれを個人が情報源として受け入れることによってさらに大きくなるという三段階に分かれるが、その際多くの人々は孤立を怖れ、もし自分の意見がマス・メディアの提示において少数派・劣勢であれば、孤立を避けるために意見表明は控えてしまう。すると反対意見は表明されにくくなり、多数派はより多く、少数派はより少ないという状況が生まれる。こうなると個人の意見表明とマス・メディアの効果が螺旋状に、累積、拡大していき、最終的にはマス・メディアで優勢な見解が世論となる。つまり、マス・メディアは特定の意見を多数派・優勢意見として提示することで、「意見の風潮」を形成するのに大きな力をもつことになる。

5　政治的プレイヤーとしてのマス・メディア

政策が煮詰められ実行に至るまでにはいくつもの段階がある。マス・メディアは各段階において異なる機能を果たすが、その際の機能は、政策過程に与える影響よりも、情報の伝播においてよりいっそう重要と思われる。しかしマス・メディアは政策立案者と一般大衆の双方に関連情報を提供するので、政策の形成においても影響を与えるといえる。一方でマス・メディアは政治家や政府官僚の政策決定に影響を与え、公共基金の配分を決め、各官庁の要求の変化に反応する。その積極的な関心を引くために、政治家は特定の政策を推し進めるか、支援するようになり、さらに政策の規模を拡大ないしは縮小するか、あるいは主導権をとろうとする。またマス・メディアがある政策への関心を削減し、これを扱う政策立案者を失望させることもあり得る。

他方、政治関連の情報が有権者に与えられると、有権者はそれに基づいて自らの利益を支える政治家に投票（あるいは支持）するようになる。結果として政治家がマス・メディアから多くの情報を与えられ、これからも情報を得るはずの有権者を狙うようになる。

マス・メディアは人々が世界を見てそれが何かを定義づける眼としての役割を果たし、政治的な議題や政策決定過程の周辺に影響を及ぼす。だから社会において競合する集団と政府は、マス・メディアと接触し、操作し、コミュニケーション過程に影響を与えようとする。主流となるマス・メディア、および他の情報源は、ともに大衆やエリート層に情報の配付や思考のやりとりを行い、双方の行動と態度の継続や変化を左右し、政治的リーダーの統治能力、それから特定の国のいろいろな政策決定において重大な役割を占めるのである。

参考文献

Abrams, D. et al. (1990). Knowing what to think by knowing who you are. *British Journal of Social Psychology*, 29, 97-119.
Abramson, P. R. (1983). *Political attitudes in America*. San Francisco : W. H. Freeman.
Adler, A. (1927). *Understanding human nature*. New York : Fawcett World Library.
Adorno, T. et al. (1950). *The authoritarian personality*. New York : Harper（権威主義的パーソナリティ／T・W・アドルノ著；田中義久、矢沢修次郎、小林修一訳、青木書店、一九八〇)。
Alger, D. E. (1989). *The media and politics*. New Jersey : Prentice-Hall.
Allport, F. H. (1924). *Social psychology*. Boston : Houghton Mifflin.
Allport, G. W. (1937). *Personality*. London : Constable.
———. (1954). *The nature of prejudice*. Addison : Wesley.
———. (1961). *Pattern and growth in personality*. New York : Holt, Rinehart & Winston.
Almond, G. A., & Verba, S. (1963). *The civic culture*. Princeton : Princeton University Press（現代市民の政治文化：五カ国における政治的態度と民主主義／G・A・アーモンド＆S・ヴァーバ著；石川一雄［ほか］訳、勁草書房、一九七四)。
Altemeyer, B. (1981). *Right-wing authoritarianism*. Winnipeg : University of Manitoba Press.
———. (1998). The other “authoritarian personality. In M. P. Zanna (Ed.), *Advances in experimental social psychology* (Vol. 30, pp. 47-92). San Diego : Academic.
Altschull, J. H. (1995). *Agents of power*. New York : Longman.
Ardrey, R. (1961). *African genesis*. New York : Atheneum（アフリカ創世記：殺戮と闘争の人類史／ロバート・アードレイ著；徳田喜三郎、森本佳樹、伊沢紘生訳、筑摩書房、一九七三)。
———. (1966). *The territorial imperative*. New York : Atheneum.
Arendt, H. (1965). *On revolution*. New York : Viking（革命について／ハンナ・アレント［著］；志水速雄訳、東京：中央公論

社、一九七五)。

Aristotle. (1958). *The politics of Aristotle* (tr. E. Barker). New York : Oxford University Press.

Asch, S. E. (1952). *Social psychology.* Englewood Cliffs : Prentice-Hall.

Atkinson, J. W. (1957). Motivational determinants of risk-taking behavior. *Psychological Review*, 64, 359-72.

Bandura, A. (1973). Social learning theory of aggression. In J. F. Knutson (Ed.), *The control of aggression* (pp. 201-250). Chicago : Aldine.

Barber, J. D. (1965). *The lawmakers.* New Haven : Yale University Press.

———. (1972). *The Presidential character.* Englewood Cliffs : Prentice-Hall.

Barnes, S. H., Kaase, M., & Allerbeck, K. R. (Eds.) (1979). *Political action.* Beverly Hills : Sage.

Battek, R. (1985). Spiritual values, independent initiatives and politics. In V. Havel et al. (Eds.), *The power of the powerless* (pp. 97-109). Armonk : M. E. Sharpe.

Becker, L. B. (1979). Measurement of gratifications. *Communication Research*, 6, 54-73.

Berkowitz, L. (1962). *Aggression.* New York : McGraw-Hill.

Berrington, H. (1974). The Flery charlot. *British Journal of Political Science*, 4, 345-69.

Blumler, J. G. & McQuail, D. (1969). *Television in politics.* Chicago : University of Chicago Press.

Boulding, K. E. (1956). *The image.* Ann Arbor : University of Michigan Press (ザ・イメージ：生活の知恵・社会の知恵／K・E・ボウルディング著；大川信明訳、誠信書房、一九七〇)。

Brewer, M. (1979). In-group bias in the minimal intergroup situation. *Psychological Bulletin*, 86, 307-24.

Brewer, M. B. & Miller, N. (1984). Beyond the contact hypothesis. In N. Miller & M. B. Brewer (Eds.), *Groups in contact* (pp. 281-302). San Diego : Academic.

Brown, J. F. (1936). *Psychology and the social order.* New York : McGraw-Hill.

Burns, J. M. (1978). *Leadership.* New York : Harper & Row.

Calvert, P. (1970). *A study of revolution.* Oxford : Clarendon Press (革命／ピーター・カルヴァート著；田中治男訳、福村出版、一九七七)。

Campbell, A. et al. (1960). *The American voter.* New York : Wiley.

Cartwright, D. (1968). The nature of group cohesiveness. In D. Cartwright & A. Zander (Eds.), *Group dynamics*. 3rd ed. (pp. 91-109). New York : Harper & Row.

Christie, R. & Geis, F. L. (1970). *Studies in Machiavellianism*. New York : Academic.

Conover, P. J. (1984). The influence of group identification on political perception and evaluation. *Journal of Politics*, 46, 760-85.

Conway, M. M. (1991). *Political participation in the United States*. 2nd ed. Washington : CQ Press.

Crenshaw, M. (2000). The psychology of terrorism. *Political Psychology*, 21, 405-20.

Dahl, R. A. (1970). *Modern political analysis*. 2nd ed. Englewood Cliffs : Prentice-Hall（現代政治分析／R・A・ダール著；高畠通敏訳、岩波書店、一九九九）。

Darwin, C. (1859). *On the origin of species by means of natural selection*. London : John Murray（種の起原／チャールズ・ダーウィン［著］；堀伸夫、堀大才訳、槇書店、一九八八）。

Davies, J. C. (1962). Toward a theory of revolution. *American Sociological Review*, 27, 5-19.

———. (1973). Aggression, violence, revolution, and war. In J. N. Knutson (Ed.), *Handbook of political psychology* (pp. 234-60). San Francisco : Jossey-Bass.

Dawson, R. E., Prewitt, K. & Dawson, K. S. (1977). *Political socialization*. 2nd ed. Boston : Little, Brown（政治的社会化：市民形成と政治教育／R・ドーソン、K・プルウイット、K・ドーソン著；加藤秀治郎［ほか］訳、芦書房、一九八九）。

Deutsch, K. W. & Merritt, R. L. (1965). Effects of events on national and international images. In H. C. Kelman (Ed.), *International behavior* (pp. 130-87). New York : Holt, Rinehart & Winston.

DiPalma, G. & McClosky, H. (1970). Personality and conformity. *American Political Science Review*, 64, 1054-73.

DiRenzo, G. J. (1977). Politicians and personality. In M. G. Hermann (Ed.), *A psychological examination of political leaders* (pp. 147-73). New York : The Free Press.

Dollard, J. et al. (1939). *Frustration and aggression*. New Haven : Yale University Press（欲求不満と暴力／J・ドラード［著］；宇津木保訳、誠信書房、一九六一）。

Duckitt, J. (1992). *The social psychology of prejudice*. New York : Praeger.

Durkheim, E. (1893/1933). *The division of labor in society*. New York : Free Press.

———. (1897/1951). *Suicide.* New York : Free Press（自殺論／デュルケーム著；宮島喬訳、中央公論社、一九八五）。
Dunn, W. N. (1981). *Public policy analysis.* Englewood Cliffs : Prentice-Hall.
Easton, D. (1965). *A framework for political analysis.* Eaglewood Cliffs : Prentice-Hall（政治分析の基礎／デヴィッド・イーストン［著］；岡村忠夫訳、みすず書房、一九六八）。
Edelstein, A. S. (1982). *Comparative communication research.* Beverly Hills : Sage.
Eleftheriou, B. E. & Scott, J. P. (Eds.) (1971). *The psychology of aggression and defeat.* New York : Plenum Press.
Erbe, W. (1964). Social involvement and political activity. *American Sociological Review,* 29, 198-215.
Erikson, E. H. (1958). *Young man Luther.* New York : Norton（青年ルター／E・H・エリクソン［著］；西平直訳、みすず書房、二〇〇二）。
———. (1963). *Childhood and society.* 2nd ed. New York : Norton（幼児期と社会／E・H・エリクソン［著］；仁科弥生訳、みすず書房、一九七七）。
———. (1968). *Identity, youth, and crisis.* New York : W. W. Norton（アイデンティティ：青年と危機／E・H・エリクソン［著］；岩瀬庸理訳、金沢文庫、一九七三）。
Etheredge, L. (1979). Hardball politics. *Political Psychology,* 1, 3-26.
Eysenck, H. J. (1954). *The psychology of politics.* London : Routledge & Kegan Paul.
———. (1970). *The structure of human personality.* 3rd ed. London : Methuen.
Farah, B. G., Barnes, S. H. & Heunks, F. (1979). Political dissatisfaction. In S. H. Barnes, M. Kaase, & K. R. Allerbeck (Eds.), *Political action* (pp. 409-48). Beverly Hills : Sage.
Feldman, O (1993). *Politics and the news media in Japan.* Ann Arbor : University of Michigan Press.
———. (1999). *The Japanese political personality.* Basingstoke : Macmillan.
———. (2000). Cultural nationalism and beyond. In S. A. Renshon & J. Duckitt (Eds.), *Political Psychology* (pp. 182-200). London : Macmillan.
———. (2004). *Talking politics in Japan today.* Brighton : Sussex Academic Press.
———., & De Landtsheer, C. (Eds.) (1998). *Politically speaking.* Westport : Praeger.
———., & Kawakami, K. (1989). Leaders and leadership in Japanese politics. *Comparative Political Studies,* 22, 265-90.

———., & Valenty, L. O. (Eds.) (2001). *Profiling political leaders.* Westport : Praeger.

Festinger, L. (1954). A theory of social comparison process. *Human Relation*, 7, 117-40.

———. (1957). *A theory of cognitive dissonance.* Stanford : Stanford University Press（認知的不協和の理論：社会心理学序説／フェスティンガー著；末永俊郎監訳、誠信書房、一九六五）。

Feuer, L. (1969). *The conflict of generations.* New York : Basic Books.

Finifter, A. W. (1970). Dimensions of political alienation. *American Political Science Review*, 64, 389-410.

Freud, S. (1918). *Totem and taboo* (tr. A. A. Brill). New York : Moffat, Yard（トーテムとタブー／シグマンド・フロイド著；吉岡永美譯、啓明社、一九二八）。

———. (1922). *Group psychology and the analysis of the ego* (tr. J. Strachey). London : International Psycho-Analytical Press.

———. (1930). *Civilization and its discontents* (tr. J. Riviere). London : Hogarth.

———. (1933). *New introductory lectures on psychoanalysis* (tr. W. J. H. Sportt). London : Hogarth.

———. (1939). *Moses and Monotheism* (tr. J. Katherine). London : Hogarth（モーセと一神教／ジークムント・フロイト著；渡辺哲夫訳、筑摩書房、二〇〇三）。

Friedlander, S. & Cohen, R. (1975). The personality correlates of belligerence in international conflict. *Comparative Politics*, 7, 155-86.

Fromm, E. (1941). *Escape from freedom.* New York : Holt, Rinehart & Winston（自由からの逃走／エーリッヒ・フロム［著］；日高六郎訳、東京創元社、一九六五）。

———. (1955). *The sane society.* Greenwich : Fawcett（正気の社会／エーリッヒ・フロム［著］；加藤正明、佐瀬隆夫訳、社会思想社、一九五八）。

George, A. L. (1968). Power as a compensatory value for political leaders. *Journal of social issues*, 24, 29-49.

George, A. L., & George, J. L. (1956). *Woodrow Wilson and colonel house.* New York : John Day.

Gitlin, T. (1980). *The whole world is watching.* Berkeley : University of California Press.

Glad, B. (1980). *Jimmy Carter.* New York : Norton.

Greenstein, F. I. (1965). *Children and politics.* New Heaven : Yale University Press（子どもと政治：その政治的社会化／F・I・グリーンスタイン著；松原治郎、高橋均訳、福村出版、一九七二）。

Gurr, T. R. (1970). *Why men rebel.* Princeton : Princeton University Press.

———. (1971). Model building and the test of theory. In J. C. Davies (Ed.), *When men revolt and why* (pp. 293-313). New York : Free Press.

Harari, E. (1997). The government-media connection in Japan. *Japan Forum*, 9, 17-38.

Harding, J. et al. (1969). Prejudice and ethnic relations. In G. Lindzey & E. Aronson (Eds.), *The handbook of social psychology* (Vol. 5, pp. 1-76). Reading : Addison-Wesley.

Havel, V. (1985). The power of the powerless. In V. Havel et al. (Eds.), *The power of the powerless* (pp. 23-96). Armonk : M. E. Sharpe.

Havel, V. (1990). *Disturbing the peace* (tr. P. Wilson). London : Faber.

Hawthorne, M. R. (1993). The media, economic development, and agenda-setting. In R. J. Spitzer (Ed.), *Media and public policy* (pp. 81-99). Westport : Praeger.

Hegel, G. W. F. (1807/1931). *Phenomenology of mind* (tr. J. B. Baillie). London : Allen and Unwin.

Hess, R., & Torney, J. (1967). *The development of political attitudes in children.* Chicago : Aldine.

Hobbes, T. (1651/1946). *Leviathan.* Oxford : Clarendon（リヴァイアサン／ホッブス著；戸鞠雅彦訳、思索社、一九四八）。

Hogg, M. A. & Vaughan, G. M. (2002). *Social psychology.* 3rd ed. London : Prentice Hall.

Holsti, O. R. (1977). *The "Operational Code" as an approach to the analysis of belief systems.* Report at the National Science Foundation. Duke University, mimeograph.

Hovland, C. et al. (1953). *Communicaiton and persuation.* New Haven : Yale University Press（コミュニケーションと説得／C・I・ホヴランド［ほか著］；辻正三、今井省吾訳、誠信書房、一九六〇）。

Huxley, T. H. (1888). The struggle for existence. *Nineteenth Century*, 23, 161-80.

Inglehart, R. (1997). *Modernization and postmodernization.* Princeton : Princeton University Press.

Inkeles, A., & Levinson, D. J. (1997). *National character.* New Brunswick : Transaction.

石澤靖治（二〇〇一）『大統領とメディア』文藝春秋。

Iremonger, L. (1970). *The Fiery chariot.* London : Secker & Warburg.

Iyengar, S. (1991). *Is anyone responsible ?* Chicago : University of Chicago Press.

Iyengar, S., & Kinder, D. (1987). *News that matters.* Chicago : University of Chicago Press.

Jackson, J. W., & Smith, E. R. (1999). Conceptualizing social identity. *Personality & Social psychology Bulletin*, 25, 120-35.

Janis, I. L. (1972). *Victims of groupthink.* Boston : Houghton Mifflin.

Judd, C. M., & Park, B. (1988). Out-group homogeneity. *Journal of Personality & Social psychology*, 54, 778-88.

Jung, C. G. (1961). *Memories, dreams, reflections.* New York : Random House（ユング自伝：思い出・夢・思想／C・G・ユング著；ヤッフェ編；河合隼雄、藤縄昭、出井淑子訳、みすず書房、一九七二）。

Kaase, M., & Marsh, A. (1979). Political action. In S. H. Barnes, M. Kaase, & K. R. Allerbeck (Eds.), *Political action* (pp. 27-56). Beverly Hills : Sage.

Katz, D. (1973). Patterns of leadership. In J. N. Knutson (Ed.), *Handbook of political psychology* (pp. 203-33). San Francisco : Jossey-Bass.

Kearney, R. N. (1983). Identity, life mission, and the political career. *Political Psychology*, 4, 617-36.

Keith, A. (1946). *Essays on human evolution.* London : Watts & Co.

Kelley, S. jr. (1962). Campaign debates. *Public Opinion Quarterly*, 26, 351-66.

Kelman, H. C. (1958). Compliance, identification and internalization. *Journal of Conflict Resolution*, 2, 51-60.

Kennedy, W. V. (1993). *The military and the media.* Westport : Praeger.

Kerbel, M. R. (1995). *Remote & controlled.* Boulder : Westview.

Key. V. O. Jr. (1961). *Public opinion and American democracy.* New York : Knopf.

———. (1966). *The responsible electorate.* Cambridge : Harvard University Press.

Kinder, D. R. (1998). Opinion and action in the realm of politics. In D. Gilbert et al. (Eds.), *Handbook of social psychology.* 4th ed. (pp. 778-867). Boston : McGraw-Hill.

Koestler, A. (1967). *The ghost in the machine.* London : Hutchinson（機械の中の幽霊／アーサー・ケストラー著；日高敏隆、長野敬訳、筑摩書房、一九九五）。

Kohlberg, L. (1969). Stage and sequence. In D. Goslin (Ed.), *Handbook of socialization theory and research* (pp. 347-80). Chicago : Rand-McNally.

Kohut, H. (1971). *The analysis of the self.* New York : International Universities Press（自己の分析／ハインツ・コフート著；

近藤三男、滝川健司、小久保勲共訳、みすず書房、一九九四)。
Kolankiewicz, G., & Lewis, P. (1988). *Poland.* London : Pinter.
Kressel, N. J. (2002). *Mass hate.* Cambridge : Westview.
Lambeth, E. B. (1978). Perceived influence of the press on energy policy making. *Journalism Quarterly*, 55, 11-18, 72.
Lane, R. E. (1959). *Political life.* New York : Free Press.
———. (1962). *Political ideology.* New York : Free Press.
Langton, K. P. (1969). *Political socialization.* New York : Oxford University Press (政治意識の形成過程／K・P・ラントン著；岩男寿美子［ほか］訳、勁草書房、一九七八)。
Lasswell, H. D. (1930). *Psychopathology and politics.* Chicago : University of Chicago Press.
———. (1948). *Power and personality.* New York : Norton (権力と人間／H・D・ラスウェル［著］；永井陽之助訳、東京創元新社、一九六六)。
———. (1951). *The political writings of Harold Lasswell.* New York : Free Press.
———., & Kaplan, A. (1950). *Power and society.* New Haven : Yale University Press.
Latane, B., & Darley, J. M. (1970). *The unresponsive bystander.* Appleton-Century Crofts.
Lazarsfeld, P. F. et al. (1944). *The people's choice.* New York : Columbia University Press (ピープルズ・チョイス：アメリカ人と大統領選挙／ポール・F・ラザースフェルド［ほか］著；時野谷浩［ほか］訳、芦書房、一九八七)。
Le Bon, G. (1896). *La psychologie des foules.* Paris : Alcan (群衆心理／ギュスターヴ・ル・ボン［著］；櫻井成夫訳、講談社、一九九三)。
Lerner , M. J. (1980). *The belief in a just world.* New York : Plenum Press.
Levin, M. B. (1960). *The alienated voter.* New York : Holt, Reinhart & Winston.
Linder, R. (1953). Political creed and character. *Psychoanalysis*, 2, 10-33.
Lippmann, W. (1922/1997). *Public opinion.* New York : Free Press (世論／W・リップマン著；掛川トミ子訳、岩波書店、一九八七)。
Locke, J. (1967). *Two tracts on government* (ed., intro, notes & tr. P. Abrams). London : Cambridge University Press.
Lorenz, K. (1966). *On aggression.* New York : Harcourt, Brace & World.

Machiavelli, N. (1513/1955). *The prince.* Chicago : The Great Book Foundation.

Mackie, D. M., Gastardo-Conaco, M. C., & Skelly, J. J. (1992). Knowledge of the advocated position and the processing of in-group and out-group persuasive messages. *Personality & Social Psychology Bulletin*, 18, 145-51.

MacLean, P. D. (1968). Alternative neural pathways to violence. In L. Ng (Ed.), *Alternatives to violence.* New York : Time-Life Books.

Mannheim, K. (1940). *Man and society in an age of reconstruction.* London : Routledge & Kegan Paul.

Marx, K. (1844/1964). *Early writings* (tr. T. B. Bottmore). New York : McGraw-Hill.

―――――., & Engels, F. (1848/1968). *Manifesto of the Communist Party.* New York : International Publishers（共産党宣言：英和対訳／カール・マルクス，フリードリッヒ・エンゲルス著；武井武夫訳・編，あゆみ出版，一九七四）。

Maslow, A. H. (1968). *Toward a psychology of being.* 2nd ed. New York : Van Nostrand Reinhold（完全なる人間：魂のめざすもの／アブラハム・H・マスロー著；上田吉一訳，誠信書房，一九九八）。

―――――. (1970). *Motivation and personality.* 2nd ed. . New York : Harper & Row.

Massey, J. (1976). *Youth and politics in Japan.* Lexington : D. C. Heath.

May, R. (1972). *Power and innocence.* New York : Norton.

Mazlish, B. (1976). *The revolutionary ascetic.* New York : Basic Books.

McClelland, D. C. (1961). *The achieving society.* Princeton : Van Nostrand.

―――――. (1965). Toward a theory of motive acquisition. *American Psychologist*, 20, 321-33.

McCombs, M. E., & Shaw, D. L. (1993). The evolution of agenda setting research. *Journal of Communication*, 43, 58-67.

McDougall, W. (1908). *An introduction to social psychology.* London : Methuen.

McQuail, D. (1994). *Mass communication theory.* 3rd ed. London : Sage（マス・コミュニケーションの理論／D・マクウェール著；竹内郁郎［ほか］訳，新曜社，一九八五）。

Mead, G. H. (1934). *Mind, self, and society from the standpoint of a social behaviorist* (ed. & intro. C. W. Morris). Chicago : University of Chicago Press.

Merriam C. E. (1931). *New aspects of politics.* 2nd ed. Chicago : University of Chicago Press（政治学の新局面／チャールズ・E・メリアム著；中谷義和監訳・解説，三嶺書房，一九九六）。

Milbrath, L. W., & Goel, M. L. (1977). *Political participation.* 2d ed. Chicago : Rand McNally（政治参加の心理と行動／L・W・ミルブレイス著；内山秀夫訳、早稲田大学出版部、一九七六）。

Milgram, S. (1963). Behavioral study of obedience. *Journal of Abnormal & Social Psychology,* 67, 371-78.

———. (1964). Group pressure and action against a person. *Journal of Abnormal & Social Psychology,* 69, 137-43.

———. (1974). *Obedience to authority.* New York : Harper & Row（服従の心理：アイヒマン実験／S・ミルグラム［著］；岸田秀訳、河出書房新社、一九九五）。

Miller, A. H. et al. (1986). Schematic assessments of presidential candidates. *American Political Science Review,* 80, 522-40.

Miller, N. E., & Dollard, J. (1941). *Social learning and imitation.* New Haven : Yale University Press（社会的学習と模倣／ニール・E・ミラー［ほか］著；山内光哉［ほか］訳、理想社、一九五六）。

三隅二不二（一九八四）『リーダーシップ行動の科学』〔改定版〕、有斐閣。

Mitchell, W. J. T. (1986). *Iconology.* Chicago : University of Chicago Press.

Morris, D. (1967). *The naked ape.* New York : McGraw-Hill（裸のサル：動物学的人間像／デズモンド・モリス［著］；日高敏隆訳、角川書店、一九七九）。

Muller, E. N. (1979). *Aggressive political participation.* Princeton : Princeton University Press.

———. (1982). An explanatory model for differing types of participation. *European Journal of Political Research,* 10, 1-16.

村松岐夫（一九八七）「中曽根政権の政策と政治」『レヴァイアサン』一、一一—三〇。

Murray, H. A. (1938). *Exploration in personality.* New York : Oxford University Press.

Nacos, B. L., Shapiro, R. Y., & Isernia, P. (Eds.) (2000). *Decisionmaking in a glass house.* Lanham : Rowman & Littlefield.

Negrine, R. (1996). *The communication of politics.* London : Sage.

Neuman, R. W., Just, M., & Crigler, A. (1992). *Common knowledge.* Chicago : University of Chicago Press.

Niemi, R. G. & Weisberg, H. F. (1993). How meaningful is party identification ? In R. G. Niemi & H. F. Weisberg (Eds.), *Classics in voting behavior* (pp. 210-23). Washington : CQ Press.

Nietzsche, F. (1957). *The use and abuse of history* (tr. A. Collins). 2nd rev. Indianapolis : Bobbs-Merrill.

Nikelly, A. G. (1962). Social interest. *Journal of Individual Psychology,* 18, 147-50.

Nimmo, D. D. (1978). *Political communication and public opinion in America.* Santa Monica : Goodyear.

———., & Savage, R. L. (1976). *Candidates and their images.* Pacific Palisades : Goodyear.

Noelle-Neumann, E. (1984). *The spiral of silence.* Chicago : University of Chicago Press（沈黙の螺旋理論：世論形成過程の社会心理学／ノエレ＝ノイマン著；池田謙一，安野智子訳，ブレーン出版，一九九七）。

Olsen, M. E. (1969). Two categories of political alienation. *Social Forces,* 47, 288-99.

Olson, M. (1965). *The logic of collective action.* Cambridge : Harvard University Press.

Page, B. I. (1978). *Choices and echoes in presidential elections.* Chicago : University of Chicago Press.

Patterson, T. E. (1980). *The mass media election.* New York : Praeger.

Pavlov, I. P. (1927). *Conditioned reflexes* (tr. & ed. G. V. Anrep). Humphrey Milford : Oxford University Press.

Pettigrew, T. (1998). Reactions toward the new minorities of Western Europe. *Annual Review of Sociology,* 24, 77-103.

Piaget, J. (1932/1965). *The moral judgment of the child.* New York : Free Press（児童道徳判断の発達／Jean Piaget［著］；大伴茂訳，同文書院，一九五四）。

Post, J. M. (1991). Saddam Hussein of Iraq. *Political Psychology,* 12, 279-89.

———. (1993). Current concepts of the narcissistic personality. *Political Psychology,* 14, 99-121.

Pratto, F. et al. (1994). Social dominance orientation. *Journal of Personality & Social psychology,* 67, 741-63.

Prewitt, K. & Stone, A. (1973). *The ruling elites.* New York : Harper & Row.

Putnam, R. D. (1976). *The comparative study of political elite.* Englewood Cliffs : Prentice-Hall.

Pye, L. W. (1965). Introduction. In L. W. Pye & S. Verba (Eds.), *Political culture and political development* (pp. 3-26). Princeton : Princeton University Press.

———., & Verba, S. (Eds.), *Political culture and political development.* Princeton : Princeton University Press.

Riesman, D. (1950). *The lonely crowd.* New Haven : Yale University Press（孤独な群衆／リースマン［著］；加藤秀俊訳，みすず書房，一九六五）。

Riesman, D. (in collaboration with N. Glazer) (1965). *Faces in the crowd.* New Haven : Yale University Press（群衆の顔：個人における性格と政治の研究／デイビッド・リースマン著；國弘正雄，久能昭共訳，サイマル出版会，一九六八）。

Rintala M. (1984). The love of power and the power of love. *Political Psychology,* 5, 375-90.

Rokeach, M. (1960). *The open and closed mind.* New York : Basic Press.

———. (1968). *Beliefs, attitudes, and values.* San Francisco : Jossey-Bass.

Rogers, C. R. (1961). *On becoming a person.* Boston : Houghton Mifflin.

———. (1977). *Carl Rogers on personal power.* New York : Delacorte.

Rosenau, J. (1974). *Citizenship between elections.* New York : Free Press.

Rosenberg, S. W. & McCafferty, P. (1987). The image and the vote. *Public Opinion Quarterly,* 51, 31-47.

Rosenstone, S. J. & Hansen, J. M. (1993). *Mobilization, participation, and democracy in America.* New York : Macmillan.

Rousseau, J. J. (1762/1913). *The social contract* (tr. G. D. H. Cole). New York : Dutton（社会契約論：社会契約論または共和国の形態についての試論／作田啓一訳，政治経済論／阪上孝訳，白水社，一九八六）。

———. (1753/1950). *A discourse on the origin of inequality* (tr. & ed. G. D. H. Cole). New York : Dutton.

Sanford, N. (1973). Authoritarian personality in contemporary perspective. In J. N. Knutson (Ed.), *Handbook of political psychology* (pp. 139-70). San Francisco : Jossey-Bass.

Schlozman, K. L. & Verba, S. (1979). *Injury to insult.* Cambridge : Harvard University Press.

Scott, W. A. (1965). Psychological and social correlates of international images. In H. Kelman (Ed.), *International behavior* (pp. 70-103). New York : Holt, Rinehart & Winston.

Sheng, M. M. (2001). Mao Zedong's narcissistic personality disorder and China's road to disaster. In O. Feldman & L. O. Valenty (Eds.), *Profiling political leaders* (pp. 111-27). Westport : Praeger.

Sidanius, J., & Pratto, F. (1999). *Social dominance.* Cambridge : Cambridge University Press.

Sigel, R. S. (1964). Effects of partisanship on perception of political candidates. *Public Opinion Quarterly,* 28, 483-96.

Simpson, G., & Yinger, J. (1985). *Racial and cultural minorities.* 5th ed. New York : Plenum.

Skinner, B. F. (1948). *Walden two.* New York : Macmillan（ウォールデン・ツー：森の生活：心理学的ユートピア／B・F・スキナー著；宇津木保，うつきただし訳，誠信書房，一九八三）。

———. (1971). *Beyond freedom and dignity.* New York : Knopf（自由への挑戦：行動工学入門／B・F・スキナー著；波多野進，加藤秀俊訳，番町書房，一九七二）。

Slater, P. E. (1968). *The glory of Hera.* Boston : Beacon Press.

Slater, P. E. (1977). *Footholds.* Boston : Beacon Press.

Sniderman, P. M. (1975). *Personality and democratic politics.* Berkeley : University of California Press.

Spencer, H. (1873). *The study of sociology.* New York : Appleton-Century-Crofts.

Spitzer, R. J. (Ed.) (1993). *Media and public policy.* Westport : Praeger.

Staub, E. (1989). *The roots of evil.* New York : Cambridge University Press.

Stogdill, R. M. (1974). *Handbook of leadership.* New York : Free Press.

Strömberg, D. (2001). Mass media and public policy. *European Economic Review,* 45, 652-63.

Suedfeld, P. (2000). Domain-related variation in integrative complexity. In C. De Landtsheer & O. Feldman (Eds.), *Beyond public speech and symbols* (pp. 17-34). Westport : Praeger.

Sullivan, H. S. (1953). *The interpersonal theory of psychiatry* (ed. by H. S. Perry & M. L. Gawel). New York : Norton.

Tajfel, H. (1981). *Human groups and social categories.* Cambridge : Cambridge University Press.

———., & Turner, J. C. (1979). An integrative theory of intergroup conflict. In S. Worchel & W. Austin (Eds.), *Psychology of intergroup relations* (pp. 33-47). Monterey : Brooks/Cole.

Tate, K. (1993). *From protest to politics.* New York : Russell Sage.

Taylor, M. (1988). *The terrorist.* London : Brassey's Defence.

Templeton, F. (1966). Alienation and political participation. *Public Opinion Quarterly,* 30, 249-61.

Thomassen, J. (1993). Party identification as a cross national concept. In R. G. Niemi & H. F. Weisberg (Eds.), *Classics in voting behavior* (pp. 263-66). Washington : CQ Press.

Thornton, T. P. (1964). Terror as a weapon of political agitation. In H. Eckstein (Ed.) *Internal war* (pp. 71-99). Glencoe : Free Press of Glencoe.

Thurstone, L. L. & Chave, E. J. (1929). *The measurement of attitude.* Chicago : University of Chicago Press.

Tiger, L., & Fox, R. (1971). *The imperial animal.* New York : Holt, Rinehart & Winston.

Triplett, N. (1898). The dynamogenic factors in pacemaking and competition. *American Journal of Psychology,* 9, 507-33.

Tucker, R. C. (1973). *Stalin as revolutionary.* New York : Norton.

———. (1977). "The Georges" Wilson reexamined. *American Political Science Review,* 71, 606-18.

Turner, J. C. (1985). Social categorization and the self-concept. In E. J. Lawler (Ed.), *Advances in group processes* (Vol. 2, pp.

77-121). Greenwich : JAI Press.
———., et al. (1987). *Rediscovering the social group.* Oxford : Basil Blackwell.
van Deth, J. W. (1990). Interest in politics. In K. M. Jennings & J. W. van Deth (Eds.), *Continuities of political action* (pp. 275-312). Berlin : Walter de Gruyter.
Van Dyke, V. (1960). *Political science.* Stanford : Stanford University Press.
Verba, S., & Nie, N. H. (1972). *Participation in America.* New York : Harper & Row.
———., Nie, N. H. & Kim, J. (1978). *Participation and political equality.* Cambridge : Cambridge University Press（政治参加と平等：比較政治学的分析／S・ヴァーバ、N・H・ナイ、J・キム；三宅一郎、蒲島郁夫、小田健著訳、東京大学出版会、一九八一）。
Watson, J. B. (1924). *Behaviorism.* Chicago : University of Chicago Press（行動主義の心理学／J・B・ワトソン著；安田一郎訳、河出書房新社、一九八〇）。
Watts, M. W., & Feldman, O. (2001). Are natives a different kind of democrats ? *Political Psychology,* 22, 639-62.
Weaver, D. (1991). Issue salience and public opinion. *International Journal of Public Opinion Research,* 3, 53-68.
Weber, M. (1922/1947). *The theory of social and economic organization.* (tr. M. Henderson & T. Parsons). New York : Oxford University Press.
Wilder, D. A. (1990). Some determinants of the persuasive power of in-group and out-groups. *Journal of Personality & Social Psychology,* 59, 1202-13.
Winnicott, D. (1971). *Playing and reality.* London : Tavistock.
Winter, D. G. (1993). Personality and leadership in the gulf war. In S. A. Renshon (Ed.), *The political psychology of the Gulf War.* Pittsburgh : University of Pittsburgh Press.
———. (2002). Motivation and political leadership. In O. L. Valenty & O. Feldman (Eds.), *Political leadership for the New Century* (pp. 27-47). Westport : Praeger.
Wright, Q. (1955). *The study of international relations.* New York : Appleton-Century-Croft.
———. (1964). *A study of war* (Abr. ed.). Chicago : University of Chicago Press.
———. (1968). The study of war. In D. Sills (Ed.) *International Encyclopedia of the Social Sciences* (Vol. 16.) New York :

Macmillan.
Young, I. M. (1990). *Justice and the politics of difference.* Princeton : Princeton University Press.
Zajonc, R. B. (1966). *Social psychology.* Belmont : Wadsworth.
Ziller, R. C. et al. (1977). Self-other orientations and political behavior. In M. G. Hermann (Ed.), *A psychological examination of political leaders* (pp. 174-204). New York : Free Press.

図版出所（図版に付記されているものは省略）

Halasa, Malu (1990). *Elijah Muhammad.* New York, NY : Chelsea House Publishers.
Magee, Bryan (1998). *The Story of Philosophy,* London : Dorling Kingdersley.
Wiedemann, Wolfgang (2005). *Psychologie,* Koln : DuMont.
松井孝治事務所

あとがき

「はじめに」で記したように、本書では政治心理学という広範な分野を扱う中でも特に選んだいくつかのテーマについて論じ、解説するにとどまった。もちろん、これで十分なわけではないので扱いきれなかった他のテーマについてはそれに関連する図書を参照していただきたい。読者が本書によって関心を強め、いずれは政治心理学の他のテーマについて著述、分析などを行えるようになるのが著者としての私の願うところである。

この本は一九八八年以降ずっと行ってきた、政治心理学および政治的行動関連の授業経験をもとにしながら、しかし多くの部分は、同志社大学政策学部における私自身の授業をもとに書かれた。そしてこれらの授業中、あるいは終了後に受けた同志社の学生からの質問や意見などは、出版に際しての準備に大いに役立つものであった。これらの授業にあたって入念に準備を手伝い、さらに的確なコメントをくれた、私のティーチング・アシスタントである総合政策科学研究科大学院生の岩崎剛生君にも、ここで改めてお礼のことばを述べておきたい。こういった最適な教育と研究の環境に恵まれたのは、全面的に同志社大学政策学部長の真山達志先生のおかげである。先生に対してはいかなる感謝も足りないと思っている。

ミネルヴァ書房社長の杉田啓三氏、および編集を担当された田引勝二氏には、ともに本書の企画にあたって多大な労力を割くとともに最後まで忍耐強く原稿をお待ちいただき、助言をいただいた。また同編集部の宮下幸子氏には、丁寧な校正をしていただいた。厚く御礼を申し上げたい。さらに、中央大学法学部・公共政策大学院研究科教授の猪口孝先生は、私の執筆にあたって最終稿に至るまで多大な御助言・御指導を下さった。ここに改めて感謝申し上げる。いろいろと励ましのお言葉をいただき、私事においてお世話をかけた参議院議員政策担当秘書である谷口裕氏にもこの場でお礼を申し上げたい。

そして最後に、本書が長男優鋭の今後の知的な成長に少しでも寄与することを願いたく思う。

二〇〇五年六月六日

オフェル・フェルドマン

《著者紹介》

オフェル・フェルドマン (Ofer FELDMAN)

1954年　イスラエル，テル・アヴィヴ市にて生まれる。
1979年　テル・アヴィヴ大学人文学部卒業。
1982年　エルサレム＝ヘブライ大学大学院政治学科修士課程修了（修士号取得）。
同　年　文部省奨学金により来日，大阪外国語大学，東京大学新聞研究所・留学生研究生。
1984年　東京大学社会学研究科社会心理学研究室博士課程。
1987年　東京大学社会学研究科社会心理学研究室博士課程修了（博士号取得）。
2004年　同志社大学政策学部教授。現在に至る。
この間，慶応義塾大学客員研究員，茨城大学助教授，筑波大学外国人教師，鳴門教育大学助教授，ブリティッシュ・コロンビア大学客員教授，テル・アヴィヴ大学客員教授，ヨーク大学（大和日英基金）客員教授，オハイオ州立大学（フルブライト基金）客員教授。エルサレム＝ヘブライ大学（レディ・デイビス基金）客員教授。博士（社会学）（東京大学）。
専攻：政治心理学。

著　作　*Politics and the News Media in Japan*, Ann Arbor: University of Michigan Press, 1993.
The Japanese Political Personality, London: Macmillan, 1999.
Political Psychology in Japan, New York: Nova Science, 1999（編著）.
Profiling Political Leaders, Westport: Greenwood, 2001（共著）.
Talking Politics in Japan Today, Brighton; UK: Sussex Academic Press, 2004. 他，日・英・独語などにより，多数。

MINERVA 政治学叢書⑨
政治心理学

2006年2月10日　初版第1刷発行
2011年2月28日　初版第2刷発行
検印廃止

定価はカバーに
表示しています

著　者　オフェル・フェルドマン
発行者　杉　田　啓　三
印刷者　坂　本　喜　杏

発行所　株式会社　ミネルヴァ書房
607-8494　京都市山科区日ノ岡堤谷町1
電話代表 (075)581-5191番
振替口座 01020-0-8076番

冨山房インターナショナル・清水製本

ISBN 4-623-04499-8
Printed in Japan

人名索引

あ 行

アードレー，ロバート (Robert Ardrey) 212, 213, 220
アーモンド，ガブリエル (Gabriel A. Almond) 6, 24, 25, 182
アイゼンク，ハンス (Hans J. Eysenck) 6, 19, 77, 106-109, 121
アイゼンハウアー，ドワイト (Dwight D. Eisenhower) 115, 283
アイヒマン，アドルフ (Adolf Eichmann) 56
アキノ，コラソン (Corazon Aquino) 224
アッシュ，ソロモン (Solomon E. Asch) 15, 55
アトキンソン，ジョン (John W. Atkinson) 16
アドラー，アルフレッド (Alfred Adler) 5, 15, 68-71, 73
アドルノ，テオドール (Theodor W. Adorno) 5, 6, 19, 28, 95, 97, 98, 100, 102, 121, 148, 255
アミン，イディ (Idi Amin Dada Oumee) 275
アリストテレス (Aristotle) 201
アルテマイヤー，ロバート (Bob Altemeyer) 98, 99, 150
アレント，ハンナ (Hannah Arendt) 198
池田勇人 230, 270
イーストン，デイヴィッド (David Easton) 12
イェンガー，シャント (Shanto Iyengar) 177
イレモンガー，ルシール (Lucille Iremonger) 117
イングルハート，ロナルド (Robert Inglehart) 184
ヴァーバ，シドニー (Sidney Verba) 6, 24, 25, 157, 182
ヴァン・ダイク，ヴァーノン (Vernon Van Dyke) 12
ウィニコット，ドナルド (Donald W. Winnicott) 136
ウィルソン，ウッドロー (Thomas Woodrow Wilson) 85, 115, 238, 239
ウィンター，デイヴィッド (David G. Winter) 115, 116, 121, 239
ヴェーバー，マックス (Max Weber) 231
エサレッジ，ロイド (Lloyd S. Etheredge) 111
エーデルスタイン，アレックス (Alex Edelstein) 262
エリクソン，エリック (Erik H. Erikson) 15, 37-40, 77, 204, 255
エンゲルス，フリードリッヒ (Friedrich Engels) 15, 33, 35
奥野誠亮 278
小渕恵三 275
オルセン，マーヴィン (Marvin E. Olsen) 182, 183
オルポート，ゴードン (Gordon W. Allport) 17, 18, 71
オルポート，フロイド (Floyed H. Allport) 6

か 行

海部俊樹 273
梶山静六 278
カーセ，マックス (Max Kaase) 157
カーター，ジミー (Jimmy Carter) 111, 115, 270, 272
カッツ，ダニエル (Daniel Katz) 232
カプラン，アブラハム (Abraham Kaplan) 182, 217

カルバート，ピーター（Peter Calvert） 192, 193
ガー，テッド（Ted R. Gurr） 217
ガンジー，インディラ（Indira Gandhi） 224
ガンジー，マハトマ（Mahatma Gandhi） 231, 234, 273, 275
菅直人 271, 279
キー，ヴァルディメール（Valdimer O. Key） 301
キース，アーサー（Arthur Keith） 213
ギトリン，トッド（Todd Gitlin） 177
キャンベル，アンガス（Angus Campbell） 6, 17, 280
クーリッジ，カルヴィン（Calvin Coolidge） 115
クリスティ，リチャード（Richard Christie） 89, 90, 92, 121
クリントン，ビル（Bill William J. Clinton） 231, 270
クレンショー，マーサ（Martha Crenshaw） 208
グリーンスタイン，フレッド（Fred I. Greenstein） 6
ケストラー，アーサー（Arthur Koestler） 214
ケネディ，ジョン・F（John F. Kennedy） 115, 231
ケルマン，ハーバート（Herbert C. Kelman） 57
小泉純一郎 230, 270, 271, 274, 275, 279
コーエン，レイモンド（Raymond Cohen） 118
コールバーグ，ローレンス（Lawrence Kohlberg） 15, 41
コフート，ハインツ（Heinz Kohut） 111, 121
ゴエル，マダン（Madan L. Goel） 160, 162

さ 行

櫻内義雄 278
佐藤栄作 270
サーストン，ルイス（Louis L. Thurstone） 19
サダト，アンワル（Anwar al-Sadat） 188
サッチャー，マーガレット（Margaret H. Thatcher） 224, 231, 272, 273
サリバン，ハリー（Harry S. Sullivan） 72
サヴェージ，ロバート（Robert Savage） 262
サンフォード，ネヴィット（R. Nevitt Sanford） 95, 99
シャヴェ，アーネスト（Ernest J. Chave） 19
ショー，ドナルド（Donald L. Shaw） 175
ジャニス，アーヴィング（Irving L. Janis） 223
ジョージ，アレクサンダー（Alexander L.George） 238
ジョンソン，リンドン（Lindon B. Johnson） 115
ジラー，ロバート（Robert C. Ziller） 240, 247
鈴木善行 230
スードフェルド，ピーター（Peter Suedfeld） 223
スキナー，バラス（Burrhus F. Skinner） 15, 44-46
スコット，ウィリアム（William A. Scott） 261
スターリン，ヨセフ（Joseph Stalin） 85, 197, 244
ストグディル，ラルフ（Ralph M. Stogdill） 225
スペンサー，ハーバート（Herbert Spencer） 210
スレイター，フィリップ（Philip Slater） 119

た 行

タイガー，ライオネル（Lionel Tiger） 212
タッカー，ロバート（Robert C. Tucker） 120

ダーウィン，チャールズ（Charles Darwin） 208-211
竹下登 270, 275
田中角栄 270
ダール，ロバート（Robert A. Dahl） 12
ダーレイ，ジョージ（George Darley） 53
ダラード，ジョン（John Dollard） 46, 221
チェンバレン，ネヴィル（Neville Chamberlain） 117
チトー，ジョセフ（Josip Broz Tito） 235
チャーチル，ウィンストン（Winston L. S. Churchill） 231, 234, 239, 273, 275
全斗煥 275
テンプルトン，フレデリック（Fredric Templeton） 183
ディパルマ，ジュゼッペ（Giuseppe DiPalma） 184
ディレンゾ，ゴードン（Gordon J. DiRenzo） 103, 239
デイヴィス，ジェームス（James C. Davies） 202, 215-216, 218
デュルケーム，エミール（Emile Durkheim） 16, 33-35
トリプレット，ノーマン（Norman Triplett） 52
ド・ゴール，シャルル（Charles de Gaulle） 235, 274, 275
ドーソン，リチャード（Richard E. Dawson） 28
ドイッチ，カール（Karl W. Deutsch） 262, 264, 265, 285

な 行

ナイ，ノーマン（Norman H. Nie） 157
中曾根康弘 230, 270, 271, 273, 275, 277
ナセル，アブドゥル（Gamal Abdel-Nasser） 275
ナポレオン，ボナパルト（Napoleon Bonaparte） 234
ナポレオン，ルイ（Louis Napoleon） 199
ニーチェ，フリードリヒ・ウィルヘルム（Friedrich W. Nietzsche） 9
ニカリー，アーサー（Arthur Nikelly） 161
ニクソン，リチャード（Richard M. Nixon） 115, 275, 292
ニモ，ダン（Dan Nimmo） 160, 262
ノエレ＝ノイマン，エリザベス（Elisabeth Noelle-Neumann） 306

は 行

橋本龍太郎 275
ハーディング，ジョン（John Harding） 148
ハーディング，ウォーレン（Warren G. Harding） 115
ハックスレー，トーマス（Thomas H. Huxley） 210
ハヴェル，ヴァクラヴ（Vaclav Havel） 135, 136, 138
バーコビッツ，レオナード（Leonard Berkowitz） 215, 221
バーネス，サミュエル（Samuel H. Barnes） 186
バーバー，ジェームス（James D. Barber） 17, 114, 115, 121, 242, 246, 247, 280
バンダラナイケ，シリマヴォ（Sirimavo Bandaranaike） 224
バンデュラ，アルバート（Albert Bandura） 203, 208, 221
パーシヴァル，スペンサー（Spencer Perceval） 117
パイ，ルシアン（Lucian W. Pye） 24
パヴロフ，イワン・ペトロヴィッチ（Ivan Petrovich Pavlov） 15, 43, 44
ヒットラー，アドルフ（Adolf Hitler） 197, 233
ピアジェ，ジャン（Jean Piaget） 15, 35, 36
フーバー，ハーバート（Herbert C. Hoover） 245
フィニフター，アダ（Ada W. Finifter） 182
フェスティンガー，レオン（Leon Festinger） 15, 57, 58, 132
フォックス，ロビン（Robin Fox） 212

藤尾正行　278
フセイン，サダム（Sadam Hussin）　111, 188
フューアー，ルイス（Lewis Feuer）　204
プラトン（Plato）　64
フリドランダー，サウル（Saul Friedlander）　118
フルシチョフ，ニキータ（Nikita S. Khrushchev）　244
フロイト，ジグムント（Sigmund Freud）　4, 5, 11, 15, 65-71, 86, 96, 121, 203, 220, 237, 238, 253
フロム，エリッヒ（Erich Fromm）　5, 6, 16, 28, 70, 71, 92-95, 180, 181, 221, 254, 255
ブッシュ，ジョージ（George H. W. Bush）　270, 274, 278, 293
ブッシュ，ジョージ・W（George W. Bush）　116, 270
ブット，ベナジル（Benazir Bhutto）　224
ブラムラー，ジェイ（Jay G. Blumler）　173
ブラント，ウィリー（Willy Brandt）　244
ブレア，トニー（Tony Blair）　276
ヘーゲル，フリードリヒ（G. W. Friedrich Hegel）　9
ベッカー，リー（Lee Becker）　173
ベリントン，ヒュー（Hugh Berrington）　117
ベン・グリオン，ディヴィッド（David Ben Gurion）　275
ペロン，イザベル（Maria Estela Isabel Martinez de Peron）　224
細川護煕　270, 275
ホッブズ，トマス（Thomas Hobbes）　7, 64
ホメイニ師（Ayatollah Ruhallah Humeini）　251
ホルスチ，オレ（Ole R. Holsti）　120
ホヴランド，カール（Carl I. Hovland）　59, 60
ボールディング，ケネス（Kenneth E. Boulding）　261-263

ま　行

マーシュ，アラン（Alan Marsh）　157
マァレー，ヘンリー・アレクサンダー（Henry A. Murray）　70
マインホッ，ウルリケ（Ulrike Meinhof）　206
マキアヴェリ，ニッコロ（Niccolo Machiavelli）　7, 64, 87-90, 121
マクドゥーガル，ウィリアム（William McDougall）　69, 70
マクリーン，ポール（Paul D. MacLean）　213, 214
マクロスキー，ハーバート（Herbert McClosky）　184
マコームズ，マクスウェル（Maxwell E. McCombs）　175
マズリッシュ，ブルース（Bruce Mazlish）　119, 121
マズロー，エイブラハム（Abraham H. Maslow）　15-17, 73, 77, 161, 216, 217, 255
マッケイル，デニス（Denis McQuail）　171, 173
マルクス，カール（Karl Marx）　15, 33, 35, 180, 181, 201, 245
マンハイム，カール（Karl Mannheim）　34, 35
三隅二不二　229
ミード，ジョージ（George H. Mead）　126
ミュラー，エドワード（Edward N. Muller）　158, 183, 187
宮沢喜一　271, 275, 278
ミラー，ニール（Neal E. Miller）　46
ミルグラム，スタンレー（Stanley Milgram）　56, 255-258
ミルブラス，レスター（Lester W. Milbrath）　160, 162
ムッソリーニ，ベニト（Benito Mussolini）　142
村山富市　275
メイ，ローロ（Rollo May）　218

メイア，ゴルダ（Golda Meir）　224, 273
メリアム，チャールズ（Charles E. Merriam）　5
メリット，リチャード（Richard L. Merrit）　262, 264, 265, 285
毛沢東　111
森喜朗　270, 275, 276
モリス，デズモンド（Desmond Morris）　212

や 行

ユング，カール・ギュスターヴ（Carl Gustav Jung）　5, 71
吉田茂　276

ら 行

ラーナー，メルヴィン（Melvin J. Lerner）　153
ライト，クインシー（Quincy Wright）　12, 216
ラザースフェルド，ポール（Paul F. Lazarsfeld）　6, 61, 173
ラズウェル，ハロルド（Harold D. Lasswell）　5, 12, 17, 28, 77, 86, 121, 167, 182, 217, 237-239, 241, 245, 260
ラタネ，ビブ（Bibb Latane）　53, 54
ラントン，ケネス（Kenneth P. Langton）　6
リースマン，デイヴィッド（David Riesman）　6, 35, 86, 182
リップマン，ウォルター（Walter Lippman）　146, 300
リンタラ，マーヴィン（Marvin Rintala）　239
ル・ボン，ギュスターブ（Gustave Le Bon）　9
ルーズベルト，フランクリン（Franklin D. Roosevelt）　115, 275
ルソー，ジャン＝ジャック（Jean Jacques Rousseau）　8, 64
ルーサー・キング，マーティン（Martin Luther King Jr.）　85, 251
レーガン，ロナルド（Ronald W. Reagan）　115, 270, 272, 273, 275
レーニン，ヴラジーミル（Vladimir I. Lenin）　244
レーン，ロバート（Robert E. Lane）　86, 167, 168, 181, 239
レヴィン，マーレイ（Murray B. Levin）　183
レヴィンソン，ダニエル（Daniel J. Levinson）　95
ローレンツ，コンラート（Konrad Z. Lorentz）　211, 220, 222
ロキーチ，ミルトン（Milton Rokeach）　19, 76, 77, 98, 100, 102, 104, 121
ロジャース，カール（Carl R. Rogers）　72
ロゼナウ，ジェームス（James N. Rosenau）　160
ロック，ジョン（John Locke）　8, 201

わ 行

ワシントン，ジョージ（George Washington）　116
渡辺美智雄　277, 278
ワトソン，ジョン（John B. Watson）　15, 42, 44, 46

事項索引

あ 行

愛国心 267
愛着心［affection］ 280
アイデンティティ 39, 40, 41, 66, 70, 126-155, 171, 206, 213, 218
アイデンティティ・ポリティクス［identity politics］ 124
アイデンティフィケーション 135, 204, 216, 267
悪意［vindictive］ 41
圧力団体［pressure groups］ 169
アッケラカン発言 277
アナウンスメント効果（アナウンス効果）［Announcement Effect］ 174, 179
アノミー 34
R 要因（革新性の要因） 107
暗殺［assassination］ 191
アンダードッグ効果（「負け犬効果」）［Underdog Effect］ 179
偉人説［great man theory］ 234
威光暗示［prestige suggestion］ 59
意思決定［decision-making］ 287
一次的動因［primary drives］ 65-66, 216
逸脱 156
偽りの自己［false self］ 136, 137
イデオロギー［ideology］ 106-109, 124, 129, 141, 144, 150, 151, 153, 162, 197, 200, 201, 207, 208, 214, 222, 233, 280, 292
イド［*id*］ 66
イメージ［image］
——政治的役割 260-286
——トラブル 276-279
——におけるマス・メディアの役割 282
——の機能 265-266
——の構造と機能 263-266
因果的思考［casual thinking］ 36
右翼的権威主義［Right-Wing Authoritarian-ism (RWA)］尺度 98-99, 151
S-R［stimulus-response］理論 15
エディプス・コンプレックス 204
エピソード的フレーム（「テーマ的フレーム」） 177
F スケール［F-Scale］ 95-96, 97-98, 100, 150
援助行動［helping behavior］ 54
遠隔的リーダーシップ［remote leadership］ 227, 231
O スケール［Opinionation Scale］ 102
応諾［compliance］ 57
オピニオン・リーダー［opinion leader］ 61
オペラント学習［operant learning］ 42, 44, 46
——条件づけ［operant conditioning］ 44
オペレーショナル・コード［Operational Code］ 120

か 行

外交問題 304-305
外集団［out-group］ 123, 144, 132, 146
概念の複雑性［integrative complexity］ 223
学習［learning］ 42-51, 65, 66, 73, 204, 207, 212, 222
革命［revolution］ 192, 201
——的クーデター［revolutionary coup］ 199
——的な苦行者［The Revolutionary Ascetic］ 119
——的暴力 198-201
価値観 76, 180
カテゴリー化［categorization］ 131, 147
カリスマ性［charisma］ 10, 231-233, 282
感覚運動期［sensorimotor period］ 36
慣習段階［conventional stage］ 41

慣習的［conventional］な活動（政治参加）　157-158
間接参加　161, 171-179
観察者効果，観客効果［audience effect］　52
観念段階［principle stage］　42
犠牲者の価値低下［derogation of the victim］　153
議題設定仮説［Agenda-Setting Hypothesis］　289
議題設定効果［Agenda Setting Effect］　174-175, 306
キャッチフレーズ　268, 270
宮廷クーデター［palace coup］　199
強化刺激［positive reinforcement］　44-45
強制的承諾［submission］　57
具体的操作期［period of concrete operations］　37
クーデター［*coup d'etat*］　192, 199, 200
群衆［mob］　14
――心理　10
――精神の特徴　10
『群衆の心理』　9
『君主論』［Il Principe］　87, 88, 89
形式的操作期［period of formal operations］　37
ケース・スタディ分析［single case analysis］　85
権威主義［Authoritarian］　87, 92-122
――的パーソナリティ［authoritarian personality］　5, 19, 75, 77, 86, 92-122, 149, 150, 254, 255
――の次元　95-98
――的発達パーソナリティ　94
権力
――とパーソナリティ　86-87
――動機［power motive］　17, 75, 115
――（勢力）欲求タイプ　115-117
原始的衝動［primitive urges］　66
減少性剝奪［decremental deprivation］　217
献身的な大衆［attentive public］　160
攻撃［aggression］　190-191, 221
――者との同一視［identification with the aggressor］　233
――性　113, 213-215
――的な参加　158
向上的剝奪［aspirational deprivation］　217
硬心（タフ・マインデッド）［tough-minded］　107
硬心―軟心理論　106-110
公正世界の信念［just-world belief］　153
後成説［*epigenesis*］　38
行動主義［Behaviorism］　6, 42, 44, 45
国民性［national character］　75, 105
個人的［personal］
――アイデンティティ［personal identity］　130, 132
――自我［personal self］　130
固定観念（ステレオタイプ）［stereotype］　131
古典的条件づけ［classical conditioning］　43
孤独な群衆　35
コミュニケーション　61, 116, 138, 146, 159, 165, 166, 172, 186, 265, 285, 288, 290, 303
――の二段階流れ仮説［two step flow of communication］　62

さ 行

再認欲求［striving for recognition］　68
サウンド・バイト［sound bite］　268, 270
差別［discrimination］　143, 145
最頻的パーソナリティ［modal personality］　14
参加型［participant］（政治文化）25-26
産業革命　31
シェマ［schema］　36
J-カーブ［J-curve］　216
自我［*ego*］　17, 39, 66, 109, 137, 150, 203
――確認［self-affirmation］　205
――関与［*ego*-involvement］　164, 207
――同一視［self-identity］　126
――同一性（アイデンティフィケーション）［*ego* identity］　37, 72, 131
――の危機［crisis］　37
――の強さ　239
――の動揺　37

——のレベル　130
——理想［*ego* ideal］　66, 110, 206
——のヴィジョン［*ego*-ideal vision］　119
自己［self］　111, 117, 135, 138, 139, 140, 148, 214
——と他者の位置関係理論　240
——の亀裂　139
——の増長　102
——の存在　40
——の利益　226
——への過大評価　112
——への野心　112
——カテゴリー化理論［Self-Categorization Theory : SCT］　127-128
——愛［Narcistic］　87, 206
——愛パーソナリティのタイプ　111
——愛パーソナリティ障害［The Narcissistic Personality Disorder］　110
——愛幻想　110
——愛的［narcissistic］　205
——意識　37
——概念［self concept］　126, 130, 132, 240, 247
——完成　68
——疑惑の感覚　111
——強化　55
——啓示　111
——嫌悪　120, 215
——実現［self-actualization］（欲求）　73-74, 217, 218
——成就　146
——正当化　76, 102
——像　72
——中心［egocentric］　35
——懲罰　215
——定義［self-definition］　127, 128
——認識　70, 72, 126, 127, 247
——破壊　252
——発達　93
——批判［self-criticism］　41
——表現　127, 266
——評価　57, 69, 240
——保身　94
——保存　216
——防衛　148-149
——自信［self-assurance］　205-206
自尊　86, 207
自尊心［self-esteem］　17, 87, 120, 166, 238
——と政治参加　17-18
時代精神［*Zeitgeist* ='spirit of the times'］説　234, 235
シニシズム［cynicism］　180
死の本能［Thanatos=death instinct］　67, 203
慈悲深いリーダー［benevolent leader］　50
自民族中心主義［ethnocentrism］　95, 99, 102, 125, 145, 150, 151
社会化［socialization］　26, 30, 42, 46-51, 77, 205, 207, 208
——の担い手［socialization agents］　27
社会学習説［Social Learning Theory］　222
社会経済的地位（SES）　162-163
社会的
——アイデンティティ［social identity］　130, 131, 132, 134
——理論［Social Identity Theory : SIT］　130-133, 152, 153
——カテゴリー［social categorization］　124
——是認［social approval］　258
——創造［social creativity］　133
——促進［social facilitation］　52, 53
——動機［social motivation］　17
——ダーウィニズム［Social Darwinism］　208-211
——比較理論［Social Comparison Theory］　57, 58, 132
——優越　69
——抑圧［social inhibition］　53
社会優位
——の方向性［Social Dominance Orientation : SDO］　129, 151
——理論［Social Dominance Theory :

SDT]　128-130, 149, 152
ジャーナリスト　288
——の影響　297-300
ジャーナリズム　289
主題統覚検査 [Thematic Apperception Test : TAT]　95
呪術 - 現像的 [magico-phenomenal] 段階　36
集合
——行動 [collective behavior]　14
——的なアイデンティティ [collective identity]　126
集団 [group]　45, 46, 51-52, 53, 55, 56, 57, 58, 61, 69, 93, 99, 109, 170, 186, 205, 222, 265
——思考 [group thinking]　223
——的アイデンティフィケーション　154
——同一視 [group identification]　123, 124, 134
——とその政治的意味合い　123-125
——とアイデンティティ　134-135
——のアイデンティティ　152, 254
——のメンバーであること [group membership]　123
——圧力　56, 57
集団間
——の葛藤 [inter-group conflict]　124, 150
——と政治的行為　143-149
——の関係 [inter-group relations]　123
重要な他者 [significant others]　72
条件づけ [conditioning]（学習）　42, 43
条件反射 [conditioned reflexes]　43
症候群 [syndrome]　86
象徴的な相互作用 [symbolic interactionism]　126
衝動的攻撃説　221
承認欲求 [need for approval]　237
初頭性効果 [primacy effects]　60
ショーヴィニスム（排他主義）[Chauvinism]　125, 143
心象 [mental image]　36
心理的・社会的欲求　70
心理発生的要求 [psychogenic need]　17
新ダーウィニズム（新ダーウィニズム合成理論）[Neo-Darwinism Synthesis]　208-211
真の自己 [true self]　136, 137, 139
新聞　156, 171, 287, 296
臣民型 [subject]（政治文化）　25
親近性効果 [recency effects]　60
親和動機 [affiliation motive]　17, 75, 116
進行的剝奪 [progressive deprivation]　217
スキナー箱　44
ステレオタイプ [stereotype]　146, 147
——化 [stereotyping]　146
スーパーエゴ [super-*ego*]　67, 113
スピン・ドクター [Spin-Doctor]　283
スローガン　138, 268, 270
世論　300-304
——の形成要因　302-304
勢力希求 [hope of power]　115
勢力恐怖 [fear of power]　115
政策立案者 [policy-maker]　288
政治
——定義　13
——意識 [political consciousness]　21-22
——家　159, 170, 236, 244, 290
——活動のレベルと内容　160-170
——活動家 [political activists]　85-86
——参加 [political participation]　156
——参加の理念　156-160
——集団　19, 164
——心理学 [political psychology] 定義　1-2
——知識 [political knowledge]　20, 21, 162
——認識 [political perception]　20
——認知 [political cognition]　20
——不信 [political cynicism]　181
——文化 [political culture]　24-26, 47-51
政治的

——アイデンティティ　207
——イデオロギー（[political ideology]　77, 189
——イメージ［political image］　20
——コミュニケーション　166
——シニシズム［political cynicism］　22
——シンボル　267
——パーソナリティ（政治家）［political personality］　14, 91, 238
——リーダーシップ　229-259
——のタイプ　245-249
——の特徴　226
——逸脱［political deviation］　183-187
——印象［political impression］　282
——学習　165
——関心　162, 164, 239
——結束［political cohesion］　123, 124, 125, 134
——孤立［political isolation］　182-183
——行為［political behavior］，政治活動［political action］定義　11-13, 15
——社会化［political socialization］　26-28
——信頼［political trust］　22, 28, 162
——疎外［political alienation］　22, 156, 181
——タイプ　85-122
——態度［political attitude］定義　19
——人間　86, 167, 236, 238, 239
——暴力［political aggression］　191, 192-208
——のタイプ　193-201
——の原因　201-220
——無関心［political apathy］　22, 28, 181
——有効性感覚［political efficacy］　17, 21, 22, 23, 26, 162, 163, 187
政党とのつながりを持つ［party affiliation］　124
政党へのアイデンティフィケーション［party identification］　164
政党加入　167-168
生の本能［*Eros* = life instinct］　67, 203
生理的欲求　70, 73, 74
説得［persuasion］の効果　60
戦争［war］　191, 222
戦争指向人格［Warfare Personality］　120
前操作期［preoperational period］　36
前道徳段階［premoral stage］　41
疎外［alienation］　180-181
——と政治的行為　180-184
相対的剝奪［relative deprivation］　217
争点の顕出性（または争点の重要性）［Issue Salience］　304-305
争点への点火（「マス・メディア・プライミング」）［Media Priming］　305
族議員　250
ソンミ村の大虐殺［My Lai Massacre］　257

た　行

第一次集団［primary group］　70, 93
対応依存的行動［matched-dependent behavior］　46
第三国で発見案発言　277
大衆　33, 48, 159, 163, 167, 186, 200, 252, 276, 287, 289, 294, 304
——運動［mass movement］　14
——革命［mass based revolution］　199, 200
——社会［mass society］　34-35, 181
代償的男性らしさ［Compensatory Masculinity］　118
対面的［face-to-face］
——会話　61
——リーダーシップ　227-228
——コミュニケーション　172
態度［attitude］　18
——の変化［attitude change］　59
タイプ［type］的分析［typological analysis］　85
大量虐殺［genocide］　144
大量殺戮［mass killing］　144
達成動機［achievement motive］　17, 75, 116, 117

超自我［super-*ego*］　17, 66
直接参加　161
沈黙の螺旋型理論［Spiral of Silence］　306-307
D-スケール［D-Scale］→独断主義尺度
T 要因（硬心の要因）　107
敵愾心コンプレックス［hostility complex］　213
テレビ　156, 171, 173, 177, 287, 295, 296, 302
――の影響　282-284
――の認知的フレーム　178
テロリスト　189-190, 194-198, 201, 204-208
――の人物像　206
同一
――化［identification］　131
――行動［same behavior］　46
――性［identity］（see also identity）　36
動機［motive］　16, 63, 65, 71-72, 75, 76
同調行動　55-57
動的な大衆［mobilized public］　160
道徳観念（発達）　41-42
投票（行動）　164-167
動因［drive］　16, 65, 70, 213
――説［drive theory］　221
独断主義［dogmatism］　100-106, 120
――と政治行動　103-106
――尺度（教条主義尺度）［Dogmatism Scale-D スケール，D-Scale］　20, 102, 104
――的パーソナリティ　77
閉ざされた心［closed mindedness］　100-101, 102, 103

な　行

内向性と外向性［introversion-extraversion］　108
内集団［in-group］　123, 132, 146
ナショナリズム［nationalism］　125
ナルシスト的パーソナリティ　110-114
――症候群［Narcistic Personality Syndrome］　110
ナルシズム（自己愛）　110-114
男性のナルシズム［Male Narcissism］　119
なわばり本能［territory instinct］　212
軟心（テンダー・マインデッド）［tender-minded］　107
二元論　67, 203
日中戦争発言　278
日本の「政治的人間」　247-249
認識［perception］　20, 21
認知［cognition］　20
――の発達（段階）　36-37
――的斉合性欲求［need for cognitive consistency］　58
――的不協和［cognitive dissonance］　59, 172
ネオ・ナチ　140, 142

は　行

パエトーン・コンプレックス［Phaeton Complex］　117-118
パーソナリティ　6, 13, 16, 28, 31, 32, 58, 63-68, 71-72, 76-78, 85, 86, 91, 105, 148, 162, 203, 204, 206, 237, 247, 248, 249
――の混乱［personality disorder］　42
――障害　206-207
発達の継続的段階（理論）　37-41
ハードボールプレイヤータイプ（厳格なプレイヤー）［The Hardball Player］　110-114
バーバーの「政治的人間」　246-247
――の積極的／肯定的タイプ　114-115
パルチザンシップ［partisanship］　173
バンドワゴン効果（「勝ち馬効果」）［Bandwagon Effect］　179
反ユダヤ主義［anti-Semitism］　71, 95, 97, 140, 150, 255
――尺度［anti-Semitism Scale］　95
PM 指導類型論　229-231, 232, 243
比較［comparison］　131
比較的権力欲が深い［power-hungry］　237
非慣習的［unconventional］な活動（政治参加）　157-158

開かれた心［open mindedness］　101, 103
Bタイプ［Type B］　120
服従［obedience］　56
複合動機［complex motives］　73-76
ファシスト　106-108, 150, 200
ファシズム　71, 93, 100, 109, 255
——尺度　→Fスケール
フォロワー　86, 161, 205, 206, 225, 226, 234, 241, 243, 266
不満の態度［attitudes of discontent］　182
プライミング効果［Priming Effect］（「争点への点火」,「マスコミ・プライミング」［Media Priming］）　174, 175-177, 306
フラストレーション - 攻撃仮説　221
フレーミング効果［Framing Effect］　174, 177-178
プロパガンダ［propaganda］情報　95, 146
プロプリアム［proprium］　72
文化［culture］　23-24, 32, 46-51, 52, 55, 58, 63, 64, 67, 73, 105, 180, 196, 204, 221, 222, 224, 265, 291, 292
文明［civilization］　67-68, 222, 254
米国知識水準発言　277
偏見［prejudice］　95, 102, 124, 125, 128, 143, 145, 147-149, 151
傍観者効果［bystander effect］　54
暴力［violence/aggression］　190-191
——的行為［aggressive behavior］　191
補償［compensation］　69
ホモ・ポリティクス［homo politicus］　86-87, 238
ポリゲニズム［polygenism］（人類多原発生説）　209
本能説［Instinct Theory］　220

ま　行

マキアヴェリアニズム［Machiavellianism］　87, 88, 89
——（マック）尺度［Machiavellianism (Mach) Scale］　89-91
マキアヴェリズム［Machiavellism］　87, 88, 122
マス・メディア　18, 28, 34, 51, 61, 62, 166, 171-179, 283, 285, 287-308
——のバイアス　290-293
——の影響　294-297
——の効果　294-300
——の認知効果　174-179
——への接触　171-174
マスコミ　27, 167, 304
未分化型［parochial］（政治文化）　24, 25
ミルグラムの研究　255-258
民族間抗争［ethnic conflict］　191
無意味［meaninglessness］　182
無規範［normlessness］　182
無能な態度［attitudes of incapability］　182
無力感［powerlessness］　182
目的論［teleology］　71
模写的行動［copying］　46
モノゲニズム［monogenism］（人類一祖発生説）　209
模倣［imitation］　42

や　行

優越への努力（「優越への欲求」）［striving for superiority］　68, 69
猶予期間［moratorium］　40
ユダヤ人　56, 123, 144, 147, 193
欲求の諸段階［hierarchy of needs theory］　73-74
——説　161
欲求不満　215-220

ら　行

ライフサイクル［Life-cycle］　162
ラズウェルの「政治的人間」　245
利益団体［interest groups］　168-169, 290
リーダー
——フォロワーとの相互関係　249-259
リーダーシップ　224-259
——の概念　225-226
リビドー［*libido*］　67, 71
劣等感［inferiority complex］　68